大数据背景下
统计学课程教学研究

梁　靓◎著

吉林出版集团股份有限公司

图书在版编目（CIP）数据

大数据背景下统计学课程教学研究 ／ 梁靓著. —
长春：吉林出版集团股份有限公司，2023.7

ISBN 978-7-5731-4000-5

Ⅰ. ①大… Ⅱ. ①梁… Ⅲ. ①统计学 Ⅳ. ①C8

中国国家版本馆 CIP 数据核字（2023）第 142215 号

大数据背景下统计学课程教学研究

DASHUJU BEIJINGXIA TONGJIXUE KECHENG JIAOXUE YANJIU

著　者	梁　靓
责任编辑	齐　琳
封面设计	林　吉
开　本	787mm×1092mm　　1/16
字　数	221 千
印　张	12
版　次	2023 年 7 月第 1 版
印　次	2023 年 7 月第 1 次印刷
出版发行	吉林出版集团股份有限公司
电　话	总编办：010-63109269
	发行部：010-63109269
印　刷	廊坊市广阳区九洲印刷厂

ISBN 978-7-5731-4000-5　　　　　　　　　　　定价：78.00 元

前　言

随着时代的发展和社会的进步，我们已经进入大数据时代，大数据给我们带来的不仅是海量数据，还有隐藏在大数据背后的诸多秘密或规律，这些数据的获取建立在互联网技术快速发展的基础上，建立在各种社交软件的使用上，还建立在人类对社会规律的不断摸索上。在新的历史发展环境下，现在的人们更加了解自己，但这仅仅是大数据推进人类社会发展与进步的开始。事实上，当我们掌握了更多时代发展数据后，便可以从中挖掘出更多具有社会价值的信息，并将其用于不同的行业领域。

当今时代，大数据取代了单纯的数字或数据之说，赋予了人们生活、工作和学习更多的意义，同时也解构了传统的教育教学方式，"教"与"学"可以在更多的场景中发生，教室已不再是唯一的学习场所；通过手机、平板电脑、电脑端等进行"微课"或其他方式的网络学习，可以不受时空的限制。这一切使学习和阅读方式发生了巨大的变化，也带动了教育教学方式的变革。

本书主要是将统计学课程教学作为研究对象，以大数据时代为背景对统计学课程教学新模式进行探究，希望能有助于实际课程教学的发展。

由于笔者的水平和能力所限，本书的编写难免存在不足之处，还望广大读者提出宝贵意见。

目　录

第一章 大数据总论

当今已经进入了大数据时代，大数据在深刻地改变着人们的生活、工作与学习。无论是在科学研究上，还是在商业活动中，无论是政府还是个人，都可以看到大数据的影子。显然，大数据已经渗透到人们工作与生活的方方面面。大数据给这个时代带来的改变是不言而喻的，它不仅改变了人们的生产生活方式，还改变了人们的思维与决策方式。可见，大数据不仅是一门技术，更是一种社会现象。本章作为开篇，就来探讨一下大数据时代。

第一节 大数据时代背景分析

一、数据无处不在

互联网的迅猛发展，要求机器设备采集信息具有及时性，加上移动互联网的应用，导致产生了大量的文本、数据、音频、视频等，这对存储技术提出了更高的要求。同时，位置信息、关系信息等使数据的种类变得更加丰富，因此对数据进行挖掘显得非常重要，也得到了人们的重视。当然，如何对这些数据进行挖掘和存储成为了一个关键问题，这时大数据的理念与方法正在悄然诞生。

根据中国互联网络信息中心发布的报告，当前我国的网民数量已经稳居世界首位，每天产生的数据量也在世界上名列前茅。很多人早晨起床的第一件事就是刷手机。现如今，手机好似人的身体的一个重要"器官"，而看手机实际上就是看信息，看信息其实就是在看数据。也就是说，现如今人们已经离不开数据。

随着互联网技术的迅猛发展，物联网、云计算以及社交网络、智能终端等应运而生，这些都是采集数据的丰富手段。另外，为了避免数据出现遗失，也出现了很多存储设备，这样使数据保存变得更为快捷与安全，也让数据变得更为强大。

数据的快速增长吸引了更多的数据管理与分析服务。政府、互联网、电子商务、医疗、金融等行业开始采用多种新兴信息技术来收集各类数据，便于人们从中挖掘出价值与知识。数据规模与类型越来越大，已经成为当今社会的显著特征。对于组织而言，数据采集已不是障碍，关键在于如何对其进行完善，挖掘出更有效的信息，让信息变得更容易理解并且便于采取行动。

二、数据成为战略资源

引领未来繁荣的三种技术：智能化生产技术、大数据技术以及无线网络技术。麦肯锡公司指出数据属于一种生产资料，是下一个竞争与创新的前沿。世界经济论坛的报告指出大数据是一种新的财富手段，价值甚至要超过石油。

通过上述论述，我们应该知道这个时代需要更好地认识与掌握大数据，并对大数据进行合理的开发与利用。大数据的价值主要体现在具体的应用上，人们对大数据的关心实际上也是对应用的关心，关心如何从业务与应用出发，挖掘大数据的价值，从而使大数据为人们的生产、生活服务。

在大数据时代，谁能够挖掘与掌握数据的价值，谁就能够在竞争中获胜，这无论是对商业组织而言，还是对国家文明而言，都是非常重要的。下面从几个层面来看大数据的战略价值。

（一）从国家战略看大数据

当前，大数据已经成为对国家竞争优势进行重塑的新机遇。在信息化迅猛发展的今天，大数据已成为国家的重要战略资源，其价值已然与今天的自然资源、人力资源等同，大数据在信息公开、国家安全、设施布局、隐私保护等层面的作用巨大。大数据及其应用已经成为各行各业制胜的关键。

恰当应用大数据，实现数据规模、质量的提升，挖掘其潜在的价值，有助于更好地发挥大数据的战略作用，提升网络空间数据的保护能力，维护国家的安全，进而提升国家的竞争力。

（二）从企业发展看大数据

大数据是随着网络发展而不断产生的，其应用领域非常广泛。大数据在精准广告、搜索引擎、商贸零售等层面都得到了广泛的应用，其对数据的挖掘与应用是得到人们认可的。同时，在互联网金融、医疗等领域，大数据也得到了人们的关注。不仅如此，大数据也对传统行业产生了巨大的冲击。

如果企业能够运用大数据，那么就能够抢占先机；如果能够将数据作为核心资产，那么就能够提升自身的竞争力与国际地位。在大数据时代，将会有更多的企业有数据的需求，这些需求能够促进企业进行良好的转型。百度、腾讯等公司就为这些企业提供了服务，有些企业在经营中并不盈利，但是他们通过这些服务，可以获取广大用户的数据，从而开发这些用户资源，进而获得利润与价值。电信运营商是典型的数据资产运营者，他们有着丰厚的用户数据、视频数据、流量数据等，这些数据给予了他们巨大的好处，目前主要的电信运营商都在努力开发数据资源。显然，在大数据时代，可以毫不夸张地说，得数据者得天下。

从大数据的案例到实际运用，从数据收集到挖掘，可以看出大数据本身是一个非常复杂的过程。大数据的数据量并不是最为重要的问题，最为重要的问题是数据质量问题，即要保证数据的实效性。

（三）从公众视角看大数据

在当今时代，公众不仅仅是数据的消费者，也是数据的生产与加工者。他们在对数据的生产、加工等过程中，能够提升自身对世界的认知，并对他人的决策、判断产生影响，进而影响其消费需求。因此，在大环境下，培养自身的数据基因与思想，并对这些数据基因与思想进行分析，对复杂的现象进行判断，已成为现代人必备的生存技能与个人修养。

第二节　大数据的定义与特征

一、大数据的内涵

（一）大数据的产生过程

随着时代的进步与科技的发展，大数据广泛应用于我们的日常生活中。常见的大数据是网络数据，如 QQ、微博等社交平台上的数据，用户发送消息后，好友能够即时与其进行互动。随着数据数量的持续增长，电子商务交易数据也成为大数据的一种，这一数据具有实时生成、急剧增加的特点，便利店、百货超市、购物中心的售卖记录与购买信息数据都属于这一类型。另外，企业在开展管理工作时会制造出大量的数据，金融服务业的业务交易数据数量也十分庞大。可以看到，互联网的普及与数字时代的到来使人们的生活发生了巨大的改变，同时也促进了社会生产的进步。总体上看，我们所使用的数据生成模式发生过三个阶段的变革，具体内容如下：

第一阶段是运营式发展阶段。这一阶段以数据库技术为基础，当数据库被运用于各行各业中，人们的数据管理工作则变得更加精准，数据管理过程也得到了简化。一般而言，运营式系统借助于数据库，因为数据库是运营系统的子系统，能够为数据的管理作出突出贡献。例如，银行的业务交易记录系统、医院的看病记录系统都应用了数据库。数据库被运营式系统用于数据管理工作后，其所能获取的数据数量急剧上升，但这种数据不是主动产生的，是需要人为控制的。

第二阶段是用户主动创造内容阶段。信息技术的广泛应用极大地改变了人们的日常生活生产。随着 Wab2.0 时代的到来，网络使用者的数量有了巨大的增长，人们可以借助QQ、微信等平台展开互动交流。这一阶段是人们主动上传行为数据的阶段。智能手机与平板电脑在人们生活中的普及标志着移动时代的来临，随之出现了许多全新的移动终端设备。这一阶段的数据增长来源于两个方面，一是用户自主提交的行为数据，二是人们与亲戚朋友的互动产生的数据，这些数据具有强大的传播力并且是主动产生的。

第三阶段是进入感知式系统阶段。这一阶段的数据数量有了很大的增长，大数据时代真正到来了。科技的巨大变革使人们拥有了更高的能力，人们发明出了体积小却具备处理功能的传感器。传感器则凭借自身优势得到了各个行业的青睐，其既能够实现对整个社会的实时监控，又能持续上传新的数据。这一阶段的数据是自动产生的。

综合来看，整个数据产生发展的过程，可以发现数据产生方式从被动、主动逐渐发展为自动，这表明了运营式系统、用户原创内容系统、感知式系统的升级进步。可以说，大数据的数据来源于以上三种模式，但感知式系统的数据对大数据的生成起着决定性作用。

（二）大数据的概念界定

1. 大数据的定义

Apache org 的开源项目 Nutch 首次使用了大数据这一概念，用这一概念来代表对网络搜索索引进行大量处理或分析时生成的庞大数据集。在谷歌发明并开始使用 Map Reduce 和 Google File System（GFS）后，大数据不仅代指数据的体积数量，还代指数据的分析速度。大数据是当前数据分析领域的领先技术，IT 行业中的大数据、数据分析、数据安全等都受到了极大的关注。大数据不仅涵盖网上的所有信息，更重要的是其中还包括广泛应用于生活中的传感器持续、实时上传的大量数据。在新的处理模式下，大数据对信息决策与观察起着决定性的作用，其可以简化流程、提高速度，使来自各个途径的大量信息资源得到处理。简而言之，大数据技术可以对不同类型的数据进行分析和处理，让人们得到有用的信息。随着网络、传感器与服务器等设备不断的更新升级，大数据技术借助这些设备渗透到企业的实际运营中，为企业带来了无法预计的经济效益，创造了极大的社会价值。

认清信息和数据的辩证关系至关重要。数据与信息的关系十分紧密，信息以数据为载体，数据经由信息反映出来。知识历经归纳与整理两个环节，最后生成反映社会的规律信息。信息时代的来临推动了"数据"覆盖范围的扩大，数据不再仅仅指代"有意义的数字"，还可以用来指代所有储存于电脑内的信息，这些信息以多样化的形式被储存，包括文本、视频和图像。发生这一转变的原因与数据库的出现密切相关。20 世纪 60 年代，软件科学创造了许多成果，数据库就是其中之一。之后所有的文本、视频等都可以被储存在数据库中，数据因此被逐渐用来指代一切"文本、视频、图片、数字"。通俗地理解，对数据进行加工就会形成信息，也就是说信息是经过数据处理产生的结果。信息体现数据的内涵，而数据是信息的存在形式，数据本身不具有任何意义。只有当数据与人们的行为发生反应时才能变成信息。信息能够以独立的形式存在，且在离开信息系统的每个组成与阶段时都具有这一性质。

2. 大数据的分类

大数据根据来源可分为四种类型，即互联网数据、科研数据、感知数据、企业数据。

互联网数据特别是社会平台占据了大数据的主要部分。大数据技术的升级与国际互联网公司的发展密切相关。例如，致力于发展搜索领域的百度与谷歌的数据规模超过了上千拍字节，人们在日常生活中经常使用的天猫、亚马逊、脸书的数据超过了上百拍字节。拥有超高计算速度和杰出性能设备的研究机构是科研数据的主要来源，天文望远镜或者强子对撞机就属于这类设备。虽然感知数据和互联网数据的重合程度不断加深，但是感知数据的规模非常庞大，甚至比社会平台的数据还要多。企业数据有多种类型，因此企业也能够借助互联网收集许多感知数据，并且数据数量增长速度非常快。企业外部数据能够收集社会平台数据，内部数据则由结构化数据与非结构化数据共同组成，而且非结构化数据占比不断增加，企业的数据已经从最开始的邮件与文档等发展到社会平台和感知数据，这些数据具有多种形式，如视频、音频、图片等。

（三）大数据技术的组成

大数据技术可以分为大数据工程、大数据科学与大数据应用。大数据工程就是指大数据的规划建设运营管理的系统工程。大数据科学致力于发现在大数据不断发展与运行中存在的规律，并且对大数据和人类活动之间的关系进行检验。大数据应用指的是将大数据技术投入人类社会生活的应用之中，以帮助社会大众解决现实问题。大数据要求对庞大的数据实现高效处理，如云计算平台、分布式数据库、大规模并行处理（MPP）数据库、可扩展的存储系统、分布式文件系统与数据挖掘电网等。现在进行大数据分析所使用的工具来自两个生态圈，即开源和商用，HBase、Hadoop HDFS、Hadoop Map Reduce 都属于开源生态圈，数据仓库、数据集市与一体机数据库则属于商用生态圈。随着人们对大量数据处理需求的不断增大，大数据技术也在不断升级，储存与处理技术、有关分析算法研发及超级计算机的出现使大数据在社会各领域的运营成为可能。

综合来看，大数据技术指的是能够从大规模的数据中提取出有用信息的科学技术。这些年，与大数据相关的新技术不断被开发、研制出来，社会各行各业也愈加重视大数据技术，而新技术的出现也有效推动了大数据的收集、储存、分析处理与使用等工作的开展。具体而言，大数据应用过程中最常使用的技术有以下几种：大数据收集技术、大数据分析与挖掘技术、大数据展示与使用技术、大数据储存与管理技术以及大数据预处理技术。

1. 大数据收集技术

大数据收集包括两个层次，一个是智能感知层，另一个是基础支撑层。智能感知层能够对不同类别的庞大数据进行感知，可以感知的数据类型包括结构化数据、半结构化数据以及其他的数据类别。智能感知层的运行过程包括多个阶段，其先对不同类别的数据进行自动识别，然后对大数据进行定位、跟踪与访问、上传、转换信号、监测、初步处理与管理。基础支撑层指的是为大数据提供数据和资源支撑的系统环境，具体包括计算存储资源、关系型数据库、列式数据库、中间件、大数据处理平台等，既包括软件支撑环境，又包括硬件支撑环境。

2. 大数据分析与挖掘技术

大数据分析的目的是通过对庞大数据分析，挖掘一些有价值的信息，从而为用户适应环境的改变提供帮助，提高决策的准确性和合理性。大数据分析技术由下面五个要素构成，第一是可视化分析。当人们应用大数据分析时，不管是专业人员还是一般用户，都需要用到可视化分析。数据可视化分析能够使结果更加直观，让人们读懂数据。第二是数据挖掘。数据挖掘是大数据分析形成的理论基础。不同类型的算法能够提升我们分析数据的能力，让我们提取数据中的有效信息，发挥数据的价值。这些算法既可以处理大规模的数据，又可以使数据处理的速度实现最大化的提高。第三是预测分析能力。专业人员在开展预测性分析工作时，需要使用之前通过数据分析与挖掘得到的结果，从而对之后的形势作出预测性判断。第四是语义引擎。在设计语义引擎时要注重人工智能功能的研发，使语义引擎可以自动对数据进行信息提炼，找出数据的规律。第五是数据质量与数据管理。当前的社会生活中每天都会产生大量的数据，想要在大量的数据中找到有价值的信息，需要提高数据质量与数据管理水平。

3. 大数据展示与使用技术

随着社会中数据规模的急剧扩大，人们通过大数据技术便能挖掘蕴藏于庞大数据中的信息与知识。这些信息与知识可以为人们的各项活动提供参考，有利于提高社会各行业的运营效率。大数据主要应用于公共服务、市场销售及商业智能等领域。

我们有理由相信，随着大数据使用范围的不断扩大，大数据技术将得到改进和优化，从而与更多的行业领域相融合。

4. 大数据存储与管理技术

当用户需要对收集的各类数据进行储存，构建专门的数据库，对大数据进行管理与调配时，储存和管理技术就显得十分必要。在处理复杂的非结构化数据、半结构化数据与结构化数据时，加强储存与管理技术在这些数据上的使用和研究也非常有必要。如今，大数据技术中受到众多关注的技术主要包括索引技术、安全管理技术与新型数据库技术。

5. 大数据预处理技术

当用户使用上述收集技术收集到庞大的数据后，需要使用大数据预处理技术进行处理，这一技术一般被用于那些已经接收的数据。大数据预处理主要包括四个环节，即数据清理、数据集成、数据变换、数据规约。其中，数据清理的内容包括噪声数据、不相同数据以及数据中的遗漏值，这一环节能够为之后的数据分析、挖掘工作打下精确、系统、清晰的数据基础。

（四）大数据研究的范围

1. 理论研究层面

理论研究层面主要包括大数据的特点和总体情况、大数据的经济价值研究、大数据的发展等方面。

2. 技术研究层面

第一，分布式处理技术 / 分布式处理平台。这一技术能够使位置、功能、数据不相同的计算机进行协调合作，通过对计算机的控制系统进行调控，达到对数据分析和处理的目的。第二，数据挖掘。数据挖掘是处理数据的关键步骤，也称数据勘探、数据采矿。这一环节主要是进行知识挖掘，在庞大的、复杂的、无规律的数据中挖掘出暗藏的、不为人知的、有用的数据。电商平台对数据挖掘有着广泛的应用。在消费者浏览了许多产品并购买完商品后，电商平台能够通过收集客户的浏览信息，了解客户的特征、喜好。第三，云计算。云计算的功能是给数据资源提供储存、访问的平台。简单地说，云计算建构出了数据所需要的基础架构平台，使大数据的使用成为可能。第四，个人的大数据。个人的大数据指的是人们在使用网络时所产生的一系列数据，常见的有人们的注册信息、登录用户名、密码、历史记录等。这些数据都能被储存在数据库里，但也出现过数据被他人非法获取而导致个人隐私泄露的情况。第五，储存技术。储存技术为大数据的分析和处理提供了基本保障，如互联网巨头谷歌与百度都有着几十万台服务器与硬盘，而且它们的储存设备一直在持续增加，为其进行技术开发创造了条件。

3. 实践研究层面

第一，政府的大数据。政府部门有着社会各方面的大量数据，如天气、教育、医疗、税收以及交通等，如果这些数据能够得到合理的运用，它们的价值便能得到最大的发挥，第二，企业的大数据。企业管理层局限于报表数据，更期待得到对经营决策有帮助的大数据，尤其是实时的大数据，而不是那些已经过时的数据。第三，互联网的大数据。根据有关调查，每年互联网的数据规模都比前一年增加一半。阿里巴巴凭借淘宝与支付宝获得许多交易数据与信用数据，腾讯凭借微信和 QQ 获得了许多用户的数据。以上数据都能够用来对人们的行为习惯进行分析，通过数据挖掘，获取有用的信息。

二、大数据的特征

对于如何定义大数据的特征，不同的学者的看法不同，这是因为它包含的内容比较多，很难通过简单的表述来对其特征进行精确的定义，但大家都认同大数据的特点在于"大"，不仅指其包含的数据量很大，还意味着通过大数据实现的目标已经远远超越了计算机领域。那么，如何让这些庞大的数据发挥其应有的作用呢？答案是我们必须知道如何处理这些数据。目前，市场上已经有了比较成熟的数据处理体系，包括从采集数据开始到研究、定义等过程，还包括相关的数据处理平台、系统等。可以说，能否深层次地挖掘大数据的价值，应用大数据指导生产、生活，是衡量大数据技术进步的指标。从这个意义上来看，使用大数据技术的关键在于掌握数据的特点，并能通过这些特点分析出未来的发展方向。大数据的4V特征主要指数据体量大（Volume）、数据多样性（Variety）、数据价值高（Value）和计算速度快（velocity），下面分别做具体介绍。

（一）数据体量大

在计算机科学领域，数据指的是所有能够被计算机识别并分析的符号的介质总和，包括数字、字母和模拟量等。这些符号按照一定的顺序进行排列组合，有其实际的表达意义，是信息系统的基本组成单元。计算机系统一般应用二进制信息单元，以0和1来表示。字节（byte）是数据的最小单位，每8个二进制组成1个字节，其进位关系是1024（2的10次方），如1KB换算为字节，是1024B。数据的进位关系如表1-1所示。

表1-1　数据进位表

字节	千字节
1024B	1KB
1024KB	1MB
1024MB	1GB
1024GB	1TB
1024TB	1PB
1024PB	1EB
1024EB	1ZB
1024ZB	1YB
1024YB	1BB
1024BB	1NB
1024NB	1DB

虽然关于多大量的数据才可以被称为大数据，学者并没有进行清晰的划分，但一般认为大数据是PB级别的数据集合。数据量的单位不是判断这个级别的数据集是否为大数据的标准，其决定性因素在于计算机处理数据的效率能有多高。例如，20世纪60年代的计算机技术并没有充分发展，从当时的计算机处理水平来看，处理MB级别的数据所花费的时间已经很长了。因此，现在的大数据技术之所以成为信息科学发展的主要方向，关键在于计算机技术的发展，无论是在软件方面还是硬件方面，计算机处理数据的能力都有了飞跃式的提高。也是因为这个原因，相应的数据产生速度加快，造成了数据总量的爆发式增长。美国的一家科技公司EMC（易安信）承接的主要业务是存储信息、管理产品和服务以及针对技术问题提供解决方案。2014年4月9日，这家公司公布了第七份数字宇宙研究报告，这是业界唯一一份可以量化并预测每年会产生多大数据量的研究报告。IDC（互联网数据中心）可以为ICP（互联网内容提供商）、企业、媒体及各类网站提供大规模、高质

量且能保障安全的多种业务，包括服务器托管、空间租用、网络批发宽带、ASP、EC 等。通过 IDC 对相关数据进行统计和分析，不难发现，无线技术、智能产品和软件研发等企业的出现是全世界数据极速增长的关键原因。同时，物联网技术的发展使得数据量不断增长，例如 2019 年的数据量是 2013 年的数据量的 10 倍。

（二）数据多样性

计算机技术的发展，特别是在硬件嵌入式技术上取得的突出成就，促进了智能终端的全方位、多角度的普及，使人们采集的数据类型发生了变化，逐渐由结构化数据转变为非结构化数据，即从储存在数据库中的可以用二维表结构逻辑表达的数据转向了视频格式、音频格式，以及图像化、序列化的文件格式的数据。目前，非结构化的数据量远远大于结构化的数据量，但非结构化的数据没有办法用数字或统一结构表示。由于分析对象不同，用来分析的方式也不同，所以现在的大部分数据分析所采用的数据处理方式并不统一。因而，要处理这些类型各不相同的数据，必须发展更高的数据处理能力。物联网的发展，不仅带动了数据量的极速增长，而且也带动了输出数据的智能连接设备数量的极速增长。正如 EMC 公司的第七份数字宇宙研究报告所说，物联网包含的日常用品数以十亿计，每个用品都对应一个独特的标识符，能够自动记录、报告、接收数据。举例来说，安装在鞋子中的传感器可以追踪人们跑步的速度，也可以通过它来了解鞋子主人采用的交通方式。

（三）价值高，密度低

从前的计算方式总是先规定好计算的目的，再分析和选取有用的数据，淘汰掉没用的数据。这就像是熬中药的过程一样，将有用的成分融进药汤里，倒掉没用的药渣。这种看似快捷的计算方式存在的问题是，那些被淘汰掉的数据只是对这个计算没有作用，未来也许可以为其他计算提供价值。现在，存储数据的容量越来越大，我们可以将这些因为不同的计算目的分别收集的数据都存储下来，进而发挥数据价值的最大化。当然，这种不加筛选的数据存储模式也造成了大数据的又一个特点，即价值密度低。价值密度与数据体量成反比，体量越大，价值密度越低。当今时代，数据来源多种多样，数据的总量也在不断增长，要想从这些数量庞大、类型多样的数据中准确提取用户的目标数据，即对用户来说有价值的数据，需要快速地对数据进行整体性分析，然后根据不同的用户需求分类处理并完成计算任务。

（四）处理速度快

在大数据时代，数据的时效性大大降低。数据从产生、存储、使用、归档到最后被丢弃，也许转瞬即可完成。这就意味着一些数据现在可能是有用的，但在一秒之后就会变得毫无价值。为了更快速、准确地分析这些数据，出现了著名的"1 秒定律"，即"秒级定律"，就是在处理数据时一定要快速，这对大数据技术的应用非常关键。在实际操作中，运算过程的时间要以秒计算。数据处理的时间单位是区分传统数据处理技术和大数据处理技术的关键指标之一。从这个意义上来说，大数据技术是传统数据技术的一次质变，并且终将取代传统数据技术。

三、大数据的核心价值

（一）促进了思维数据化

从目前来看，当大数据时代到来时，任何一家公司的竞争力都可以划分为三种类型：第一种是大数据本身，第二种是与大数据相关的技术，第三种是大数据思维。这三种竞争力不可替代，亦缺一不可，但其中最为关键的部分，就是将数据与思维结合起来。数据可以被复制，技术也可以被超越，只有思维难以被窃取。拥有领先思维的大数据玩家，最有资格发动一场胜算极大的战争，或者占领最大份额的市场，形成自己的坚不可摧的竞争力。可以发现，具备大数据思维优势的公司往往是那些新兴的创业型公司，它们在一个全新的领域内崛起，而且它们的创始人大多具备大数据思维能力和大数据技术，能够及早地发现某特定商业领域中大数据的应用价值，并且做到第一时间把自己的理想付诸实施。在别人进入该领域之前，这些公司就已完成了垄断。

大数据时代的到来，不仅是技术的更新，它同时也标志着我们处理信息方式的变化、我们思考问题模式的升级、我们思维深度的掘进，是我们的智能的进化。随着时间的推移，大数据将会彻底地改变人们思考这个世界的方式。

之前已经有预言：大数据的到来将引发一场新的"智慧革命"。人们可以从海量、复杂、实时的大数据中发现知识，提升智能，为社会创造更大的价值。所以，尽管存在这样或那样的不足，但大数据时代一定是美好的时代，因为数据化正在可控的范围内让我们的生活变得更美好，让人们的工作变得更方便，让人们未来的方向变得更清晰，也让人类看到了改变世界整体结构的希望。要让它逐步具备"智慧"特征，从而通过数据这一工具，实现人与自然的沟通，互相之间进行智慧与理性的交流。

那么，到那时候，人们的学习、工作、生活、娱乐以及交通、医疗、能源利用方式等都将随之改变。人们可以改变自己的头脑，从海量数据中获取必需的工具和技能，也可以提升自己的智慧，以大数据的思维来重塑自己的人生战略，增强自己的竞争力。

（二）促进了生活变革

大数据时代给人们的生活带来的好处是显而易见的。现在，每个人都拿着一部手机，有的人甚至有好几部智能手机；人们面前亦摆放着电脑，并且随时可以上网；面对爆炸式的信息，人们遨游在信息海洋中，可以轻松地获取数据，来改善生活的质量，享受科技带来的乐趣。

数据爆炸引发了生活的变革。这使人们的世界充斥着比以往更多的信息，同时信息的增长速度飞快，快得让人感觉眼花缭乱，应接不暇。这种信息总量和速度的变化，最终导致了信息形态的变化，从量变引发了质变。

（三）促进了社交变革

在社交领域内，人们能想到的第一个概念就是"关系"。关系并不局限于自己所认识的人，如朋友、亲戚、同事和客户。这些直接关系的"关系"，也涉及人脉资源。

传统的社交理念是碎片式的，就是只跟直接关系有联络，然后再通过他们去认识他们的人脉资源，就像一片片的叶子一样，通过互相之间的支脉相连，建立一种间接联系。

大数据时代改变了这一传统的社交理念，将碎片式的社交连接成了网式关系库。所谓网式关系库，就是"点对点"的直接连接，人们在大数据工具的帮助下，直接与目标关系人建立联系。

第三节　大数据时代的意义及其应用

一、大数据的时代意义

随着互联网的高速发展，许多应用和程序更新频繁，其中变化最大的是互联网行业应用的内容，它发生了根本性的变化。以往的互联网行业更加注重技术上的创新，如今，随着互联网在人类社会的普及，越来越多的互联网行业不再单纯追求技术上的竞争，而是尽可能地借助大量与行业相关的有效数据进行分析、调查。

（一）日益丰富的数据产出

现如今各类与互联网相关的电脑或者手机程序都热衷于收集数据，这一切随着互联网的普及以及各行业在互联网的渗入，开始迅猛发展起来，数据范围覆盖越来越广，规模越来越大，种类形式层出不穷，结构组分愈加复杂，数据存储开始面临更大的挑战。虽然其是数据库中十分具有代表性的一大技术，但其理论基础已经过时，因此许多人开始思考怎样更好地适应这个风云变幻的大数据时代。谷歌公司创建的可容错扩张型分布式数据库事务机制和全球级分布式数据库就是国际上知名度较高的一项关于数据存储的技术。

（二）数据成为当今社会的金贵资源

越来越多的企业意识到，数据覆盖越广，规模越庞大，形式种类越多，组分越复杂，这组数据的可利用性就越高。这其中准确、可观的数据是相关企业用于发展完善自身的一大利器，也是现代社会企业竞争中不可或缺的一项宝贵资源。这项资源通过完整的数据链科学分析，运用现今的技术和思维对相关的信息进行提取，可以让企业更好地了解客户需求。但获取大数据并不是所有企业都能做到的。

（三）大数据时代推动了各类科学技术的进步与磨合

数据来源于人们生活中的各个方面，如今的大数据时代让这一点变得更加显而易见。随着大数据时代的到来，与获取、分析等环节相关的新技术接踵而至，如物联网、计算中心、云计算等，促进了各类技术在大数据时代下的共同进步与磨合。不仅如此，大数据时代对人才也有着更加严苛的标准——必须兼有多个学科的专业知识。

（四）大数据时代带来新思维模式

面对庞大、复杂的数据，更快、更有效率地普及、整合、提取有价值的信息，是很多互联网企业十分向往的，这给我们的思维模式也带来了影响。第一，信息的准确性不再是最重要的，其中的覆盖率以及数量规模让信息有了更大的适用性。第二，小数据标本有限，再精准和复杂都抵不过大数据最简单的算法，因为大数据包含着更大范围的人们的信息以及想法。第三，大数据作为实践后研究调查的一环，能让事实说话，具有更大的说服力，因此数据科学家开始替代"专家"。第四，事物之间的联系不再只有单纯的因果，而是涉及很多复杂的相关因素。第五，数据要整体分析，而不是抽样分析，分析后要尽可能地提取更有价值的信息。

二、大数据技术的典型应用

大数据对于社会发展而言，是有革命性意义的，如纳米技术、生物工程等最新科技的进步一样，大数据将打开人类生活的新局面。大数据对经济、政治、社会管理等各个领域都有着深刻的影响，且每个人都不能脱离大数据的影响，因而，大数据处理的研究成为了全世界学术界、工业界甚至是各国政府机构研究的重点，社会各界都为此付出了极大的精力。综合来看，大数据技术的应用研究意义主要包括以下三个方面。第一，大数据技术可以对社会生活的各个方面产生影响，可以说，海量数据就是新时代的资源，备受社会各界关注，其对社会经济发展和人类生活水平的提高有着不可替代的作用。第二，大数据技术影响着科技发展的模式，让科技的发展模式逐渐从过去的假设驱动型转化为数据驱动型，这将有效提高科技发展方向正确的概率，并能提升科技发展速度。第三，大数据中可能隐藏着我们目前尚未发现的新价值，在未来社会，大数据及相关处理技术可能会成为和如今的石油一样重要的资源，可以转化为社会经济价值。

（一）企业内部大数据应用

目前，大数据的产生和应用均以在企业内部为主，如大数据两个最早的应用方式是商业智能和联机分析。在企业内部应用大数据技术，可以从多个方面来提高企业的工作效率和竞争力。具体来说，在市场方面，通过大数据关联分析可以更精确地掌握消费者的消费习惯，并据此挖掘新的商业模式；在销售规划上，通过海量数据之间的比较可以更合理地对商品进行定价；在运营上，在降低运营投入的同时提高运营效果和消费者的满意度，更合理地进行劳动力分配，可以有效地降低人力资源的浪费，降低人员成本；在供应链上，通过大数据技术优化库存和物流，协同供应商工作，可以有效地控制供需平衡和预算开支，提高服务效率。在金融领域，企业内部的大数据应用更是发展迅速。例如，通过数据分析，招商银行了解到客户经常在星巴克、DQ、麦当劳等场所消费，因而有针对性地推出"多倍积分累计""积分店面兑换"等活动，吸引了更多优质的意向客户；构建客户流失预警模型，对流失可能性较高，即在前 20% 的客户发售高收益理财产品，以此来挽留客户。电子商务领域企业内部的大数据应用更为典型，每天在淘宝上都会发生数以万计的交易，在交易的同时，交易时间、商品价格、购买数量等也都会被记录下来，而且这些数据会与买卖双方的个人信息相匹配，如年龄、性别、地址等。淘宝平台通过淘宝数据魔方应用平台上产生的大数据，通过这个服务，商家可以了解平台上行业的整体情况，包括自己品牌的市场占有率、满意度等市场相关情况，以及消费者行为模式和其他信息，然后根据这些信息做出相关的商业决策，同时，消费者也能够通过这一技术以更优惠的价格买到理想的商品。例如，阿里信用贷款通过分析收集到的企业交易数据并自动对企业偿还能力等信息进行分析，全程没有人工干预。有数据称，阿里巴巴的放贷金额已超过 300 亿元，坏账率仅在 0.3% 左右，远比商业银行要低。

（二）物联网大数据应用

物联网不仅会产生大量的数据，而且还是大数据技术应用的重点领域之一。在物联网中，每个物体既可以产生数据，又可以应用数据的分析结果，而且对不同的物体，大数据的应用方式也不同。在物流企业中，大数据技术带来的好处显而易见。例如，（美国联合包裹运送服务公司 UPS）在负责运输的车辆上安装了传感器、无线适配器和 GPS，保证公司总部在车辆晚点的时候能够准确地追踪到车辆的位置，并提前预判引擎是否会出现故障，如有，可以及时进行整修，同时，安装这些设备便于公司总部对员工的监督和管理，并通过总结过去的行车经验为司机规划出最优的行车路线。

另一个基于物联网大数据的研究项目是智慧城市，这个研究方向在近几年备受各界关注，目前已经有了智慧城市样板工程。例如，迈阿密戴德县与国际商业机器公司（下文简称 IBM）IBM 公司合作，开展智慧城市项目。IBM 公司应用云计算环境中的深度分析为戴德县开发智能仪表盘应用，使政府各部门的沟通合作变得更加顺畅，同时也使其对各项事务的掌握变得更直观。通过智慧城市项目，戴德县减少了很多财政支出，公园管理部门仅因为及时发现并修补了城市中漏水的水管，就节省了 100 万美元。由此可见，大数据的应用确实为人们带来了经济效益。

（三）面向在线社交网络的大数据应用

信息网络上各个社会个体集合和个体之间的关系构成了在线社交网络。在线社交网络上的庞大数据主要源自即时消息、在线社交、微博、共享空间。其中，在线社交所产生的数据与人的各类活动关联最为密切。因而技术人员更多地关注此类数据的分析。对于在线社交网络大数据，多从网络结构、群体互通和信息传播三个方面进行分析。在分析过程中需要综合数学、信息学、社会学和管理学等多个学科的理论和方法。目前，在线社交网络大数据的分析结果可以应用于分析网络舆情、搜集并分析网络情报、进行社会化营销、开展在线教育等方面。作为美国警界最早应用大数据进行预测分析的试点场所——圣克鲁斯警察局可以通过分析社交网络的数据发现隐藏的犯罪趋势和犯罪模式，甚至可以预测重点区域的犯罪率。2013 年 4 月，美国计算机搜索引擎 Wolfram Alpha 对使用脸书的 100 多万美国用户所产生的社交数据进行分析，研究用户的视角和行为规律。结果发现，大部分的用户会在 20 岁刚出头时恋爱，并在 27 岁左右订婚，结婚年龄则多集中在 30 岁左右，而在从 30 岁开始到 60 岁之间的过程中，用户的婚姻关系基本没有明显变化。这个结果和美国人口普查的数据基本没有差别。从整体上看，社交数据可以帮助国家来了解人们的行为，进而掌握社会和经济活动的变化中存在的规律，具体体现在以下三个方面：第一，前期警告。检测用户使用电子设备及相关服务中出现的异常情况，如果出现危机，可以更迅速地做出反应。第二，实施监控。监测社交网络中用户的行为方式、表达情感等情况，可以为制定政策和规划具体方案提供更准确的信息基础。第三，实时反馈。基于实时监控的基础，开展某些重大的社会活动时，可以随时掌握群体的反馈情况，并据此做出相应调整。

（四）医疗健康大数据应用

医疗健康数据具有高增长和持续性的特征，相对比较复杂，其中信息价值呈现多元化的特点，在处理、存储和分析中能够对内在价值进行开发，这些数据在医疗行业的应用对人类的健康是非常有意义的。例如，安泰保险基于对代谢综合征的评估，对多名患者进行了调查，并选取其中的 102 人进行了实验，在对代谢综合征实验的深入探究中实现了对众多化验结果和索赔事件的扫描，并在科研的帮助下形成了个性化水平非常高的治疗方案，能够完成对患者危险因素的分析和重点治疗方案的评估。又如，西奈山医疗中心在美国具有悠久的历史，规模也是非常大的，其在生物医药和医学教育领域中占据着非常重要的位置。该医疗中心大部分的大数据内容都是从大数据创业公司 Ayasdi 用技术分析的大肠杆菌全部基因序列获取的，其中 DNA 变体大于 100 万个，能够完成菌株对抗生素产生抗药性的原因探究。再如，微软的 Health Vault 主要是实现医疗设备中的个人健康信息管理，能够通过第三方机构进行病历记录导入，除了这些，还能够提供 SDK 和开放接口，完成与第三方技术的融合。

（五）群智感知的应用

基于科学技术的不断优化调整，平板电脑和智能手机中的传感器种类也变得更加丰富，展现出了更强的计算和感知能力。随着移动设备使用率的持续增加，移动计算机领域兴起了以群智感知为中心的应用热潮。众多的用户将移动智能设备看成基础，在移动互联网、蓝牙以及无线网络等技术的帮助下完成协同工作，并以此进行数据的收集和处理，在复杂的社会感知和大规模任务中实现突破。群智感知对参与者的要求不是很高，对于专业知识和技能的需求也很少，需要的仅是一台移动智能设备。

众包是群智感知模式中比较典型的存在，在问题解决中具有创新特性。众包将用户看成根本，任务的分发非常自由。现在，众包在诸多应用中都得到了受众的青睐，如语言翻译、图像地理信息标记、语音识别、城市道路交通感知、定位与导航、市场预测、意见挖掘等。众包能够体现分散的思想，能够在参与者协同效应中让个体的力量得到充分放大，不需要进行专业人员设置和感知模块设计，其感知范围具有广泛性。

调查发现，众包来源于大数据的发展，如宝马、宝洁及奥迪等公司在众包的推广中实现了研发和设计水平的优化。在大数据进步的环境中，空间众包服务逐渐被关注，众包服务中具体的工作程序如下：首先，服务请求方进行特定资源的标准设定，然后参与者根据要求选择是否参与，最后在移动设备的应用中实现数据的收集（视频、音频或图片），而请求方也将获得这些信息。在移动设备功能趋向丰富和移动设备不断普及的情况下，可以断定空间众包服务将会越来越重要。

（六）智能电网应用

智能电网在传统能源网络中实现了现代信息技术的融合发展，在用户用电习惯的探究中，对电能生产、消耗以及供给提供了帮助，大数据也融入了电力系统建设中，实现了以下问题的优化和完善。第一，智能电网中的数据能够在电网规划中完成综合处理，对停电频率和用电负荷区域予以规范，进一步完成对线路故障率的管理和控制。例如，美国加州大学洛杉矶分校的研究者就在数据理论的支撑下，完成了"电力地图"的创新设计，实现了对用户用电信息、气象、地理信息以及人口调查信息的融合处理，从而得到了更加完备的加州地图。地图将街区作为重要的基础单位，对街区内用电量以及人们的平均收入和建筑类型做成了对比，对社会群体用电的情况有了综合的分析和定位，既能够非常直观地看到有效的负荷数预测依据，又能够看到过载严重、停电频率高的街区，从而便于有关部门进行及时的改造。第二，发电和用电形式的电网联系能够更好地实现用电均衡化。但是，在传统电网的架构中使用的往往是"发—输—变—配—用"的单向原理，电量的调整是不能与电量需求相联系的，这样会产生大量的冗余。基于用电和发电的关系探究，以供电效率为主要探究方向，研究人员完成了智能的用电设备——智能电表的创新。例如，得克萨斯电力公司在推广方面做了大量工作，实现了经济效益的提升。供电公司的用电数据读取时间是 15 分钟一次，告别了一月一次的传统习惯，大大减少了供电超标带来的成本，同时有利于用电数据的处理和应用。另外，供电公司在电价的确定中也能够关注用电高峰和低谷，从而使动态定价成为可能，让用户和公司获得双赢。第三，间歇式可再生能源成为当前电网资源整合的重要内容，但太阳能和风能等与气候环境关系较大，间歇性和随机性的特点比较明显，所以接入电网困难较大。假如能够在大数据分析的基础上完成对间歇式新能源的匹配，并适当供给能源紧缺的地区，将能够实现更好的资源互补。

三、大数据需要考虑的问题

从企业与个人信息安全的角度来说，大数据需要考虑以下五个层面的问题：

（一）网络安全

随着在线交易、在线对话、在线互动的兴起，在线数据越来越多，黑客们的犯罪动机也比以往任何时候都来得强烈。如今除了个人黑客之外，还出现了国家黑客，其组织性更强，更加专业，作案工具更加强大，作案手段更是层出不穷。相比于以往一次性数据泄露或者黑客攻击事件的小打小闹，现在数据一旦泄露，对整个企业、个人和国家而言，无异于是重大打击，一着不慎就会满盘皆输，不仅会导致声誉受损、造成巨大的经济损失，严重的还要承担法律责任（如金融机构的安全漏洞）。所以，在大数据时代，网络的恢复能力以及防范策略可以说是至关重要的。

（二）云数据

云技术是新时代的技术产物，现在人们快速采用和实施诸如云服务时仍然存在大量的压力，这是因为我们对其可能带来的风险和后果仍然没有办法预料和控制。尤为重要的是，云数据是黑客的目标，其极具吸引力并能获取高价值的信息。因此，这对企业制定与云计算相关的安全策略提出了极高的要求。

（三）移动化

这个时代正在变得"移动化"，人们对数据的需求增加，而数据的收集、存储、访问、传输等工作都需要借助移动设备，所以大数据时代的来临也带动了移动设备的猛增。比如，越来越多的员工用自己的移动设备进行办公，他们上班时拿着移动设备来到公司，下班后又拷贝了数据离开。我们不能否认，这很便利，有利于工作，也帮助企业节省了很大一笔开支，但也给企业带来了更大的安全隐患。要知道，移动设备是黑客入侵内网的绝佳跳板，比如以色列攻击伊朗核电站就是靠一块很小的移动硬盘接入了核电站的工业计算机，从而释放病毒给计算机致命攻击。移动化给企业的管理和安全保护带来了难度。

（四）微妙而紧密的供应链

在今天这个全球化的时代，每个企业都是复杂且互相依存的，都是全球供应链的一部分，但供应链本身恰恰是最薄弱的环节。信息将供应链紧密地联系在一起，从简单的数据到商业机密再到知识产权，而某一环节信息的泄露就可能导致整个供应链上的企业遭受巨大损失，甚至会违反法律，受到司法制裁。对全球化来说，信息安全是如此重要，它在整个供应链上扮演着血液的角色，如果血液中有了病毒，那么后果将不堪设想。

（五）隐私安全

随着产生、存储、分析的数据量越来越大，隐私问题在未来的几年也将愈加凸显。所以建立提出新的数据保护要求以及立法机构和监管部门完善相关法律制度应当提上日程。

第二章　大数据背景下统计学课程教学转型

第一节　教育转型的内涵

一、教育转型的意义

"教育转型"一词，目前还未被广泛认识。还有一个概念，是从生物学中得来的，叫作社会转型。所谓成型，就是生物学中指出的，物体有很多种构成要素，这些要素不仅自身起着作用，还连同其他要素共同起作用，从而形成一个完美且有效的组合体，形成较为稳定的存在。型就是指某个物体形成所需要的稳定结构与特定的存在方式。因此，转型就是指物体间结构的变化，通俗地说，就是指生物的各物种之间的变异。从这些概念中衍生出来的不只是生物界专家的思考，更引发了社会学家的思考。一些专家认为，社会虽然在一直发展着，不断发生着变化，但是社会也有许多共同要素，也会形成某个稳定的结构，在一定时期，社会也会发生结构的变化，就可以称为社会转型。根据调研，最早的社会转型一词出现在现代化与发展社会学一书中，作者是西方伟大的社会学者哈利生。

在哈利生提出"社会转型"这个概念以后，20世纪末期这一词汇进入了我国，成为我国专家研究的一个领域，并且从生物学发展到了社会学，更延伸到历史学、哲学、地理学等其他领域，当然在各个领域中"社会转型"一词有不同的意义。

社会转型是指中国社会从传统社会向现代社会、从农业社会向工业社会、从封闭性社会向开放性社会的社会变迁和发展。改革开放之前的中国，从整体上来说是相对落后的，但是，改革开放以后，社会发展速度较快，几乎各个方面都发生了巨大的变化，并且社会各要素的分化程度都很高，社会结构的变迁促使中国社会在整体型与分化型方面发生转变。专家认为，当今社会是一个正在转型的社会，社会中各要素之间是变动的，有利于今后社会的全面发展。

还有其他专家认为，社会转型不仅是结构的转型，还是体制的转型。具体表现为，在中国改革开放以后，中国经济由计划经济走向市场经济。

不管当今社会是社会结构的转变还是经济体制的转变，都是专家针对基础提出的更深入的思考与研究，是创新型思维。从一般的社会意义上来说，可以认为社会结构的转变，是社会体制的转变，也可能是社会体制的转轨。不论是哪种转变，都是对社会实质性的认识。社会的转型是社会全面性的转型，也是主要构成要素之间的转型。

很多专家指出，社会的转变是一种突发性的转变，不论是在时间上还是在空间上，都是社会结构与社会形态向另一种新的形态与结构的转变，是在历史长河中质的飞跃。转型是一种社会进化，但并非所有的社会进化都是转型。"转"是由社会结构的变化而导致社会存在形态的变化，强调的是转变的方向性和整体性。所以，如果只是社会发生了某个单向的变化，并没有全部发生变化，那么，这种变化就不可以说是社会的转型。

但是，社会整体的转型变化，又依靠着社会某些单方面的量变，是由量变引发了质变，从而实现了社会转型。所以，社会的转型并不是一蹴而就的，而是经历了一个漫长的过程，经历了无数次的失败，才形成的社会变革。众所周知，社会与教育虽然有联系，但完全是两个不同的概念，所以教育转型与社会转型也就成为了两个概念。

这就引出了教育转型的概念。教育转型是两种形态之间的转变，这种转变和社会转型一样，是全面的、全体型的转变。从教育与社会的关系来看，教育的转型既可以发生在形态相同的社会形态下，也可以存在于不同的历史形态之下。例如，中国的教育经历了从原始社会的"三无"教育，到中国古代的封建教育，再到现当代的素质教育的转变。同样，教育也可以发生在相同的社会形态之下。例如，教育本身性质的转变，即教育的质的规定。这种情况一般会发生在社会的突发变化与政权的突变情况下。教育的转型是处在同一个社会形态中的，也就是说，在社会本质属性不变的情况下，教育的各个组成部分（如教育环境、教育媒介、教育内容等）一直在发生着从量变到质变的转变。

教育的转型是一种全面且整体的变化，其决定性因素是教育的目的。教育工作是以教育目的为依据来进行的，所以教育目的是教育的灵魂。

教育的转型包括很多方面，如最大的教育系统方面的转型，狭义的学校教育的转型即教育教学活动的转型。通常，人们会依据不同的层次，找出不同的着力点。教育的质的规定是决定教育系统转变的重要因素，学校的形态与运行机制等多种因素影响着学校教育的转变。综上所述，不管是哪方面对教育产生了影响，归根结底都是教育目的起到了决定性的作用。

通过对多种因素的分析可以看出，教育内部因素与教育外部因素共同影响着教育，为教育的转型提供了有利的条件。

二、对教育转型的概念辨析

教育无论怎样变化，都在发展的过程中发挥了量变与质变的作用，因此，教育的变化也包括教育的转型。划清这两者之间的界限，可以方便人们的理解。

教育的转型属于一种变迁，但这种变迁是有风险的，是历经风雨的冲刷形成的变迁。当然，这两者之间也有着区别。"转型"一词，在前面我们也提到过，是量变引起质变，只是更加注重质变；而变迁则是指时间和空间的变化：空间变迁是指局部的或整体的变化，更注重整体的变化；时间的变迁指的是经历了历史的变迁，自然而然地形成的一种教育形态。

不管是教育的改革还是教育的变迁，其最终目的都是教育的转型。教育的转型，不仅受外界因素的影响，还受到内部因素的影响，由双方共同来推动，是教育系统内发生的转变。有些国家在早期就生成了教育的转型，是借助国家内部的力量来推动的，而对于很多后期的国家来说，更多的则是复制成功的因素，再结合本国国情进行推动转型的。

教育革新与革命，都是以改为基础的，但是在改的同时还要强调要生成新的东西。教育的转型有很多因素，其中教育的革新、革命是重要的推动因素，但是这种推动不一定会使教育转型成功。

教育的转型与发展的关系，可能是正向的，也可能是负向的。教育的发展可能是局部进行的一小部分的发展，也可能是全部意义上的发展。教育转型与发展，相互依存、相互促进。综上所述，教育转型和其他的教育形式不同，教育转型进行的是根本的、本质上的转变。

三、教育转型的特征

第一，教育转型不是一蹴而就的，而是两种类型之间的转换，不仅是单纯的转换，还是一种过程。如果认为转型是动词，那么，教育转型就是一种过程，而当人们认为它是名词的时候，它指的是转型的结果。因此，专家一直在研究两种教育形态转化的过程及转化的多种方法，且认为教育转型成功的标志就是一种新的教育形式的形成。

第二，教育转型不是某一部分的变化，而是一种面向整体的改变，是全部的变化，且不仅是一种形态变为另一种形态，还是一种性质变为另一种性质。

第三，教育目的贯穿于整个教育活动，教育的变革势必关乎教育目的的变革。教育有其内部的组成因素，也有外部的组成因素，内部的每个要素互相结合且外部的每个要素也进行相互结合，最终达成一个稳定的整体，这样，教育的结构才具有完整性。也就是说，教育由内部与外部两方面因素构成，且这些因素以教育目的为根本宗旨，其转变要以教育目的为中心。

第四，教育转型的过程是艰辛的，而艰辛中又有着异质与冲突的特点。教育的转型是一个过程，有过程就会有前期的困难、中期的矛盾与后期的豁然开朗。在转型的前期，旧的教育形态还没有被完全废除，新的教育形态还没有建立，是最困难的一个时期，此时有着异质性的特点。在转型的中期，就会出现新矛盾与旧矛盾的并存，造成冲突。转型的后期，旧的制度被推翻，产生了新的制度。

第五，教育转型的另外一个特点就是不确定性。教育转型是依据建构主义的观念进行的转型，具有动态性，在不同的社会背景下会呈现出不同的特点，但不能确定地说，教育是有一定的定义或者永恒的概念。因此，教育转型是一直发展着的，但是不论怎样发展，都是基于一定的环境而生的。

四、教育转型具有多种类型

从教育转型考察的角度和范围来看，可以进行以下分类：

首先，教育有很多种分类，其中一种是按照层次进行分类，分为宏观、中观、微观。宏观的教育是基于整体进行考虑，主要看是否有利于社会的教育；中观的教育是教育的第二个层次，是关于学校的培养目标与学校本身的教育，也是学校的整体变革；微观的教育是着眼于教育教学活动的本身进行的教育改革，不属于整体的变化，而是非整体的局部变化。这三种教育相互依存又相互制约，宏观教育指明了方向，中观教育与微观教育按照教育方向进一步实现了目标转型。

其次，教育转型还可以根据类型来进行分类，就像广义的教育一样，分为学校教育、家庭教育、社会教育。学校教育又包括很多种教育，包括学前教育、基础教育、大学教育、终身教育等众多种类教育的转型，我国的教育需要转型，是发展新型的、适应社会潮流的教育的必然要求。

最后，教育有内部与外部的教育要素。根据这些还可以将教育转型分为教育思想的转型、教育制度的转型与具体教育实践内容的转型等，尤其要注意的是，教育的转型不是局部的转型，而是全方位的转型，要立足于整体来进行考察。

五、教育转型的核心

社会转型的重要因素之一就是人的转型，教育的本质是培养人的活动，因此，教育的转型就是人的转型，社会应促进人的发展。在社会发展过程中，人的发展也越来越全面。教育的本质是培养人，教育转型的本质也是人的转型，因此，不管教育发展到什么阶段，都应该以人为中心，促进人的发展，走人性化的道路。

然而，怎样促进人的转型呢？

首先，确立教育的人学立场，明确人的转向。教育是育人的活动，教育的立场必须以育人为基础。从本质上来看，教育虽然是对人的培养，但是也受其他因素的影响（如社会生产力与生产关系、政治制度、文化、人口等），来源于社会并且服务于社会。人们必须根据社会的需求，培养服务于社会的人才。鉴于教育已经成为培养人的工具，当代教育必须重新定位教育的立场问题，要以人为中心，坚持以教书育人为中心，使教育沿着正确的方向发展。这一进程是无止境的，因为人没有终极的完善。教育不论促进多少人的发展，使人前行多远，其方向必须先要保证正确。

其次，明确教育指向什么样的人，育什么样的人，这是解决育人方向后，需要解决的另一个重要问题。从上述的教育历史发展中人呈现出的不同方式，可以得出结论，从欧洲中世纪的自由发展的人，到近代社会需要的全面发展的人，再到现代社会需要的素质人，这些时代的受教育者都是根据不同的时代要求培养出的不同的人，是一种自我期待。我们不是希望在诸多教育人的形态之后再增添一种，而是要反思这种形态背后的合理性。每一个时代受教育者的培养要求既有合理之处又有不合理的地方，其中最不合理的地方就在于把人当作一种客观的存在，是具体的模式，并且脱离了现实社会的一种完美的人。这是"以物的方式"来认识人，违反了马克思主义客观存在的理念，所以我们见到的都是具有抽象意义上的人，并没有主观性。不管是站在历史发展的进程上来观察，还是站在受教育者个体间的差异上来看，人都不可能只有一种社会生活方式，不可能是一种模式化的人，而是随着社会的发展而发展的。每个个体不同，"抽象的人"是对人的误读，是不存在的。

要以人的方式来认识人，人是具有历史变化性的。不同的历史时期需要不同的人，要根据不同的时代需求培养不同的人，而每个人都是具体存在的人，应以教育为主要出发点来发展人才。1970年国际教育发展委员会向联合会教科文组织提交了报告《学会生存——教育世界的今天和明天》，报告指出，"每一个学习者的确是一个非常具体的人。他有他自己的历史，这个历史是不能和其他任何人的历史混淆的。他有他自己的个性，这种个性随着年龄的增长而越来越被一个由许多因素组成的复合体所决定，这个复合体……对于每一个人来说都是各不相同的。进入教育过程的个体是一个具有文化遗产的儿童，他具有特殊的心理特征，在他的内心有家庭环境的影响和四周经济状况的影响。"无论是在机制方面，还是在精神方面，它都不把个人看作具有特性的人。我们如果不改革教育管理，不改革教育程序并使教育活动个别化，我们就既无法履行，又不能取得具体人的职责。实现从抽象人到具体人之间自我期待的转型，教育的目的不再使人成为一类人。

最后，要说明的是，教育的转型推动了人的转型，促进了人的成长。人的发展并没有一定要发展成什么样的人的最终目标，但是却给了一个方向，我们要沿着这个方向的指引，不停地发展全面的人、发展个性的人。所以，教育的转型就是要培养全面发展的人。

教育面向的是全体学生，并且要培养学生全面发展与个性发展。这些学生是有主观能动性的，是生存在社会中、生活在自然中的人类，拥有自然生命与社会生命。自然生命就是通常说的物质的生命，也是生理层次的生命，而社会生命就是人类在社会中的价值所体现出的生命价值。每个人都是自然生命与社会生命的统一体，每个人的生命及精神力量都是自然生命与社会生命的升华，也是生命的永恒。人作为有意识的动物存在，表现为有着不同于动物的精神意义和价值信念。在当今社会中，自然生命与社会生命对于现代人来说是非常重要的，因为他们认为生命的基础一定是满足个人的生理需求，因此，自然生命更为重要，而想要在这个社会中生存下去，就必须要努力适应并遵循社会法则，在这里社会生命又非常重要。然而，又有几个人想升华自己的精神生命呢？在社会中"悠然自得、自得其乐"是很多人追求的生活状态，但是生命是一个完整的有机体，不能依靠自然生命来虚度光阴,还有精神境界可以去追求。精神是人发展和进步的不懈动力。人之所以成为人,就在于人有着对自我、对现实的不满和超越。但是,我们在教育实践中并没有把人当作全面而完整的生命体,致使不能把人培养成为全面而完整的人。一再强调教育是培养学生全面发展的教育,所谓的全面发展就是指要教育人们发展自然生命的同时也要增强社会生命,更要追求精神生命,规劝人放弃自然生命而追求社会生命和精神生命的崇高。事实上,人类发展具有社会性与自然性,社会性属于最基本的要求,教育不仅要让受教育者会学习、会做事,更要培养他们追求精神的力量,追求生命的价值,不断超越自我,成为完整的人。

教育要帮助受教育者实现生命的价值,不论年龄多大,都应该树立终身教育的理念,不断地升华自我,努力通过后天的教育来实现自我的人生价值。虽然古代哲学家提出过教育要遵循自然,但是这种遵循自然并不是无节制地服从自然,而是在自然的生活条件下改造自然,进而实现自然与人的和谐发展。所以,人的生命应该是自由的有机体。人类的特性恰恰就是自由的、自觉的活动。首先,我们应该了解自由与自觉。自由的前提条件是自觉,否则一切将乱为一团。其次,自由是自觉的升华,这两者互相促进与依存,共同为生命的发展助力。正因为这样,我们才更加确定,生命的发展是具有主观能动性的,因此,现代教育一定要发展学生的主体意识,让学生自主学习,培养他们的独立人格,使他们享受到心灵与生命的自由。

教育还要促进受教育者的个性发展。我们所说的个性发展指的是,依据受教育者自身的特点进行的发展教育,是根据个体各项素质的优势,以优势为中心,其他发展为辅的发展,并不是说全方面的均衡发展。所以,教育既要根据受教育者的身心发展规律因材施教,掌握教育内容的系统性,又要对受教育者进行长善救失的教育,即积极发展优势方面来弥补受教育的不足,促进其全面发展,成为具有独特个性的人。

总而言之,关于教育的转型问题,不仅是教育本身性质的转型,还是人的转型,是不断地促使受教育者走向个性发展与全面发展的转型。教育转型的终极价值和永恒追求,是教育之为教育的根本,也是教育转型的根本。

第二节　教育转型的价值体现

一、教育价值的存在论基础

价值论以存在论为根基,这决定了教育价值目标是一个诸多概念相互包含的理论网络。这不是随意地把概念 a、b、c、d……与价值目标 A 结合在一起的,a、b、c、d……在理论中的聚合,赋予 A 以丰富的意义,它们与 A 有本质的联系。只有掌握了理论网络中的概念,才能更好地理解价值目标。具体而言,人的全面发展概念要有相关概念的解释,它要向人、全面、发展等概念过渡，而后者又需要向更为基础的概念过渡。这样，人的全面发展就形成了一个定义链。

不管是历史上的哪一次转型，都不是对之前概念的推翻，而是对它的升华与深入研究，从而发展、衍生出新的概念。这样，人的全面发展就形成了一个定义链。首先，人的发展离不开生产劳动，人类的一切社会生活方式都离不开生产劳动，因此是劳动创造了人类。这些内容在教育目的与教育价值的论述中也有提到。其次，全面的具体意义。人的全面发展是在自觉与自由的基础之上进行的发展，是形成一个完整的人的基础。这部分内容在马克思的"完整的人"——当代教育的价值追求中有阐述。最后，人类社会的发展历程。马克思的社会三大形态与卢卡奇的合理性发展及无机自然、有机自然、人类社会三大存在的发展过程展示了这一过程。这部分内容在"人是走向途中的存在"中进行了简略的说明。

当然，任何一门学科都达不到这样一种清晰、透彻的理论程度：所有概念都是清晰的，所有前提都得到了分析，所有基础都是没有疑虑的。但是，尽可能清晰、明白又是这些学科必须尽力争取的。对教育价值的有效研究受制于对全面发展的相关概念的清晰规定。

二、当代教育的价值追求——马克思的"完整的人"

在社会转型期的教育价值观的变革中，应该把握马克思"完整的人"的具体内涵。今天，很少有人提出关于完整的人的观点，反而更多的观点指向的是全面发展。马克思曾经提出过完整的人的观点，但到今天为止都没有任何专家进行过相同理论高度的解释。

这里，完整的人必须扬弃异化，正确对待人与自然、与社会的关系。可以发展个体全面性的人就是完整的，它以全面的方式占有自己全面的本质，但是整个思想却始终以完整的人为主线。如果人不能突破旧的牢笼，将永远不能成为完整的人。

那么，完整的人对今天教育的启示体现在哪些方面呢？

（一）合理解释全面与片面的概念

通俗地说，全面发展是个性发展单纯的量的叠加，只要有足够的量，那么，产生质的变化则是必然的，并且量越多越优。这里的量指的是某一方面发展的优势的大小。但是，马克思却不这么认为，在他看来，这样单纯的量的叠加是愚蠢的行为与想法。如果只是一方面的叠加，只会让人单方面发展而不是真正意义上的全面发展。如果现实生活中所谓的专家不再受功名利禄的诱惑，不再因为身在本职位而受到特有职位的限制，而是去承担应有的一切，这才能称得上是专家、学者，才是完整的、全面发展的人。马克思认为，完整的人不一定就是人们日常生活中所说的"圣人"，更多的是挣脱了现实的牢笼，去实现自身价值的人。

所谓片面发展的人，一定是被现实所迷惑的人，是生活在社会中只拥有社会生命的人。这类人认为自身的价值就在于拥有的物质数量的多少，并没有意识到个体本身精神方面的财富的重要性。在当代教育中，这种存在式的教育并不少见，这种人以拥有财富为荣，与社会生活是拥有与被拥有的关系，拥有了财富便是拥有了一切，拥有财富是其他的存在所不能替代的。在教育中，这种现象是现实存在的。身为社会的一分子，我们要坚决杜绝这种现象侵蚀祖国美好的花朵。

在现代的教育教学中，我们都能体会到读书恨少的心情。学生从幼儿园开始，甚至从更早的时期开始就已经亲身经历了拥有量带来的压力或快感，以至于这种感受深深地扎根在人们心中。在众多的社会因素中，拥有量对于人们的社会地位十分重要。在教育教学中，教育者通过学习知识进行交换来获得相应的分数，分数到手后又可以换取学历，而学历又可以换取财富与社会地位。那些想获取最高学历的人，已经不再拥有创造力，而是为了拥有社会地位而去拥有知识，这种拥有知识的方式是间接兴趣而非直接兴趣，这种人是没有价值感的人。虽然学习的知识量与学历的高度在不断增加，但个体本身的价值却在不断下降。

在社会经历了漫长的变化之后，教育虽然在一些方面进行了成功的改革，但是关于教育的量的方面一直都存在误区。因为马克思提出的有关人的整体性的概念至今没有人能给出深刻的研究结论。只有当人们的理解达到了质的方面，即拥有感已经被人们完全挣脱，对马克思思想的理解才具有完整性与深刻性。错误的理解会将人们推向一个极端，使人们只注重片面的、局部的发展，只在乎如何将量增加，而不是将个体的价值成分发挥出来，没有达到完整的人的要求。

（二）有利于消除消费主义价值观的不利方面的传播

在当今信息时代，信息的快速传播与方便性一直在不断地改善着人们赖以生存的社会，改善着人们的生活方式，为全世界的进出口与生活的改革提供了有力的基础。鲍德里亚说过："富裕的人们不再像过去那样受到人的包围，而是受到物的包围。"[a] 在商场的置货架上有非常多的东西，总是给人一种取之不尽的感觉。广告是一种文化，是人们认识世界的一种媒介，创造广告文化的人具有一种创新精神，是超越了现实的因素，对产品的特点进行创新应用与推广。凯尔纳这样说过：商品并非仅仅具有使用价值和交换价值的特点，还有符号价值，即风格、威信、豪华、权力等的表现和标识，这一符号价值成为商品和消费的一个日益重要的组成部分。当代人的本身的价值竟然更多地通过名牌效应来实现，这是物质化的社会风气形成的，而消费则以是否时尚、是否符合时代的潮流为主要依据。这种消费观在全球得以推广并形成了全球化的风气。在当今的社会大背景下，中国身为发展中国家，处于过渡时期，然而这种过渡正是生产型与消费型之间的改革。随着世界化的风气的渗透，中国的生产性社会中的产物与世界其他国家的船坞在不断流通，因此，各国之间在不断交流着。这种在各个国家各个民族之间的沟通，让人们消费观也在不停地改革与更新着，并且渗透于中国的社会中。在中华民族的现代化发展中，世界化的消费观被大部分人

---

a　（法）让·波德里亚 . 消费社会 [M]. 刘成富、全志刚，译 . 南京：南京大学出版社，2000.

所接纳。不知不觉中，西方发达国家的消费观念被传入中国，并深深地影响了中国人。在当今的潮流社会中，非常流行的由人控制的广告模式，不仅发挥了人的创新精神，还在创新精神的基础之上发挥了个性功能。在现当代的社会大背景下，部分人的价值观发生了不合理的变化，不能正确地认识自己，而是通过消费水平来认识自己。除了对自己的认识不足之外，其他人对对方的认识也是扭曲的，看到别人喝名牌酒或名牌奶，甚至看到别人扔的垃圾是高档品的垃圾，就会敬而生畏。这时，人们看重的已经不再是衣服和事物在生理需求方面的作用，而更看重的是品牌，用牌子才会有面子。西方发达国家传入中国的消费观念，主要通过一些时尚杂志、走秀或者一些谈话节目来影响人们，而随着当代社会信息技术的迅猛发展，品牌效应已经成为人们心中的一种时尚。

现代不合理的消费观是不符合马克思思想的，马克思认为消费应该建立在人的根本上，并不是一种非常直接的消费。现代人将消费理解为占有，认为只要有钱就可以拥有一切，只要可以买得到就是自己的。这种思想是非常危险的。在这里，我们更应该强调马克思主义提倡的完整的人的观念，培养自然人、社会人，更重要的是培养精神人，注重人的精神的培养，禁止一切追名逐利的、扭曲的思想的侵蚀。

这种现象在各个领域都有所体现，如源头的消费领域、当代的教育领域，都有这种观念的介入。在教育领域中，专家一味地用自己的知识来增加研究的结果，从而使这种结果被广泛认知，进入一个特殊的等级系统，这个系统根据研究成果的量的多少将科学家定性为是哪个等级的专家，还有一些隐性的、没有被计算的物质则毫无用处，而这些表现出来的物质则成为显性物体。现在，对专家的创造性成果的赏识，早就已经不是根据在这个专业中众多专家的肯定与对于实际操作及时间的作用来评定的，而只是单纯从成果的多少来进行等级的划分，是对一套原有的模式进行了套用而已。

现在有个别学校一味地追求名师的荣誉、追求学校课程被评为某些等级的精品课或者拥有由某些享有荣誉称号的名师组成的某些获得荣誉的团队，从而提高学校的影响力。殊不知，学校教育的根本是培养人，若攀比现象严重，则会让学生失去原有的纯真与学习的欲望。

第三节　中国的教育转型涉及的内容

现代的中华民族在新型思想观念的引导下，坚持面向全体人，促进全面发展，深入贯彻党的方针，努力培养德智体美劳全面发展的社会主义事业的建设者和接班人。教育是直面人的生命，通过人的生命，为了人的生命质量的提高而进行的社会活动，是以人为本的社会中最能体现生命关怀的一种事业。现代中华民族的教育本质就是培养人，就是以人为核心的教育，也是教育进行转型的本质所在。

一、教育的本质要从社会到人

从中国发展的历程、中华民族社会发展的现实状况来看，中国的教育具有非常明显的工具性，主要体现在以下两个方面：一方面，社会看重的是教育的工具价值，被抬高的是教育的工具性作用，被看好的是教育对社会需求的满足。教育成了社会的"救火车"，哪里"失火"，哪里就有教育。教育陷入了严重的功利主义，淹没于社会之中，没有了自我，也丧失了尊严和价值。另一方面，社会把教育作为工具，必然意味着教育会培养出社会需要的工具人。教育根据社会要求塑造人，使人成为不同时期社会需要的工具，实现教育外在的价值。

中国的教育具有很大的工具作用，这使得中国教育的转型具有强大的外推性。教育转型通常被视为社会转型的一部分，作为其他领域社会改革的一部分，服务于社会政治、经济发展的要求。新中国成立之后，教育经历了漫长的转变，从教育为生产劳动服务转变为社会主义现代化服务，从将人作为工具转变为将人作为经济发展的资本。虽然教育一直被作为工具存在，但是在不断地发展与革新之中，服务社会已经成为教育改革合法性的基础之一。很多专家都认为，教育要为当代的政治经济服务，要服务于社会的改革，教育的改革不是因为人要发展，而是因为社会要发展。教育改革表现出强烈的"国家主义价值诉求"和"功利主义价值诉求"。

现当代教育必须从之前的教育思想转变为现代的思想。之前的教育一直是以社会为中心的教育，以服务于社会的人为培养目标，以致人们成了单纯地为了社会发展而存在的工具，而现代社会注重人的发展，一切都以人的发展为核心，着力培养全面发展的、具有自己个性的人。

既然一直在强调以人为中心，就要正确理解以人为中心的概念。这里的人不是抽象的人，或者是说人就是一切，而是指人是社会的根本，社会是人发展的外在条件。之前的教育单纯地认为认识只受到社会的限制，并没有看到人对社会的影响，所以传统的教育强调要使人适应并遵循社会提出的要求，并没有考虑到应该从人的角度出发，让社会适应人的发展，为人的发展提供便利。当今的教育虽然培养出的人依然是为社会而服务的，但是这种服务是双向的，是互相服务的。可以这么说，社会为人的发展提供了条件，而人的发展是社会价值的体现。

二、教育目的的转型：从社会工具人到社会主体人

人是社会的人，人的发展形态离不开社会提供的条件。中华上下几千年，之前的制度都是国家将人们所赖以生存的社会、经济、政治制度，甚至更细微的事情都进行了制约，身为社会中的人，必须按照社会的要求做事。"五四"新文化运动提倡的个人主体的启蒙，

也很快由于政治意识和社会形势的变化而夭折。新中国成立后，在飞速发展的道路上经历了很多变革，从之前的计划经济转变为市场经济，从之前的农业大国向着未来的工业大国转变，传统社会已经不能适应当今时代的潮流的发展。所以，迫切需要解决的状态即人的发展状态，也从依赖于社会的人转向了拥有个体独立人格的人，未来社会中的人必然是拥有创新精神与实践能力，具有批判精神并且能充分发挥个体主观能动性的人。

教育面对的人是发展中的人，但政治形态的教育、经济形态的教育以满足社会的需求为本，它们把人作为社会的工具来培养，不仅使人具有社会性，更重要的是以既定社会规范来要求人、约束人，使人成为被动的服从者，成为社会的客体。教育轴心从社会到人的转换，意味着教育应当以人的发展为本，以人的发展来引导社会的发展。所以，当代教育必须以人为中心，做以受教育者为中心的教育。

主体有不同的形态，有个人主体和社会主体。个人主体是社会主体的前提，个人没有主体性，只能为社会所湮没，不可能成为社会主体。所以，主体人先要成为个人主体，具有自己的思想，拥有个体自己的想法及做事的自主性，学会控制自己的情绪，积极、主动地接受环境带来的心理差异，充分发挥个体的主观能动性。由于主体与客体都是相对而言的，所以主体把客体作为实现"我"之目的的手段，为"我"所占有和利用，具有为我性和占有性。主体的这种特性，容易使那些对自身过于自信的人，只关注个体的发展的自私行为和自己本身的好处，导致社会生活中各种个体之间的关系紧张。当代人类发展所面临的诸多问题，包括人际关系冷漠、纷争、社会公德缺少、文明的冲突与战争、环境的污染与生态的危机、人与人贫富差距的加大等，都源于这种单子式的个人主体性。所以，当代社会批判个人的主体性，呼唤社会的主体性。

社会是人的载体，是人与人之间交往的产物。交往是社会存在的根本机制，也是人的根本生活方式。孤立的、单子式的个人主体只能导致社会中人与人之间的对立，致使我们的生活环境混乱。社会和个人不一样，人们所说的个体的概念指的是个体与主体相互作用时变现出来的，而社会的主体概念指的是各类主体之间作用时变现出来的。个人的主体性一直强调个体的拥有性，拥有了财富就是拥有了一切；社会的主体作用强调社会各个主体之间的作用，使每个主体都相互平等地共同发展。所以，社会与个人的主体是两个不同的概念，而不是单子式的个人主体性。社会间存在着很多种要素，社会强调主体性，不单单是想表达要以社会为中心，强调社会是一个各种要素构成的整体，而是强调不仅社会具有主体性，个体也存在主体性，因为个体的主体是社会的一部分，社会的发展以人的发展为基础，人的发展又以社会的发展为方向的指引。在我们的生活中，一直在强调要培养为社会服务的主体，即培养每一位受教育者成为公民。这里的公民并不同于封建时期的臣子，之前的臣子唯命是从，而当今的公民是有独立的批判行为的人。在封建社会，一切事物都要为统治阶级服务，人们失去了自我，只有对统治者的责任、义务和服从。现在，公民是远远优于之前的臣民的，如公民是有自身权利的人，是具有自由权利的人，古代的臣民根本不敢有自己的想法，或违反统治者的行为，否则就会飞来横祸。另外，公民和私民也有区别。公民是为社会服务的，是有一定的底线与原则的，而私民是没有底线、没有原则的；公民是可以为了社会生活中的其他民众而共同奋斗的，而私民只会为了个人的利益而不择手段，甚至会伤害他人的利益和生命。社会的转型，其根本就是关于人的转型。人的转型具有两个非常重要的特点，即公共性与自由性。当前，我国正在经历着漫长的转变过程，既有社会的转变，也有社会中各个因素的转变。所以，公民一定就是中国人的转型所在。当代中国公民应该既有个人的主体性，成为个体的公民，又要超越个体，具有公共性，成为社区、社会、国家和世界共同体的公民。

三、教育内容的转型：从社会形态的教育走向生活形态的教育

在内容上，中国的教育形态还可以划分为社会形态的教育和生活形态的教育。社会形态的教育是为了让人更好地为生活服务，而生活形态的教育是为了让人们也就是受教育者能够更好地发展。社会教育是为了社会中的人的生存，生活教育是为了生活状态下的人的生存。社会形态与生活形态虽说是两种不同的概念，但是这两种形态进行了相互的融入与渗透，社会离不开生活，生活也离不开社会。社会虽然是生活所必需的，但是社会却不是生活的决定状态，而生活虽然是人们生存的根本，但是同样离不开社会的指引。为了社会背叛生活或者为了生活而背叛社会都是不理智的行为。良好社会风气的形成是人们生活的必要条件，但是不是生活的最终目的，相反，好生活才是好社会的目的。生命的存在意义就是生活，生活是生命的良好表现形式。

我国从古至今的教育一直在强调掌握知识的重要性，认为只要掌握了知识就是一个完整的人，就是一个有涵养的高素质人才。但是只是单纯地掌握知识而不去利用，又有什么用呢？中国的教育形态有社会形态与生活形态，从社会形态这方面来讲，知识的掌握是为了服务于社会。知识是服务于社会的工具。"知识就是力量"，知识是征服自然、改变世界的力量。只要掌握了学习内容，就掌握了全球变革的力量，就有了可以掌握全世界的本领，因此，才有可能掌握财富，提高个人的生活地位，能够高质量地服务于社会。因而，知识就成了可以在社会环境中立足的机会，成了追求财富、提高个人身份与地位的手段。人们求知是为了生存，而不是为了人性的需求。

通过现代化的认知我们可以知道，不是所有的知识都是跟人的生存状态有关的，"唯有实利的知识和技术"才有谋生的价值。因此，很多知识被人们认为是没有用的，所以有很大一部分知识是被我们所忽略的。社会生活形态的教育形式，完全是为了社会的发展，个人的发展被忽略甚至根本就不会顾及人自身的发展。这种类型的知识的掌握是不理智的，也是不符合当代社会发展的，已经失去了知识原有的价值与特点，在一定程度上束缚着人性的自由发展。

生活形态的教育不是回到生活与教育浑然一体的原始状态，它并没有认为知识的学习

是不正确的，更多的是在说学习知识到底是为了什么。现当代的知识并不仅仅是为了服务社会，一切以社会的利益为中心，而是以社会与人共同的出发点为中心，是互利互赢的学习。学习知识可以让生命大放光彩，可以让个体的生活变得更加有品质，因此，掌握知识不仅改变了个人的发展，还改变了一个群体的利益问题，更可以改变整个社会的发展。掌握知识的最终目的就是让生命可以更自由地绽放，生活可以变得更加美好，并且拥有一个美好的未来。教育在不同方面都发生着变化，只要社会提出什么样的要求，就必须塑造出什么样的人。如果生产力需要，那么，就要通过培养人去发展生产力；如果社会政治制度提出要求，那么，教育就要培养为社会服务的群体。如此类型的知识掌握，虽然是在表面上与社会有着千丝万缕的联系，但是剖析开来，是忽略人的发展的教育。所以，社会形态教育是在人的发展需要范畴之外的教育，并不是促进人的发展的过程。

生活是全面的，既有物质生活、社会生活，更有精神生活。因此，生活形态的教育内容应该是全面的，它超越科学与人文、感性与理性、技术与价值的对立，既要教人"何以为生"的本领，又要给人"为何人生"的人性思考。生活是立体的、有机的，所以生活形态的课程，在组织方式上要超越专门的知识，实现知识的综合与融通；超越书本与课堂，走向社会与生活。生活是人的存在方式，是人与世界的自觉沟通与交往，是"过"的动态过程。所以，在生活形态课程方面，学习是源于生活的，同时也是运用于生活的实践的。

四、教育过程的转型：从被动接受走向主体自觉

社会形态的教育目的和教育教学的活动方法决定了教育是一个方面的单纯供给。根据目标来看，社会形势方面的教育是为了培养服务于社会的人，是工具，也可以说是社会的非主体，其依据社会的内容，让人变成社会的工具人。社会化的过程是一个被动接受的过程。在内容上，社会方面的教育（如掌握知识的教育）并没有将人看作是学习与受教育的主体，甚至还秉持着"社会为中心"的观念，并且单纯地认为只要是实验证明的，有事实依据的知识就是正确的、科学的，并不认为一些隐含的知识内容也是很重要的。本来知识是为了增长人的素质，现在的知识竟然成了人为社会服务的方式与手段，是没有以人为中心的强盗行为。人非生而知之者，因此，人的使命就是要学习更多的知识来拓宽视野，是为了个体，也是为了社会。所以，在传统主义的专家看来，知识的教育是灌输式的，是受教育者的被动接受，更谈不上什么知识的创造性了。

关于人的教育的方式，不能理解为传统的"培养人的教育"（"培养"对受教育者而言，具有被动性），而应该理解为人之生命自觉的教育、人之自我建构的教育。因此，生命自觉的教育是主体的教育，也是生命自由、自主发展的教育。

社会形态的教育和人的形态的教育有着几乎相反的概念：社会形态的教育是社会向人进行知识的强行灌输，而且是人非常被动地接受所学内容的过程，相反，人的形态的教育是以人的教育、以人的思想为中心的教育，是对于知识的主动构建过程，深入贯彻了构建

主义的理论。首先，在教育教学活动中，不再只是单纯地给予，而是学生自己的动态学习过程，只有受教育者自己学习知识，自主地进行构建才可以算得上是真正的学习的主人，实现了生命的自觉。主体建构是学生亲身的活动，但离不开教师的帮助。教师的作用不在于教学生如何建构，而在于与学生互动、交流，使学生在师生的双向互动中独立思考、感悟、理解、反思与建构。其次，教育过程是动态生成的过程。传统的教育以传授知识为目的，知识是客观的、固定的，所以教育过程就成为教师预设的单向知识传递的过程。在这一过程中，教师是知识的权威和传授者，学生是被动的接受者。人之形态的教育，以生命的发展需求为核心，关注学生的生命活动，使学生的主体性得以充分发挥，所以教育教学活动的进程是面向全体的、接收多方面批评的教育，是拥有创新精神并激发学生创新意识的教育。

教育经历了众多改革，从强行给予到主动接受，教育方法与内容也有很多不同。第一，教育的着眼点不再只是教育本身，而是更注重人的发展，更注重生命的精彩。人们经常说，"知识改变命运"，其实知识本身的作用并不大，作用大的是知识带给我们的变化。传统知识观是科学知识观，知识特指与客观事物相符合的属性，是非主观的、一定存在的、非柔性的。受教育者接受这样的学习，一定是被动接受，不断重复，处于非主动的境地。当代的知识是让受教育者不断建构的动态的过程，学习内容是个体在与环境的相互作用中主动建构的，具有不一定性和多变性。受教育者的教育重视教育过程的对外作用与方式的多元化，但是一定要以建构主义为根本宗旨。第二，教育进程中的教育本质的改革。之前的教育教学活动总是被动地接受教育内容，是以教育者与受教育者之间的关系为基础的教育。关于人的教育，学生和教师是一个完整的部分，教育的历程是教育者与受教育者之间关于灵魂的沟通，也是现实生活中能表现出来的教育。这种显性的教育是个体与社会相互融合的过程，在这种关系中，教育者与受教育者完全是平等的、民主的关系，受教育者可以批判教育者，教育者可以引导受教育者。更重要的是，素质教育一直提倡以学生为主体，在这样的教育中，学生由知识的被动接受者转变为自我发展和学习生活的主人，在学习中创造属于自己的生活，创造属于自己的人生价值和意义。

第三章 统计学理论概述

第一节 统计的产生和发展

社会经济统计作为一种社会实践活动，已有几千年的历史；统计学作为这种社会实践活动的经验总结和理论概括，也有了三百多年的历史。回顾历史，对于学习理论和开展经济工作是十分有必要和有益的。

一、统计的产生和发展

（一）统计实践活动的产生和发展

统计活动是随着社会发展和经济管理而产生和发展起来的，统计的起源可追溯到原始社会末期、奴隶社会的形成过程中：最早的统计活动是人们简单计量狩猎品和采集野果的数量。我国《周易·系辞》中写道："上古结绳而治，后世圣人易之以书契。"这说明上古时代的人们已有分类记数的概念了。

在封建社会，统计已略具规模。据《商君书》记载，我国在公元前三百多年前，在商鞅的调查研究思想中，已有了全国规模的人口调查登记制度和人口按年龄、按职业的分组，有国民经济调查研究中的各种数量的对比分析，其把掌握反映基本国情、国力的"十三数"作为富国强兵的重要手段。

在资本主义社会，由于生产力的巨大发展，生产日益社会化，统计在生产管理中得到迅速发展。大多数国家建立了工业、商业、银行、保险和海关等专业统计和全国性的统计组织，并开展了大量统计活动。这时，统计实践为统计理论的产生提供了必要条件。

（二）统计理论的产生和发展

在资本主义统计实践活动发展到一定阶段时，人们开始逐步对统计活动进行理论研究，于是产生了"统计学"。由于统计学者所处的历史环境不同，对统计的认识和概括不同，所以产生了不同的统计学派和统计理论。

（1）国势学派或记述学派。此学派产生于 17 世纪的德国，创始人是海尔曼·康令，继承者主要有高特弗里特·阿亨华尔和斯廖采尔等。该学派的代表作是《近代欧洲各国国情学概论》。他们认为统计学就是对国家政治、经济和军事情况的记述。统计学一词就是从"国势学"变化而来的。但是这个学派始终没有把数量对比分析作为这门学科的基本特征。

（2）政治算术学派。该学派产生于 17 世纪的英国，创始人是威廉·配第。他的代表作是《政治算术》。该书运用了大量的数字，描述了英、法、荷三国的政治、军事和经济等方面的情况，首创了用数量对比分析问题的方法。所以，马克思评价他是"政治经济学之父，在某种程度上也可以说是统计学的创始人"。该学派一直未正式采用"统计学"这一科学命名，但该学派是统计学的正统。

（3）数理统计学派。该学派产生于 19 世纪的比利时，创始人是阿道夫·凯特勒。他对统计学最重要的贡献就是把概率论引入统计学，并对样本数据进行误差计算和分析，逐渐形成了数理统计学派。该学派认为统计学就是数理统计学，是现代应用数学的一个重要分支，是适用于研究自然现象和社会现象的方法体系。

（4）社会经济统计学派。该学派产生于 20 世纪初的苏联。列宁最早使用社会经济统计学这一名称。在马克思、恩格斯统计思想的影响下，在列宁、斯大林的直接领导下，苏联统计学家联系苏联社会主义统计实践，逐步建立了社会经济统计学。该学派的主要代表人物是廖佐夫、斯特里科等。该学派主要观点为统计学是一门独立的实质性社会科学，研究大量的社会经济现象在具体时间、地点、条件下的规律性。

二、我国统计学的发展概况

在新中国成立以前，中国统计学主要受欧美统计学派及其理论影响，存在社会统计学派，又称德国学派，以及数理统计学派，又称英美学派。20 世纪初，由林卓南和孟森翻译的日本横山雅南的《统计学》的两个译本是中国出现最早的统计学书籍。1909 年，由沈秉诚编写的《统计学纲要》是中国人自己写的最早的统计学书籍。这些都属于社会统计学派。这些著作对我国早期的统计学观点的形成和以后的发展都产生了影响。20 世纪 20 年代以后，中国又陆续翻译了部分英美统计学的著作。这些著作都是英美统计学理论与观点发展变化过程的产物，基本上都是数理统计学派的观点，但内容和体系不尽相同。

在这一时期，中国统计学界观点的变化也是受欧美统计学发展变化影响的。中国早期的统计学派和数理统计学派虽存在争论，但矛盾并不显得很尖锐，相反，它们呈现出互相融合的趋势。在地位的变化过程中，与欧美统计学派一样，较早是社会统计学派的观点占优势。20 世纪 20 年代后期，逐渐转化为数理统计学派的观点占优势。从统计学界的基本思想倾向上看，大部分人都认为统计学的基本内容是数学（主要指数理统计学）。

新中国成立以后，中国的统计学开始抛弃欧美统计学说的理论和观点，完全吸收苏联的统计理论和统计制度，认为"统计学"是一门独立的社会科学，它的对象是大量社会现象的数量方面，目的是找到社会发展规律在具体地点、时间、条件下的数量表现。方法上强调质与量的密切联系，强调辩证唯物论的运用；理论上强调历史唯物论的政治经济学的指导作用。把"统计学"和"数理统计学"的关系完全割裂开来；把作为社会科学的"统计学"看成唯一的"统计学"，而认为"数理统计学"属于数学的分支。

在 20 世纪 50 年代初至 70 年代末，中国的统计学界是按照统计学是属于社会科学的观点来理解统计学的，并按照这一观点进行研究、讲课和评定是非。虽然在这 30 年间，在统计学的性质问题上也有过争论，但仅限于社会科学的范围。基本上持两种观点：一种认为"统计学"是研究社会发展规律的实质性科学，或称规律派；另一种认为"统计学"是研究如何搜集资料、整理资料和进行分析研究的科学方法，或称方法派。此外，还有一些人认为统计学既研究规律又研究方法，但这种看法实质上是倾向于方法派的。多年以来，规律派的观点左右着中国的统计学界。方法派与数理统计学派一样，不被允许公开存在。

十一届三中全会以后，解放了思想，过去被禁锢多年的思想逐渐活跃了起来，"统计学"也获得了新的生命力。统计是针对统计学的性质、对象、体系等的各种观点如雨后春笋般地涌现出来。综合各种观点概括起来看，当时，中国的统计学是属于社会科学还是属于数学，是实质性科学还是方法科学上存在三种看法，即所谓的规律派观点、数理统计学派观点和方法派观点。

自党的十一届三中全会以来，统计界解放思想，百家争鸣。在统计学的理论问题上的发展演变可归纳为三个阶段：在第一阶段，我国统计理论界基本形成社会经济统计派与数理统计派对立的局面，他们各自主张本派的统计学为唯一的统计学。第二阶段，两门统计学彼此共存，但不相兼容，一门是属于社会科学的社会经济统计学，一门是属于应用数学分支的数理统计学。第三阶段，两门统计学开始相互兼容、相互利用，并且逐渐朝着互相结合、由二趋一的方向发展。当前，社会经济统计学与数理统计学的关系日趋密切。把这两门学科的统计方法相结合起来，形成既可用于社会现象又可用于自然现象及其他领域的基本理论和常用方法，逐步形成一个具有中国特色的统计学体系，在学科内容上向纵深发展，不断充实方法论的内容，具有重要的理论与实际意义。

第二节　统计的研究对象和方法

一、统计的含义

"统计"一词已有很久的历史，它的含义也屡有变化。统计（Statistics）这个词的语源出自于中世纪拉丁语 Statusy 和 Statista。Statusy 的意思是各种现象的状态和状况，Statista

则表示通晓政治、熟悉各国国情的人。根据这些语根组成的意大利语 Stal，表示国家的概念以及关于各国的国家结构和国情这方面的知识总称。将统计最早作为学名的是 18 世纪德国哥廷根大学的阿亨华尔，他把国势学命名为 Statislik，即统计学。直到 18 世纪末，统计学 Statiatics 才作为德文 Statistik 的译语传入英国，并被赋予了新的意义，即用数字来表述事实。

在我国古代，"统计"一词多被作为动词使用，其意义与"合计""总计"相同。现代意义的统计是在 20 世纪初传到中国来的。现在，"统计"一词可以有三种不同的含义，即统计工作、统计资料和统计学。

统计工作，即统计实践。它是对社会自然现象客观存在的现实数量方面进行搜集、整理和分析的活动过程。社会经济统计工作则是搜集、整理、分析和提供关于社会、政治、经济、文化等现象的数字资料工作的总称。

统计资料是指统计实践活动过程中所取得的各项数字资料以及与之相关的其他实际资料的总称。统计资料包括观察、调查的原始资料和经过整理、加工的系统资料。

统计学是指研究统计工作的理论与方法的一门方法论社会科学。

统计这三种含义的关系是：统计资料是统计实践的成果；统计工作是统计实践活动；统计学是统计工作的理论概括，同时又反过来指导统计工作。因此，统计学与统计工作的关系是统计理论与统计实践的关系。

二、统计学的研究对象

统计学的研究对象是指统计研究所要认识的客体。只有明确了研究对象，才能根据它的性质特点选择相应的研究方法，以达到认识对象客体规律性的目的。社会经济统计学的研究的是社会经济统计活动的规律和对社会经济现象总体数量方面，即以统计资料为依据来具体说明社会经济现象总体的数量特征、数量关系及数量界限。

研究社会经济现象数量方面，具体地说就是用科学的方法去搜集、整理、分析国民经济和社会发展的实际数据，并通过统计所特有的统计指标和指标体系，表明所研究现象的规模、水平、速度、比例和效益等，以具体反映社会经济发展规律在一定时间、地点条件下的作用。

三、统计学的性质

社会经济统计学是一门认识社会经济现象总体的数量特征和数量关系及数量界限的方法论科学，属于社会科学中的方法论和应用性的学科。对于这一学科性质，一方面要理解社会经济统计学研究社会经济现象的数量方面，但学科的任务不在于具体探讨社会经济现象在一定时间、地点的数量表现，而在于为社会经济现象的调查研究提供理论、原则和方法。这里的方法论包括认识方法、工作方法以及组织方法等构成的方法体系。另一方面也要理解统计方法和研究对象有着密切的联系。社会经济统计的方法不是凭空产生的，而是从现实的社会经济现象的各种数量关系中总结出来的。脱离了统计对象，统计方法便无从产生，它的正确与错误、有效与失效也无法加以验证。由于反映的数量关系性质不同，所以有些统计方法只适用于社会现象，有些统计方法则仅是某些专业的专门方法等。

四、统计的特点

（一）数量性

社会经济统计研究的是社会经济现象的总体数量方面，包括数量的多少、现象之间的数量关系、质量互变的数量界限。统计的目的就是反映这些数量方面的现状和它们的发展变化的过程。在研究过程中，必须把现象的质与量相统一，以定性认识为基础来进行定量分析，只有这样，才能深入了解社会经济现象的发展变化及其规律性。因此，数量性就成为了社会经济统计的基本特点。数量性特点具体包含三个方面的内容：

（1）数量特征，即社会经济现象的规模、大小、水平等。

（2）数量关系，即社会经济现象的内部结构、比例关系、相关关系等。

（3）数量界限，即引起社会经济现象质变的数量。例如，完成计划与未完成计划有质的差别，计划完成程度 100% 就是质与量互变的界限。又如，要统计国民生产总值，首先要确定国民生产总值的质，在认识国民生产总值的质的基础上，统计国民生产总值的数量。

（二）总体性

社会经济统计以社会经济现象总体的数量特征为研究对象。这就是说，统计要对总体中各单位普遍存在的事实进行大量观察和综合分析，得出反映总体的数量特征。例如，要研究城市居民的消费水平，目的不在于了解个别户居民的消费状况，而是要反映全市各区、各部门居民消费水平的数量特征。但在进行研究时，不能离开对个体数量的认识，只有把大量的个体数量资料加以汇总，才能表现出总体的数量特征。统计研究现象总体的数量特征，可以反映社会经济现象的规律性在具体时间、地点条件下的表现，有助于我们认识客观现象性质。

（三）社会性

社会经济统计的数量总是反映人们社会生产生活的条件、过程和结果。所有的统计数字总是与人们的利益有关，反映着人们之间的相互关系。社会经济统计研究就是通过数量特征和数量关系来反映物质资料的占有关系、分配关系和交换关系，以及其他社会关系的特点和实质。例如从发展中看国家、集体和个人的关系，从收入分配中看职工与农民的关系，从商品流通中看产、供、销的关系等。

（四）具体性

社会经济统计的认识对象是具体事物的数量，不是抽象的量。这是统计与数学的一个重要区别：数学研究的量是脱离了具体对象的抽象的数量关系，统计研究的量是具体事物在一定地点、条件下的数量表现。统计研究的量总是和现象的性质密切结合在一起；而数学研究的量是抽象的量，两者有着明显的区别，但统计方法中往往借鉴数学的方法。但是，社会经济统计毕竟是反映和研究社会经济现象量与量的关系的，因此，也要遵循数学原则，可以在许多方面使用数学方法，可以用数学模型来表现事物之间量的关系，也可以应用高等数学方法进行统计分析等。

（五）客观性

统计资料是人们有意识地进行调查、整理、分析的结果，但在统计工作中必须遵循实事求是的原则，反映事物的本来面目，保证统计资料真实、可靠，维护统计资料的客观性。

五、统计学的基本方法

（一）大量观察法

大量观察法是指统计研究社会经济现象和过程要从总体上加以考察，对现象总体中的全部或足够多的单位进行观察、分析，以反映总体特征的一种统计方法。社会经济现象的总体是复杂的，是受多种因素影响的，而且总体各单位的特征和数量表现也有很大差异，不能抽取个别或少数单位进行观察，必须观察全部或足够多的调查单位，从中认识客观现象的总体情况，比如，早在 300 多年前，人口学家就从统计资料中发现男女婴儿出生的比例为 105 ∶ 100，这就是通过大量观察法，从偶然事件中发现的必然规律。

（二）综合分析法

所谓综合是指对大量观察所获得的资料，运用各种综合指标来反映总体的一般数量特征。例如对大量原始数据进行整理汇总，计算总量指标、相对指标、平均指标、变异指标等，测量现象在具体时间、地点条件下能达到的规模、水平、比例和速度。所谓分析是指对综合指标进行分解和对比分析，以研究现象总体的差异和数量关系。它是统计分析的基本方法之一，包括应用统计分组法研究现象的不同类型，以及运用各种数量分析法，如动态趋势分析法、因素影响分析法、相关与回归分析法等，研究现象的数量关系和变动趋势。

（三）统计分组法

统计分组法就是根据事物的特点和统计研究的目的，按照一定的标志，将研究现象划分为不同类型组的一种统计方法。对于分析总体结构、分析现象间的依存关系、确定统计指标体系而言，没有统计分组是不可能做到的，这说明统计分组法在整个统计工作过程中是不可缺少的。

（四）归纳推断法

归纳推断法是指统计研究中，观察出各单位的特征，归纳得出关于总体的某种信息，这种从个别到一般、从具体事实到抽象概括的推理方法。通常我们观察的只是部分或是有限单位，而要判断的总体对象范围却是大量的，甚至是无限的。这样就产生了根据局部的样本资料对全部总体数量特征所作判断的置信度问题。以一定的置信标准，根据样本数据来判断总体数量特征的归纳推断方法被称为统计推断法。统计推断是逻辑归纳法在统计推理中的应用，所以也被称为归纳推断法。它可以用于总体数量特征的估计，也可以用于对总体某些假设的检验。所以，它在统计研究中是一种基本方法，应用范围很广。

（五）统计模型法

统计模型法是根据一定的社会经济理论和假定条件，用数学方程来模拟现实社会经济现象相互关系的一种研究方法。利用这种方法可以对社会经济现象和过程中存在的数量关系进行比较完整和近似的描述，从而简化客观存在的、复杂的其他关系，以便于利用模型对社会经济现象的变化进行数量上的评估和预测。

在运用各种统计研究方法时，在调查方法上要注意把大量观察和典型调查结合起来，在分析方法上要注意把综合分析和具体情况分析结合起来，多种方法结合应用，可以提高自身认识能力，全面深入研究、分析问题，更好地发挥统计认识社会的作用。

六、统计学的理论和方法论基础

社会经济统计学是一门社会科学，是在社会经济现象的质与量的密切联系中研究其数量关系。必须把马克思主义哲学和政治经济学作为它的理论和方法论基础。

（一）马克思主义的历史唯物论、政治经济学和其他经济理论是社会经济统计学的理论基础

历史唯物论研究社会发展的一般规律，研究社会生活的各方面的相互关系。统计学研究社会现象必须以历史唯物论所阐明的社会发展规律的理论为基础。政治经济学是研究人类社会中支配物质生活资料的生产和交换规律的科学。统计学研究经济现象必须以政治经济学所阐明的关于社会经济发展规律，特别是社会主义有计划市场经济的理论为基础。统计指标和分组设置，计算方法和统计分析都必须以政治经济学所确定的经济范畴和经济理论为依据，然后才能进一步研究现象变动的数量关系。另外，对大量统计资料进行数量分析得出的结果也要用政治经济学的理论来加以检验。

（二）马克思主义的唯物辩证法是社会经济统计学的方法论基础

社会经济统计学必须以唯物辩证法所阐明的认识客观事物发展变化的最根本方法为基础，根据研究对象的性质和特点，选用各种专门的统计方法。辩证唯物主义的基本观点，如一切从实际出发、理论联系实际、从质与量的密切联系中认识事物，都是统计研究的基本出发点和指南。特别是要以质与量的辩证统一关系的规律为统计学最直接的方法论基础。

（三）数学是"社会经济统计学"的方法论基础

"社会经济统计学"可用于研究数量关系。统计对社会经济现象的数量描述和数量分析离不开数学。数学尤其是以概率论为基础的数理统计学是研究随机现象的数量关系和变化规律的科学。有些社会经济现象具有随机性，因此统计在进行社会经济统计研究时，也要尽量吸收数理统计的合理、有用的内容，运用概率论提供的理论和方法。

第三节　统计活动过程和任务

一、统计活动过程

社会经济统计作为一种认识活动，其认识过程可从两方面进行理解。

一方面，从定性与定量的关系来看，统计活动是从定性认识到定量认识，再到定性与定量相结合的过程。例如要了解工业生产的状况，必须先将工业生产的含义、工业生产单位的划分弄清楚并做出规定，然后才能进行统计调查；通过搜集、整理反映工业生产状况的数据，从定性认识过渡到定量认识；再经过对数据的分析，从定性与定量的结合上对工业生产状况形成完整的认识。

另一方面，从个体与总体的关系来看，统计认识过程是从对个体数量表现的认识过渡到对总体数量特征认识的过程。如上述工业生产调查，是从调查每一个工业生产单位着手的，然后把所有调查单位的资料结合起来，从而形成对整个工业生产状况的认识。

统计活动过程表现在工作步骤上，分为四个阶段：统计设计、统计调查、统计整理、统计分析与统计资料的开发、利用。

统计设计就是对统计工作的各个方面和各个环节进行通盘考虑和安排。其结果形成设计方案，如指标体系、分类目录、调查方案、整理方案及数字保管和提供制度等。这项工作是统计工作集中统一原则的重要保证，是科学、有效地组织统计活动的前提。

统计调查就是根据统计方案的要求，采用科学的方法，有计划地开展调查，形成充分的和符合实际的统计资料。这是统计资料的搜集阶段，也是整个统计活动的基础环节。

统计整理就是对调查阶段所取得的各项资料进行加工、分组、综合汇总，使之条理化、系统化、科学化，便于进一步分析、研究，这是统计活动的初步成果。

统计分析就是对经过加工、汇总的资料加以分析、研究，计算各项分析指标，以揭示现象的本质、发展趋势和比例关系，阐明现象和过程的特征和规律性，并得出科学的结论。这是统计研究的决定性阶段。

统计工作的各个阶段与统计认识过程是相对应的。统计设计阶段，是统计认识过程中以定性认识为基础，为从定性到定量过渡做准备的阶段；统计调查和统计整理阶段，是定性认识中从个体到总体的过渡阶段；统计分析阶段，是将统计认识过程中的定性与定量相结合，从而更深入地认识社会总体现象的阶段。统计工作同其他认识活动一样是周而复始、螺旋上升的，新一轮统计工作在前一轮统计分析的基础之上又开始了。

二、统计的基本任务和作用

《中华人民共和国统计法》（2009 年修订版简称《统计法》）中的第二条明确规定："统计工作的基本任务是对经济社会发展情况进行统计调查、统计分析，提供统计资料和统计咨询意见，实行统计监督。"

按照现代管理科学的理论，国家管理系统应由灵敏的信息系统、完备的咨询系统、科学的决策系统、高效的执行系统和严密的监督系统组成。统计部门作为国家系统的重要组成部分，在基本任务的指导下，究竟应该发挥哪些重要职能呢？ 1988 年在全国统计工作会议上制定的《全国统计改革和统计现代化建设规划纲要》中指出："统计系统在国家管理系统中同时兼有信息、咨询、监督三种职能并明确指出我国统计发展战略目标是要建设全国强有力的、集中统一的具有信息、咨询、监督等多功能的现代化统计系统，充分有效地发挥统计的重要作用。统计的具体作用有以下几点：

（一）反馈信息

统计的信息职能，是指统计具有一整套科学、统一的统计指标体系和统计调查方法，能够灵敏地、系统地为决策和管理采集、处理、传递、储存和提供大量综合反映客观事物总体数量特征的社会经济信息。统计信息是社会经济信息的主体，也是国家决策和宏观管理必需的基本依据。

（二）提供咨询

统计的咨询职能是指利用已经掌握的丰富的统计信息资源，运用科学的分析方法和先进的技术手段，深入开展综合分析和专题研究，为科学决策和管理提供咨询服务。咨询职能是由统计自身的特点决定的。

（三）实施监督

统计的监督职能是指根据统计调查和统计分析，及时、准确地从总体上反映经济、社会和科技的运行状态，并对其实行全面、系统的定量检查、监督和预警，以促使国民经济按照客观规律的要求持续、稳定、协调发展。统计监督在国家宏观调查与微观管理中的重要作用，主要体现在两个方面：一方面它是决策不断修正、不断调整的重要依据，另一方面它是判断和检验决策方案正确与否的重要尺度。在实施监督的形式上，概括起来主要有两种：一种是对内实行统计报告制度，即根据统计调查和分析，客观如实地反映本地区、本部门、本单位经济、社会和科技发展中的情况和问题，监督检查国家政策、法律和计划的贯彻执行情况；另一种是对外推进统计信息社会化。由此可见，要建立、健全国家的宏观调控体系，保证国家决策、宏观管理和宏观监督真正建立在科学的基础上，就必须加强统计监督职能，发挥统计的监督作用。

（四）支持决策

为保证决策的现代化、民主化、科学化，统计部门要利用已经搜集整理的信息资料进行归纳、推理、评价和判断，并提供可选择的咨询建议和决策方案。

三、统计的基本职能

（一）统计信息职能

统计信息职能是指统计具有信息服务的功能，也就是统计通过系统地搜集、整理和分析统计资料，提供大量有价值的、以数量描述为基本特征的统计信息，为社会服务。

（二）统计咨询职能

统计咨询职能是指统计具有提供咨询建议和对策方案的服务功能，也就是指统计部门利用所掌握的大量的统计信息资源，经过进一步的分析、综合、判断，为宏观和微观决策、为科学管理提供咨询建议和对策方案。统计咨询应更多地走向市场。

（三）统计监督职能

统计监督职能是指统计具有揭示社会经济运行中的偏差、促使社会经济运行不偏离正常轨道的功能，也就是统计部门通过定量检查、经济监测、设置预警指标体系等手段，对社会经济实行有效地调控，以保证其正常运行。

统计信息职能是统计最基本的职能，也是统计咨询职能和统计监督职能能够发挥作用的保证，反过来统计咨询职能和统计监督职能的强化又能促进统计信息职能的强化。

第四节 统计学的基本概念

一、统计总体和总体单位

统计总体是由客观存在的、具有某种共同性质的许多个别事物组成的集合体，简称为总体或母体。

例如，当需要研究全国的工业企业发展状况时，所有的工业企业就是总体，而每个工业企业就是总体单位，它们都是生产经营单位，向社会提供工业产品或劳动服务。这些个别工业企业都是客观存在的，而且具有共同的性质，即它们都是工业企业。当需要研究全国股份制企业发展状况时，总体就是所有的股份制企业，而每个股份制企业就是总体单位。这些个别企业的共同性有两个，即不但是企业，而且也是股份制的企业。当需要研究全国大型股份制企业发展状况时，总体就是所有的大型股份制企业，而每个大型股份制企业就是总体单位。这些个别企业的共同性有三个：企业，大型企业，而且还是股份制企业。由此可见：

（1）构成总体的这些总体单位至少在某一方面性质相同，即总体具有同质性。同质性是构成统计总体的必要条件。

（2）构成总体的这些总体单位除了至少在某一方面性质相同外，在其他方面也应存在差异，即总体具有变异性。变异性是统计研究的主要内容。

（3）总体必须规定具体的时间和空间范围。例如，2010 年的人口普查，其总体是在 2010 年 11 月 1 日零时在中国国土上的常住中国公民。

总体单位按其单位数是否有限，分为有限总体和无限总体。有限总体是指总体中包括的单位数是可数的。社会经济统计中的总体多是有限总体，如全国人口数、工业企业数、商店数等。无限总体是指总体中包括的单位数是无限的，如研究某型号炮弹的射程，就是一个无限总体。对于无限总体，其总体单位数无法计算，在统计调查时就不能进行全面调查，只能进行非全面调查，即调查其中的一小部分单位，据此以推断总体。对于有限总体，则可以了解它的总量是多少，在统计调查时，既可以进行全面调查，又可以进行非全面调查。另外，根据研究内容的不同，总体又有变量总体和属性总体的区别。变量总体是用来反映数量标志的总体，如全国人口数；属性总体是用来反映品质标志的总体，如各工业企业的经济类型等。

由上述内容可知：总体和总体范围的确定，取决于统计研究的目的和要求。统计总体必须具备三个特性：第一，大量性，即统计总体是由许多单位组成的，仅仅由个别单位或为数极少的单位不足以构成总体。因为个别单位的数量表现可能是各异的，只对少数单位进行观察，其结果难以反映现象总体的一般特征。总体的综合数量特征是客观规律在一定条件下发生作用的结果，只有在大量事物的普遍联系中才能表现出来。第二，同质性，即总体中的各个单位在某个方面或几个方面具有共同的性质，这是构成总体的一个必要条件，也是它的重要特征之一。如果把不同性质的单位结合在一起，则根据缺乏同质性的总体得出的综合数量特征不仅没有意义，甚至还会歪曲真相，第三，变异性，即总体各个单位除了具有某种或某些共同的性质外，还在其他方面各不相同，具有质的差别和量的差别，这种差别称为变异。正因为变异是普遍存在的，所以才有必要进行统计研究，它是统计的前提条件。总体中各个单位具有变异性的特点，是各种因素错综复杂作用的结果，所以有必要采用统计方法对其加以研究，才能表明总体的数量特征。

统计总体的三个特征缺一不可，只有同时具备，才能形成统计总体；只有有了统计总体，才能进行一系列的统计计算和分析研究。

总体单位是构成总体的个别事物，简称为单位。它是总体的基本单位。根据研究目的的不同，总体单位可以是人、物，也可以是企业、部门、机构、地域，甚至可以是状况、长度、时间等。如果研究区域的工业总产值，则区域的工业企业是总体，每个工业企业是总体单位。如果研究粮食的亩产水平，则播种面积（亩数）是总体，每亩面积是总体单位。

总体和总体单位的内容不是固定不变的，随着研究且的不同，它们是可以变换的。例如，某市的大型工业企业是一个总体，每个大型工业企业是总体单位。现在假设把研究领域扩大到该市全部工业企业，则除大型工业企业外，还有中型和小型工业企业等。这时，大型工业企业又变为了全部工业企业这个新的总体中的一个总体单位。

二、标志和标志表现

（一）标志（标识）

统计标志也称标识，是指统计总体各单位共同具有的属性或特征，是说明总体单位属性或特征的名称。每个总体单位从不同角度考虑，都具有许多属性和特征。例如教师作为总体单位，他们都具有性别、文化程度、职称、年龄、工龄、工资等属性和特征。高等院校作为总体单位，具有系别、专业、学生人数、教职工人数、规模等属性和特征。由此可见，所谓总体单位的属件和特征是就广泛的意义而言的，有的是它的自然属性、社会属性，有的则是指隶属的组织关系或经济部门，有的则是指工作条件、生产成果、服务收入等。但它都从某一方面说明总体单位的性质。标志是一个重要概念。统计就是通过各个单位标志值的汇总综合得到所研究现象总体的数量特征。

可以看出，总体单位与标志的关系是十分明确的，如果没有标志就无法表现单位的特征；反过来，如果没有单位，标志也就失去了意义。所以，总体单位是标志的直接承担者，标志是依附于总体单位的。

标志通常分为品质标志和数量标志两种。品质标志表明单位质的属性方面的特征，例如教师的性别、职称，高等院校的系别等。数量标志表明单位数量方面的特征，例如教师的年龄、工资，高等院校的在校生人数等。

（二）标志表现

标志表现又是一个重要的概念。它是标志特征在各单位的具体表现。任何一项统计工作，首先要掌握现象总体的各个单位在特定时间、地点、条件下实际发生的情况，因此标志的具体表现便是统计最关心的问题。如果说标志是统计所要调查的项目，那么标志表现的则是调查所得的结果。总体单位是标志的承担者，而标志表现则是标志的实际体现者。

标志表现有品质标志表现和数量标志表现之分。前者只能用文字表示，后者可以用数字表示，标志的具体数值表现就是所谓的标志值。例如，性别是品质标志，而标志表现则具体是男性或女性。学校类型是品质标志，其标志表现具体为财经类、医学类或理工类等，财经类、医学类或理工类等也都是品质标志表现。又如工龄是数量标志，其标志表现为 3 年、8 年、15 年等。产量也是数量标志，其标志表现为 50 件、100 件、1000 件等。年龄是数量标志，具体表现为 18 岁、19 岁、20 岁等。数量标志表现是可以用数值来表现的，故又称为标志值。这些都体现了总体单位在具体时间、地点条件下运作的结果。在一个总体的单位中，不管是品质标志还数量标志，它的具体表现如果在所有单位都是相同的，则把这种标志称为不变标志。例如在女学生总体中，每个单位在性别标志上都表现为女性，所以性别便是不变标志。在一个总体的每个单位中，当一个标志在各个单位的具体表现有可能不同时，这个标志便可称为可变标志。例如在女学生总体中，年龄这个标志在各个单位可能表现不同，所以年龄在这个总体中便是可变标志。可变标志的属性或特征由一种状态变成另一种状态，统计上称之为变异。所以，可变标志也被称为变异标志。变异在统计学中是一个重要的概念。正由于总体中某种现象在各单位之间存在变异，所以总体单位具有变异标志，才需要进行调查，并有各种统计方法。没有变异标志也就没有统计。例如全市居民各户的生活消费水平存在着差异，而我们又需要了解这种差异，所以才要开展调查统计工作。如果各户生活消费水平都一样，也就没必要进行统计，更不需要用统计的方法来测度消费水平的高低。因此，变异是普遍存在的，是统计的前提条件。

在数量标志中，不变的数量标志被称为常量或参数，可变的数量标志被称为变量。由于变量的函数仍为变量，所以由可变数量标志构成的各种指标也被称为变量。变量的数值表现就是变量值，也就是可变的数量标志和统计指标的不同取值。变量按其取值的连续性又分为离散变量和连续变量两种。离散变量的取值可以按一定次序一一列举，通常取整数形式，可以用计数的方法取得，如学生数、设备台数、企业数等；连续变量的取值是连续不断的，相邻两值之间可以无限分割，必须用测量或度量的方法取得，如身高、体重、粮食亩产量等数值。

上面介绍了总体、总体单位、标志等的概念，应该指出，总体、总体单位、标志的内容都是随着研究目的的变动而变动的，不是固定不变的。例如当我们研究某部门企业的规模时，工人人数是标志；当研究该部门工人技术状况和劳动生产率水平时，工人人数则是总体单位数，每个工人则是总体单位。

三、统计指标和统计指标体系

（一）统计指标的概念

统计指标是反映实际存在的社会经济现象总体某一综合数量特征的社会经济范畴。统计指标的含义，一般有两种理解和两种使用方法。一种理解是把说明总体数量特征的名称称作统计指标，如全国总人口、国内生产总值等，这是统计指标的设计形态。我们在讨论统计理论和进行统计设计时说的统计指标，就属于这一种；另一种理解是把指标名称和具体时间地点的统计数值结合起来，称作统计指标。在实际工作中对统计数据进行加工、整理、分析研究时所说的统计指标是指的后一种。

统计指标，就其完成形态而言，由以下要素构成：

（1）定性范围，包括指标名称和指标含义。指标含义要明确总体现象质的规定性，包括时间标准和空间标准。例如，上面讲到的总人口，其指标含义是在规定的时间，具有中华人民共和国国籍的，在国内一定区域居住一年以上的人口总和。指标含义比较复杂，指标名称是它的表现形式。

（2）定量方法，包括计量单位和计量方法，是指标含义的量化规范。例如，总人口的计量单位是一个人，全国总人口的计量方法是各地区人口加上现役军人的人口数。

（3）指标数值，是指根据定性规范和定量方法，经过实际调查和数据处理取得的具体时间、具体空间的统计数值。

（二）统计指标的特点

（1）可量性。可量性是指客观存在的事物，其大小、多少可以加以测度或计数。只有那种在性质上属于同类，在数量上又是可量的大量现象，才能成为统计指标反映的对象。统计指标是社会经济范畴，但并不是任何社会经济范畴都可以作为统计指标，不是所有的范畴都能够用数量来表现。例如所有制、生产关系、政治思想觉悟、艺术价值等，它们虽然都是重要的社会经济范畴，但是因为它们不直接表现为数量，所以不能称之为统计指标。

（2）综合性。统计指标既是同质总体大量个别单位的总计，又是个别单位标志值的差异综合。它作为总体的数量特征综合反映各单位的一般规模和水平。例如，以某地区的工业企业组成统计总体，经过调查汇总可以得到该地区的企业数、总产值、职工人数、劳动生产率、平均工资等指标，在这些指标中，没有企业规模差异、产量大小差异、工人的劳动效率以及工资水平的差异，显示的是该地区企业和生产的总规模以及生产效率和工资的一般水平。可见，统计指标的形成都必须经过从个别到一般的过程。

（三）统计指标的设计

1.统计指标设计的原则和要求

统计指标的设计关系着整个统计活动的全过程，不仅影响到调查、整理工作的难易、需要人力和经费的多少，甚至关系到整个统计活动的成败。例如，在人口统计中，如果将"育龄妇女生育状况"这个指标扩大为"妇女生育状况"就是不必要的也是不妥当的。所以，统计指标的设计必须遵循一些基本原则，要符合基本要求。

第一，必须遵循需要与可能相结合的原则，或者说要具有明确的目的性、适用性和可行性。所谓需要，在当前主要是指满足社会主义现代化建设的需求，即为各级领导机关决策、计划、执行和监督所需要，为提供社会各界发展经济和文化事业所需要，为广大人民群众知政参政所需要。所谓可能，即当前管理水平、统计机构的力量、经费来源等条件，既包括原始资料的搜集，又包括数据的整理条件，如电子计算机等自动化数据处理条件。

第二，设计统计指标的定性范围和定量方法，必须以马克思主义理论以及与统计内容相应的社会科学理论为依据，使指标具有高度的科学性。例如，"工资总额"这个指标，是指各单位在一定时期内直接支付给本单位全部职工的劳动报酬总额。这便是依照工资直接支付给职工的全部劳动报酬这样的科学范畴设计的。

第三，统计指标必须是可量的。如果一个所谓的"指标"根本不能量化，那便不能统计调查，那么这个"指标"实际上是不能成立的。

第四，统计指标必须具有可比性，即横向的方面在行业、地区以至在国家之间都可以进行比较；纵向的方面则在不同时期可以进行比较。因此，一方面应该注意到现代化的进程和国际上的惯例，另一方面要注意到适当的稳定性。

2.统计指标内容的设计

统计指标内容的设计，就是把统计指标的各项要素具体化。

第一，要确定统计指标的名称和含义。即统计指标的名称要确切，它的内含和外延要十分明确。例如"工资总额"这一指标，要明确规定它是指企业、事业、机关在一定时期内直接支付给本单位职工的全部劳动报酬总额，要具体规定计算口径，即职工的什么收入应该计算在内，什么收入不应计算在内。

第二，确定计量单位。计量单位应该根据需求与可能做出具体明确的规定。实物单位的优点是可以直接反映物品的使用价值或现象的具体内容。它的局限性在于不同实物的量无法汇总，如一个企业生产各种产品的总成果只能转化为货币价值的计量才能表达出来。随着科学的进步、度量衡计量工具的发展，计量单位也在趋于现代化、标准化。我国已规定从 1991 年起使用以国际单位制为基础的计量单位制度。货币计量单位，有按现行价格计算与按不变价格计算两种，前者与实际收支相适应，搜集资料方便，适用于研究产值水平、工资水平、成本水平等；后者需要通过计算来消除价格变动的影响，适用于不同时期的对比，被用以研究现象的发展速度。时间单位适用于劳动力、设备等使用状况的计量，有时也用于生产成果的计量，如机械工业的定额工时产量。

第三，确定统计指标的计算方法。有些统计指标比较简单，在确定其概念之后，不需要再做详细、具体的规定。这些统计指标的计算表现为点数、测量、登记和数据的汇总计算。有些综合性较强的统计指标，计算方法比较复杂，必须做出详尽的专门规定。对于相对指标、平均指标以及有些用于统计分析的指标（如综合经济效益）的计算，还需要确定适当的数学公式或数学模型。

（四）统计指标的种类

（1）按形成的基础不同，统计指标可分为基本指标和派生指标。基本指标是指说明社会经济现象基本发展情况的统计指标，反映在一定时期内达到的规模与水平，如某地区一定时期内的国内生产总值、进出口总额等。派生指标是指由基本指标计算而得的指标，包括相对指标、平均指标等，如某地区一定时期内的人均钢产量、某企业某年产值计划完成情况等。

（2）统计指标按其数值表现形式的不同分为总量指标、相对指标和平均指标三种（内容详见第四章综合指标）。

（3）统计指标按所反映的数量特点不同，可分为数量指标和质量指标。反映社会经济现象的总规模和总水平的指标被称为数量指标，又被称为总量指标，如人口总数、企业总数、国内生产总值、销售收入、资产总额、总成本、利润等都属于数量指标，它的表现形式为绝对数。说明社会经济现象的相对水平或平均水平的指标被称为质量指标，也被称内含指标，如平均工资、劳动生产率、单位成本、单位产品原材料消耗量、利润率、人口死亡率等都属于质量指标，它的表现形式为相对数或平均数。质量指标是由数量指标派生出来的，经常用于反映现象间的内在联系，评价工作质量，说明现象发展的规律性。

（4）统计指标按其功能分为描述统计指标、评价指标和预警指标。描述统计指标，即对总体及其组成部分的规模水平和数量关系进行客观描述的统计指标。评价指标，是指反映社会经济总体的结构、比例、速度以及利用状况和效益、效果的统计指标。预警指标是指反映社会经济总体运行过程中的波动和态势，对不利于协调稳定增长或过冷过热现象的出现发出警报的统计指标。这三种指标虽然各有不同的作用和功能，但又是相互联系的，构成了一个统一的整体。

（五）指标与标志的关系

（1）指标与标志之间既有区别又有密切的联系。两者的主要区别为：一是指标是说明总体属性和特征的，而标志是说明总体单位属性和特征的。二是标志分为不能用数值来表示的品质标志和能用数值来表示的数量标志两种，而统计指标都是能用数值来表示的。

（2）指标与标志的主要联系：一是有许多统计指标的数值都是从总体单位的数量标志

值汇总而来的。例如一个工业总公司的总产值是由所属各企业总产值汇总而来的，工资总额是各个职工的工资之和。二是指标与数量标志之间存在着变换关系。由于研究目的的不同，原来的统计总体如果变成了总体单位，则相对应的统计指标也就变成了数量标志；反之，亦然。

（六）统计指标体系

统计指标体系是指各种相互联系的指标群所构成的整体，用以说明所研究的社会经济现象各方面相互依存和相互制约的关系。一个统计指标只反映现象的某个特征，说明现象某一方面的情况。要客观、全面地反映现象各方面的联系，必须设立指标体系。例如，为了反映公司的经营状况，只设立利润这一指标是不够的，还必须建立由产量、产值、增加值、工人劳动生产率、职工人数、工资总额、利润、产值利税率、资金成本利润率等构成的指标体系，才能反映公司的经营全貌。又如，为了反映商品的流转情况，必须建立由商品购进总额、商品销售总额、期末库存等构成的指标体系；为了反映全国工业经济运行情况，必须建立由产品销售收入、利润总额、税金总额、亏损企业亏损额、应收账款净额、产成品数量等构成的指标体系。统计指标体系大体可分为三大类：

（1）指标体系按所反映的现象内容的范围不同，可分为宏观指标体系和微观指标体系。宏观指标体系是指由若干反映整个社会经济及其运行过程的总量和联系关系的统计指标组成的整体。微观指标体系是指由若干反映微企业、事业组织社会经济活动总量和内部联系关系的统计指标组成的整体。

（2）指标体系按所反映的现象内容的不同，分为国民经济指标体系、社会指标体系和科学技术指标体系。国民经济指标体系是由经济活动基本条件、部门经济活动、宏观经济运行和社会经济效益及影响这四大门类的因素组成，各门类又分为不同的部门。它属于宏观指标体系，居于首要地位，是结构最多、层次最复杂的指标体系。社会指标体系包括社会生活环境、社会生活主体、社会物质生活、政治与社会活动和精神文化生活五大门类。各门类还可以继续分成大类、中类、小类。它在整个经济、社会和科技统计指标体系中居于中心地位。科学技术指标体系也分成社会经济环境、科技投入、科技活动、科技产出、效益及影响五大门类。各门类又包括不同的内容。

（3）指标体系按作用不同可分为基本指标体系和专题指标体系。基本指标体系是指反映和研究国民经济和社会发展及其各个组成部分的状况的指标体系，包括反映整个国民经济和社会发展的统计指标体系。专题指标体系是指针对某一个经济或社会问题而建立的专项指标体系，例如人民物质文化生活统计指标体系、经济效益统计指标体系等。

（七）建立指标体系的原则及指标体系设计的内容

建立指标体系时，一般应遵循以下原则：要明确建立指标体系的目的；指标体系的内容要能够全面、系统地反映现象的情况；指标体系内的各个指标的设置要层次清楚、联系紧密；指标体系内的各个指标设置要切合实际，具有可操作性。

具体设计指标体系主要包括以下内容：指标体系内应包括的指标，并明确其中的核心指标或主要指标；设计每一个指标。

四、变量和变量值

变量是指可变的数量标志。如何理解"可变"呢？比如，某班学生的数学成绩不可能都一样，那么成绩这一数量标志就是一个变量。当研究的对象都是成绩为 80 分的学生时，成绩虽然也是数量标志，但因为每位学生的成绩相同，所以这里的成绩就不是变量。

变量的具体数值表现叫作变量值，又称标志值。比如，某公司职工的月工资有 820 元、980 元、1030 元、1200 元等，其中 820 元、980 元、1030 元、1200 元就是变量值。

变量按其取值是否有连续性分为离散型变量和连续型变量两种。离散型变量是指变量值只能是整数而不会出现小数，即当取小数时，变量就失去了经济意义。例如，各企业的职工人数、机器设备台数，其取值是不会有小数的，这类变量就属于离散型变量。离散型变量可以用计数的方法来取得变量值。连续型变量是指变量在整数之间可以无限地取值，取整数和取小数都具有经济意义。例如，人的身高、体重，粮食亩产量，银行存款额的取值，它们可以是小数，也可以是整数，这类变量属于连续型变量。连续型变量的取值要利用计量工具，通过测量或度量的方法取得。

第四章 统计学课程教学相关内容

第一节 统计调查

一、统计调查的意义和要求

统计调查，就是按照统计研究的目的和要求，采用科学的方法，有组织、有计划、系统地向调查对象搜集某种客观事物实际资料的工作过程。例如，要研究国民经济的发展情况，就要搜集构成国民经济的各个行业、各个部门、各个要素的实际资料；要研究某个企业的生产情况，就要搜集反映该企业生产情况的有关实际资料。

统计调查的基本任务是按照确定的指标体系，通过具体的调查，取得以反映社会经济现象总体全部或部分单位的数字资料为主体的信息。这些信息是各单位有关标志的标志表现，是尚待整理、进行系统化的原始资料，或是有过初步整理、必须进行进一步系统化的次级资料。可以认为，搜集大量的、以数字资料为主体的信息是统计调查不同于一般社会调查的主要特征。

统计工作的各个环节是紧密衔接、相互依存的。统计调查作为统计工作的基础环节，在调查过程中得到的原始资料的其质量直接影响最终成果的质量。搜集来的资料好比是构成未来统计大厦的基础。为使大厦坚实牢固，基础必须是坚实而高质量的。如果在搜集原始资料时出现差错，又不能及时加以更正，那么以后无论怎样认真地去整理这些资料，这些差错都将影响最后结论的正确性和可靠性。搜集的实际资料包括原始资料和次级资料。所谓原始资料，是指那些反映总体单位特征的、尚未进行加工整理的资料。次级资料是指已经经过一定的加工整理，在一定程度上能够说明总体特征的统计资料。由于次级资料都是从原始资料整理而来的，所以统计调查的基本任务，主要是准确、及时、全面、系统地搜集与统计研究任务有关的原始资料，而准确性、全面性、及时性和系统性又是对整个统计调查工作的基本要求。

统计调查必须要满足准确性和及时性两个基本要求。准确性是指调查资料客观地反映现象和过程本质的程度，及时性是指搜集资料完成的时间符合该项调查所规定的要求。准确性和及时性是衡量统计调查工作质量的重要标志。统计调查资料的准确性绝不仅是技术问题，还是涉及遵守统计制度和纪律，遵循实事求是、如实反映情况的原则问题。在我国，统计立法的核心就是保障统计资料的准确性、客观性和科学性，统计资料的及时性也是一个全局性的问题。每一次统计工作任务的完成，都是许多单位共同努力的结果，其中任何一个调查单位不按规定的时间提供统计资料，都会影响全面的综合工作，耽误整个统计工作的开展。因此，提高统计调查的及时性不是个别单位工作所能奏效的，只有各个调查单位共同增强全局观念，采取有效措施，遵守统计制度和纪律，才能做好这一项工作。

统计调查中的准确性和及时性是相互结合在一起的。及时离不开准确，而准确又是达到及时的重要途径。只有把准确和及时结合起来，做到准中求快、准中求全，才能达到统计调查的基本要求。

通过统计调查，取得有关被研究现象的具体资料，为统计整理和统计分析提供依据。统计调查搞得好，就能准确、及时、全面、系统地占有丰富的统计资料，有利于正确地认识被研究现象的本质及规律性；反之，如果统计调查搞得不好，所得到的资料不准确、不真实或不及时，即使经过科学地整理和周密地分析，也不可能得到正确的判断，这将直接影响整个统计工作的成果。所以，统计调查阶段，是保证完成统计工作任务、提高统计工作质量的首要环节，也是整个统计工作的基础。

二、统计调查的种类

统计研究的对象，即客观事物的复杂性和统计研究目的的多样性，决定了统计调查方法的多样性。进行统计调查时，必须根据统计研究的目的和调查对象的特点，选择合适的调查方法。统计调查的方法，可以从不同的角度，按不同的标准进行分类。

（一）按调查对象所包括的范围不同进行分类

按调查对象包括的范围不同，将统计调查分为全面调查和非全面调查。

（1）全面调查，是指对构成调查对象的所有总体单位，全部进行调查、登记的一种调查方法。全面统计报表和普查，都是全面调查。例如，为了研究我国人口数量、性别比例、年龄结构、民族构成、受教育程度等人口问题而进行的第五次全国人口普查，就属于全面调查。

（2）非全面调查，是指对构成调查对象的一部分总体单位进行调查登记的一种调查方法。重点调查、典型调查和抽样调查，都是非全面调查。例如，为了了解某地区居民的消费水平情况，并不需要对该地区所有的居民进行调查，只需要搜集各个收入层次的一部分居民消费水平方面的实际资料进行调查即可；对某批产品进行质量鉴定，也不需要对所有产品逐个进行质量检验，只需要抽出部分产品进行检验即可。这些调查都属于非全面调查。

（二）按调查登记的时间是否连续进行分类

按调查登记的时间是否连续，将统计调查分为经常性调查和一次性调查。

（1）经常性调查，是指随着调查对象的发展变化，连续不断地进行调查、登记的方法。例如，要对某个工程的质量水平进行调查，就需要随着工程进度的延伸，连续不断地调查、登记此项工程的质量情况和相关情况，直至工程全面竣工、验收。这种调查就属于经常性调查。又如，对社会商品零售价格的调查和监控，是长年累月地进行的，也属于经常性调查。

（2）一次性调查，是指间隔一定时间的不连续调查。例如，人口数、学校数、固定资产原值等指标，因为短时间内的变化不会太大，所以没有必要进行经常性调查，只需间隔一定时间了解现象在一定时点上的状况时，可采用一次性调查。

（三）按调查的组织方式不同进行分类

按调查的组织方式不同，将统计调查分为统计报表和专门调查。

（1）统计报表又称统计报表制度，是按一定的表式和要求，自上而下统一布置、自下而上逐级提供和报送统计资料的一种统计调查方式。我国建立了规范的统计报表制度，所有的企业、事业单位和基层行政机关，都要遵守《统计法》，按照上级部门规定的表式、项目、日期和程序向上级部门提交统计报表。统计报表包括国家的政治、经济、文化生活等各方面的基本统计指标。这种调查组织方式在我国的统计工作中占有重要的地位。负责编制和报送统计报表的组织机构，是常设或固定的。统计报表属于经常性调查。

（2）专门调查，是指为了研究某些专门问题而专门组织的统计调查。这种调查的组织机构不是常设的，而是根据研究目的和任务临时设置的。专门调查属于一次性调查，包括普查、重点调查、典型调查和抽样调查等。

统计调查还可以从其他的角度进行分类，并且各种分类也不是相互排斥的，如普查，从调查对象所包括的范围来看，属于全面调查；从调查时间的连续性来看，属于一次性调查；从组织方式上看，又属于专门调查。

三、普查

（一）普查的意义

普查是为了掌握某种客观事物的准确情况而专门组织的一次性全面调查。有些客观现象不需要或不可能进行经常性调查，但又需要掌握它的准确情况，所以就需要采用普查的方式来搜集资料。普查是一种重要的调查方式，世界各国在进行本国的国情、国力的调查时都会采用普查的方式完成，例如人口普查、全国工业普查、全国农业普查等。它主要用来搜集某些不能够或不适宜于定期的全面统计报表搜集的统计资料，一般用来调查属于一定时点上的社会经济现象的总量，但也可以用来反映时期现象。

普查是一种很重要的调查方式。它能掌握全面、系统的国情、国力统计资料，是进行社会主义现代化建设的一项十分重要的基础工作。对于了解一个国家人力资源、物质资源和财力资源的数量及其利用情况，对于国家从实际情况出发制订国民经济和社会发展计划和建立产业政策，加强国民经济管理，安排人民物质和文化生活具有重要的意义。

（二）普查的特点

1. 普查是一次性调查

普查一般用来调查属于一定时点现象的总量。由于时点现象的总量在短期内往往变化不大，所以不需要做连续登记，通常要间隔一段较长的时间进行一次调查。例如，人口普查的对象就是人口总体的时点状况，人口普查的主要目的就是取得总人口数和人口的各种构成资料，如性别构成、民族构成等。当然，普查并不排斥属于时期现象的项目。我国第五次与第四次人口普查隔了10年。当然，有些时期现象也可以采用普查的方式进行调查，比如1996年的第三次全国工业普查的主要内容为1995年工业生产基本情况、资产负债状况及其构成、生产能力利用及技术装备状况等；其工业总产值、利润额、上缴税金等指标都是采用普查的方式获得的，其中就有很多时期现象的项目。

2. 普查是全面调查

普查的对象范围广，总体单位数量大，指标内容详细，且规模宏大，所以普查比其他任何调查方式更能掌握大量、全面的统计资料。例如，人口普查的对象是中国大陆的所有公民（不包括港澳台地区），调查的内容不仅是人口数量，还有各种构成资料和社会特征资料，如性别构成、年龄构成、民族构成、生育率、死亡率、教育特征、经济特征等各方面的情况。

3. 普查的工作量大

普查涉及面广、时间性强、复杂程度高、对组织工作的要求高，需要耗费大量的人力、物力和财力，因而普查不宜经常进行。

普查和统计报表虽然都属于全面调查，但两者不能互相替代。统计报表不可能像普查那样掌握详尽的全面资料。与定期报表相比较，普查包括的单位、分组目录以及指标内容更广泛、详细，规模更宏大，能解决统计报表不能解决的问题。

（三）普查的实施过程

根据普查的特点，在组织实施中，要加强领导，发动群众，统一部署，统一行动，制订周密的普查方案。具体的实施过程如下：

（1）成立专门的组织机构，领导和组织开展普查工作。由于普查的工作量巨大，任务繁重，因此必须自上而下地建立各层次的组织机构，配备专门人员负责普查工作。我国在历次人口普查工作中，首先在国务院成立了全国人口普查领导小组，在各省、自治区和直辖市的各级政府也建立了相应的普查办公机构，各部门、各单位成立了专门的工作机构，配备了专门人员负责人口普查工作。

（2）确定统一的调查时间，即标准时间。因为普查的客观现象一般为时点现象，所以必须规定某一时点作为标准时间，主要是因为时点现象在各个时点上的状况变化频繁，如果不规定准确的时点，则登记时容易重复或遗漏。例如，第六次人口普查的标准时间是 2010 年 11 月 1 日零时，由于人口基数比较大，在每时每刻都有新出生人口和死亡人口，所以只有确定标准时间，才能准确反映标准时间上的人口数量。在 2010 年 11 月 1 日零时之前死亡的人口和 11 月 1 日零时以后出生的人口，都不能进行登记；而在 2010 年 11 月 1 日零时之前出生的人口和 11 月 1 日零时以后死亡的人口，均应该予以登记。

（3）普查登记工作开始之前，要对普查人员进行业务培训，使他们明确普查的要求，掌握统计指标的含义、计算口径、登记方法，以保证工作效率和工作质量。

（4）制定严格的质量控制办法，对普查工作的各个环节实行全面的质量管理和控制，明确责任，逐级负责，层层把关，保证普查资料的准确性和普查质量。

（5）规定各阶段的工作进度和要求，使各个环节互相衔接，有计划、按步骤地进行。各有关部门纵向服从统一领导，横向保持必要的联系，彼此步调一致，协同工作，保证在规定的时间内完成任务。加强宣传，通过媒体广泛动员全社会全面参与、支持和配合普查工作，为普查工作的开展创造良好的舆论环境。例如，第六次人口普查的标准时间为 2010 年 11 月 1 日零时，但在 2009 年国务院就已经成立领导小组，各种媒体就开始进行了宣传，各种宣传标语随处可见，引起了全社会的高度重视。这次普查工作取得了良好效果，与宣传工作起到的积极推动作用密不可分。

（四）普查的组织

普查的组织方式有两种：一种是组织专门的普查机构，配备一定数量的普查人员，对调查单位直接进行登记。我国历史上几次大的普查都采用了这种形式；另一种是利用调查单位的原始记录和核算资料，或者结合清库盘点，让调查单位自填调查表。如历次物资库存普查就属于这种形式。但即使是采用后一种方式，也仍需组织一定的普查机构，配备一定的专门人员，对整个普查工作进行专门组织领导。

普查的涉及面广，工作量大，进行一次需要动员许多人力、物力，组织工作很繁重，这就要求在开展普查工作时应遵循下列原则：一是规定统一的标准时间。所谓标准时间，即规定某日或某日的某一时刻作为登记普查对象有关项资料的统一时间，这样才能避免搜集资料因为自然变动或机械变动而产生重复和遗漏现象。例如，我国历次人口普查都统一规定以 11 月 1 日零时为标准时间。二是在普查范围内各调查单位应尽可能同时进行调查，并尽可能在最短期限内完成，以便在方法上、步调上取得一致，保证调查资料的真实性。如第六次全国人口普查登记工作，是从 2010 年 11 月 1 日开始到 11 月 10 日结束，调查时限为 10 天。三是统一规定调查项目，尽可能按一定周期进行。调查项目统一规定，不能任意改变或增减，以免影响汇总综合，降低资料质量。为了使历次普查资料便于对比分析，某些普查特别是人口普查应尽可能按一定周期进行。

四、统计报表（制度）

（一）统计报表的意义和种类

统计报表是基层单位（或上级单位）按照上级部门制发的统一的表式、统一的调查纲要、统一的报送程序和时间，自下而上逐级报告统计资料的制度。这种以表格形式提供统计资料的书面材料，称为统计报表，又称为统计报表制度，统计报表是我国对国民经济实行宏观调控和业务指导的重要工具，也是全面、及时、准确地获得统计资料的有效方法。国家为了加强宏观调控，制定符合社会和经济发展客观规律的方针、政策，指导和监督各地区、各部门、各企事业单位的经济活动，必须及时掌握全面的统计资料；而各地区、各部门、各企事业单位也需要定期向上级如实报告自己经济活动的基本资料和有关数据，以便于上级部门的指导和监督。这种客观要求，决定了国家必须建立统一的统计报表制度，执行统计报表制度也是各地区、各部门、各企事业单位必须履行的一项义务。我国经过多年的统计实践，使统计报表制度的作用得到了最大限度的发挥，成为了世界上运用统计报表制度最成熟的国家之一。由于统计报表制度费时、费力，中间环节多，信息反馈慢，因此应与其他调查方式结合起来综合运用。

统计报表同其他统计调查方式相比有如下优点：

（1）在统计报表制度规定的范围内，各单位必须按期报送，这就保证了调查资料的全面性和连续性。

（2）由于其调查内容的标志含义、包括范围、计算方法以及表格样式、报送程序和时间都是统一规定的，所以这就保证了调查资料的统一性和及时性。

（3）由于在调查进行之前已经把统计报表作为一种制度布置到了基层填报单位，要求基层单位根据规定的要求建立原始记录和统计分账，所以只要基层单位认真地按照要求执行，调查资料的来源就有了可靠性基础。

（4）由于报表中的调查项目相对稳定，又是定期进行，所以便于完整地积累资料，用来进行历史对比，较有系统地分析研究经济和社会发展变化的规律性，可以对其进行静态、动态多方面的比较，这就使得统计资料具有可比性。

（二）统计报表的种类

我国现行的统计报表，根据划分角度的不同，主要可分为以下五类：

（1）统计报表按内容和实施范围不同，分为国家统计报表、部门统计报表和地方统计报表。国家统计报表也叫国民经济基本统计报表，由国家统计部门统一制发，用以反映全国性的经济和社会发展基本情况，包括农业、工业、交通、基本建设、商业、对外贸易、财政、金融保险、人口等方面最基本的统计资料。部门统计报表是为了适应本部门业务管理的需要而制定的专业统计报表，在本系统内实行，用以搜集有关部门的业务技术资料，是对国民经济基本统计报表的补充。地方统计报表是针对地方特点补充规定的地区性统计报表，为本地区计划和管理服务。三者互有联系，国家统计报表是统计报表体系的基本部分。

（2）按调查范围不同，统计报表可分为全面统计报表和非全面统计报表。

（3）按报送周期的长短，统计报表可分为日报表、周报表、月报表、季报表、半年报表和年报表。报告的周期长短不同，不仅在时间上有差别，在内容和作用方面也是有差别的。通常报送的周期越短，其指标项目就越少，反之，指标项目就可以多一些、细一些。其中，年报表是总结全年经济活动的报表，其内容全面、指标多、分组细，是制订计划、发布公报的重要依据，也是最主要、最常用的统计报表。

（4）按填报单位，统计报表可分为基层报表和综合报表。基层报表是由基层企事业单位填报的报表。综合报表是由主管部门或统计部门根据基层报表逐级汇总填报的报表。综合报表的调查单位随综合层次提高而扩大，相应为县、地区、省。

（5）按报送方式不同统计报表，可分为邮寄报表和电讯报表。邮寄报表有书面的、磁介质的；电讯报表包括通过电话、电报、电视传真和数字电传机等。

用统计报表的方法来搜集统计资料，虽然有前述的许多优点，但需要的人力和时间较多，在层层上报中受到人为干扰的可能性较大，进行核查比较困难。此外，对于分散的个体经济等调查对象，很难使用这种方法。

（三）统计报表制度的内容

1.表式

表式是指统计报表的具体格式。不同的调查任务有不同的格式，但基本上都由三部分组成，即表头（报表标题、表号、报表期刊、填报单位、制表单位、计量单位等）、表身（具体填报数据和资料）和表脚（备注、填表人签章、审核人或负责人签章等）。

2.填表说明

填表说明包括调查目的、要求和办法、统计范围、分组体系、各种统计目录、指标解释、报送日期、报送方式等，可使填报单位明确填报任务和填报方式。

（四）统计报表的资料来源

统计报表资料来源于基层单位的原始记录和统计台账。原始记录和统计台账是各种经济核算的基础，也是填制统计报表的重要依据。没有健全、规范的原始记录和统计台账制度，要做好统计报表的填报工作是不可能的。

原始记录是基层单位通过一定的表格形式对生产经营活动做的最初记载。原始记录的范围广泛、种类繁多，如发货票、材料入库验收单、领料单、设备维修单等。统计台账是基层单位根据核算和填制统计报表的需求，为了积累和整理资料而设置的，按时间顺序登记原始记录的一种账册。它是从原始记录到统计报表的中间环节，如工业企业统计台账有产品产量台账、半成品台账、设备利用台账等。

五、重点调查

（一）重点调查的意义

重点调查是在所要调查对象全部单位中选择一部分重点单位进行调查的一种非全面调查方式。所谓重点单位，是着眼于现象的量的方面，是指调查对象中的一小部分单位，但是它们某一主要标志总量在总体标志总量中占有绝大部分的比重，重点单位的特征可以反映总体的基本情况。所以重点调查虽然属于非全面调查，但通过重点调查可以了解总体的主要情况和发展变化的基本趋势，在一定程度上，能起到全面调查的作用。例如，为掌握我国钢铁产量企业发展的基本情况，就要对一些国有特大型企业进行调查，如鞍钢、首钢、上海宝钢等，它们的数量不多，但在国民经济的发展中，无论是资产总量，还是所创利税，都占全国所有钢铁企业相关指标的60%以上。对这些重点单位进行的调查，属于重点调查。重点单位要根据研究任务和研究对象的特点而定，选择重点单位时要进行具体分析。由于重点调查是小范围的调查，所以节省人力、物力和财力，时效性高，研究的问题也比全面调查更深入。一般来说，当调查的目的任务不要求全面性和高度准确性，而部分单位又能比较集中地反映所研究的标志或指标时，宜采用重点调查的方式。

根据调查目的任务的不同，重点单位可能是一些企业、行业，也可能是一些地区、城市。重点单位是相对的，此时、此地在这一问题上是重点单位，彼时、彼地在另一问题上不一定是重点单位。

（二）重点调查的方法

组织重点调查的重要问题是确定重点单位。重点单位的选择着眼于所选单位的标志值是否在总体中占有绝大部分的比重，这一比重是客观既定的，不带有主观因素。

重点调查实质上是范围比较小的全面调查，它的目的是反映现象总体的基本情况。一般来说，当调查任务只要求掌握基本情况，而部分单位又能比较集中地反映所研究的项目和指标时，采用重点调查比较适宜。

重点单位选多少，要根据调查任务确定。一般来说，选出的单位应尽可能少些，而其标志值在总体中所占的比重应该尽可能大些。另外，选中的单位一般管理水平较高，统计基础工作较好，资料容易取得且质量较高，所以重点调查是节省人力、物力，效果较好的调查方式。

六、典型调查

（一）典型调查的意义

典型调查是根据调查的结果，在对所研究的现象总体进行全面分析的基础上，有意识地选取若干具有代表性的典型单位进行调查和研究，借以认识事物发展变化的规律。它是一种非全面调查。这种由点到面、由个别到一般的认识方法，每一个领导者和每一个社会经济工作者都必须掌握运用。

统计中的典型调查，具有三个特征：一是搜集那些典型单位的数量资料，用以推断现象总体数量；二是典型调查是深入、细致的调查，它的研究范围小、调查单位少，因而指标可以多一些，用来研究某些比较复杂的专门问题；三是调查单位是根据调查目的和任务，在对总体进行全面分析的基础上，有意识地选择出来的。显然，典型调查单位的确定与其他非全面调查相比较，更多地取决于调查者主观的判断和决策。

鉴于上述特点，典型调查大体可以分为两种：一种是对个别单位进行调查研究，被称为"解剖麻雀"式的调查；另一种是对现象总体按与研究的任务有关的主要标志划分类型，然后再在类型组中选择典型单位进行调查，这种形式被称为划类选典式的调查。在统计工作实践中，就是运用这两种典型调查方法来推算估计总体数量特征的。

在统计工作中，典型调查的作用主要有：一是运用典型调查及时深入社会实际，可以研究不断出现的新情况、新问题，对新生事物的数量表现做具体的分析。二是典型调查和全面统计相结合，可以补充全面调查的不足。如搜集不需要或不可能通过全面调查取得的资料，结合报表资料对某些问题进行深入的讨论研究，验证全面统计数字的准确程度等，以便更好地发挥统计调查的作用。

（二）典型调查的方法

典型调查的首要问题是选择好典型。按照统计调查的目的和任务，选择典型的方法比较灵活。

第一，若要近似地估算总体的数值，则可以在对总体进行分类的基础上，按其在总体中的比例，选出典型单位。

第二，若要了解成功的经验和失败的教训，则要选择高水平或低水平的单位作为典型单位。

第三，若要了解总体的一般数量表现，可以选择中等的典型单位。

选择典型的根本问题是：首先，必须从全面着眼，分析、掌握调查单位的基本情况和平均水平，然后对比各个可供选择的调查单位的基本情况和具体水平，从中选出几个代表性较大的单位进行调查。其次，典型调查也要制订调查方案。调查方案主要包括搜集数字资料的表式和了解具体情况的提纲。最后，充分利用调查的原始记录和核算资料，取准、取全面调查表要求的数据，有些问题可以通过开调查会、个别采访等进行调查并确定。

七、抽样调查

（一）抽样调查的概念

抽样调查是一种非全面调查，是按照随机原则从总体中抽取部分单位进行观察用以推断总体数量特征的一种调查方式。例如，对灯管的耐用寿命进行检测，某进出口公司对其出口罐头的质量进行检验等。

（二）抽样调查的特点及其优越性

在对社会经济现象进行分析时，抽样调查具有以下三个基本特点：一是根据部分调查的实际资料对总体的数量特征做出估计。二是按照随机原则从总体中抽取样本单位。三是抽样调查会产生抽样误差，而抽样误差可以事先计算并加以控制。

在实际工作中，抽样调查方式有明显的优越性，主要体现在：一是经济性。由于抽样调查的调查单位少，大大减轻了工作量，调查、登记和汇总都可以专业化，因而可以节省人力、物力和费用开支。特别是对于总体范围很大、单位很多、情况很复杂的现象，抽样调查更显优越性。二是时效性。抽样调查组织专业队伍，直接取样，现场观测，减少中间环节，能提高时效性。所以，抽样调查特别适用于时效性要求很强的调查项目。三是准确性。由于抽样调查是从上而下组织调查，而不是自下而上层层填报，取样遵循随机原则，排除了主观因素的影响，使样本有比较高的代表性，取得比较精确的效果。四是灵活性。抽样调查组织方便、灵活，调查项目可多可少，考察范围可大可小，既适用于专题性的研究项目，又适用于经常性的调查项目。只要需要，随时都可以组织实施，如政策评估、市场信息、民意测验等都可以同时因地制宜地组织抽样调查，搜集必要的资料。

（三）抽样调查的作用

抽样调查的特点和上述的它的优越性，使它成为统计调查方法的主体，有广泛的应用范围，在社会经济领域和科学实验中发挥了多方面的作用，具体作用如下：

（1）抽样调查能够解决全面调查无法或难以解决的问题。对于无限总体就不可能进行全面调查。还有一些现象由于总体范围过大，单位分布很分散，实际上很难或不必要进行全面调查，也可以通过抽样调查来掌握全面情况。例如水库的鱼苗数估计、城乡居民的家计调查、民意测验等。

（2）抽样调查可以补充和订正全面调查的结果。有许多社会经济现象虽然可以全面调查，但由于范围大、涉及面广，所以调查的项目只能限定少数基本的项目。由于抽样调查范围小、组织方便、省时省力，所以调查项目可以多一些，能就某些问题进行更深入的研究；

抽样调查还被用于订正全面调查的统计数字。例如，在我国人口普查中，填报和复查完毕后，要按照规定采用抽样的方法抽出一定比例人数，重新进行调查，并以此为标准，计算普查的重复和遗漏的差错率，订正普查数字。

（3）抽样调查方法可以用于生产过程中产品质量的检查和控制。抽样调查不但被应用于对现象结果进行核算和估计，而且在生产过程中起经常性的检查和控制作用。例如工业生产的产品质量控制就是利用抽样检查，观察生产工艺过程是否正常，是否存在某些系统性偏差，及时提供有关信息，分析可能的原因，便于采取措施，防止损失。

（4）抽样调查方法可以用于对总体的某种假设进行检验，以判断这种假设的真伪，决定行动的取舍。例如新教学法的采用，推广后是否有显著性的效果，可以做出某种假设，并确定接受或拒绝的标准，然后采用抽样调查的方法，进行推断，加以检验，并在行动上做出抉择，这就是抽样方法在决策上的应用。

（四）抽样调查的组织形式

抽样调查有多种组织形式，基本形式有：简单随机抽样、类型抽样、等距离抽样、整群抽样和阶段抽样。这些抽样组织形式有不同的抽样效果（关于各种抽样组织形式见本书第六章抽样推断）。

以上是从不同角度对统计调查方式进行的分类，在实际工作中，各种分类方法不是相互排斥的，而是相互交叉使用的。具体采用哪种方法，要根据调查的目的与任务以及调查对象的特点来确定。

八、统计调查方案

1. 确定调查任务、目的和调查方式

统计调查方案时首先要解决的问题就是确定调查任务与目的，只有这样，才能确定要搜集哪些资料，要解决哪些问题，达到什么要求，才能有效地组织统计调查工作。

调查的任务与目的，主要是根据统计研究的实际需求并结合调查对象的特点来确定的。调查的任务和目的不同，调查的内容与范围也就不同，采用的调查方式也不同。例如，对某城市工业企业的机械设备利用情况进行调查，任务是准确地掌握各个企业拥有的机械设备的数量、价值和使用情况，其目的是分析和探求机械设备在使用过程中的价值、技术性能、工作能力等的变化规律，为合理配置机械设备、提高利用率、加强设备技术管理和固定资产管理等提供依据。因此，调查任务和目的要尽可能规定得具体、明确，突出中心，否则，调查取得的资料可能并不是需要的，而需要了解的情况，又得不到充分的反映。这样不仅浪费了人力、物力，还延误了工作。

2. 确定调查对象、调查单位和填报单位

明确了调查任务和调查目的，就可以确定调查对象和调查单位。确定调查对象和调查

单位，是为了解决向谁调查、由谁来提供统计资料的问题。调查对象就是指需要进行调查的某种社会经济现象的总体。它是由许多性质相同的单位组成的。调查单位是指要调查的社会经济现象总体中各个具体单位，即总体单位。调查单位是进行调查登记的标志承担者。调查对象和调查单位就是统计总体和总体单位在统计调查中的具体表现。注意，不要把调查单位理解为从事调查工作的部门或单位，调查单位要同填报单位区别开来。填报单位是负责填写调查内容、提供调查资料的单位，又称为报告单位，一般是基层企事业组织。

调查单位与填报单位有时相同，有时不同，这要根据调查对象的特点和调查任务的要求来确定。比如，对某企业员工经济收入情况进行调查，调查对象就是企业所有员工，调查单位是每一个员工。如果调查表要求每个员工自己填写，那么填报单位就是每个员工，这时的调查单位和填报单位是相同的；如果以车间为单位进行填报，则填报单位就是车间，这时的填报单位和调查单位是不同的。仍以上述的机械设备利用情况调查为例，确定的调查对象是该市工业企业所有的机械设备，调查单位是每一台设备，这个调查是由各企业进行登记来完成的，填报单位应该是每一个企业，调查单位与填报单位是不一致的。显然，这两种调查的调查单位和报告单位是不一致的。当调查国有工业企业产品产量、成本、利税的情况时，调查单位与报告单位又是一致的。

为了规范国民经济统计中的调查单位，统一各地区、各部门对基本调查单位的划分，国家统计局对基本单位的统计标准做了规定。所谓基本单位，是指在我国境内从事社会经济活动的常驻单位。统计制度规定将基本单位按其性质划分为两种：一种是具有财务决策权的单位，包括法人单位和住户。另一种是具有经营管理权的单位，称为产业活动单位。

法人单位是指从事社会经济活动的法律实体单位，如企业、事业单位、机关、社会团体、基层群众组织等。根据国家统计局《统计单位划分及具体处理办法（2011年）》，法人单位必须同时具备以下条件：一是依法成立，有自己的名称、组织机构和场所，能够独立承担民事责任；二是独立拥有和使用资产，承担债务，有权与其他单位签订合同；三是会计上独立核算，能够编制资产负债表。

住户是指共同居住、共享全部或部分收入和财产，并在一起消费的个人群体。它也是统计调查的基本单位。

产业活动单位是法人单位或住户中能单独进行某种经济活动的单位。产业活动单位必须同时具备以下条件：一是在一个场所从事一种或主要从事一种社会经济活动；二是相对独立组织生产经营或业务活动；三是能够掌握收入和支出等业务核算资料。

一个法人单位有多个场所或从事多种产业活动，就有多个产业活动单位。如只有一个场所并只从事一种产业活动，那么这种法人单位同时也是产业活动单位。

基本单位是构成国民经济的细胞，其不仅是统计调查的基本单位，同时也是国民经济管理的基本单位。掌握基本单位的划分对国民经济具有普遍意义。而且我国关于基本单位划分标准的规定与联合国的规定及国内有关部门的规定，原则上是一致的。掌握这种划分也便于应用统计资料进行国际与国内的比较。

3. 确定调查项目、拟定调查表

调查项目又称调查纲要，是调查内容的具体表述，也是依附于调查单位的基本标志，完全由调查的目的、任务和调查对象的性质特点决定，包括系列数量标志和品质标志。通俗地说，调查项目就是一份在调查过程中应该获得答案的各种问题的清单。调查项目制定的正确程度，决定了整个调查工作的成效。选择的调查项目是调查目的和任务要求并且确实能够取得资料的项目。每个项目应该有确切的含义和统一的解释，不应该设置那些不必要或虽然需要但无法取得资料的项目。那些逻辑不完善、含义模糊、回答笼统的项目，也应避免使用，调查项目确定以后，必须通过调查表将这些项目的资料搜集上来。因此，设计统计调查表也是一项重要工作。

调查表一般分为单一表和一览表两种形式。单一表由每个调查单位填写一份，可以容纳较多的项目。一个问题的调查不限于使用一张表，可以视调查项目内容的多少决定，由若干张组成。一览表是把许多调查单位填列在一张表上，在调查项目不多时较为简便，且便于合计和核对差错。但在项目很多的情况下，一览表并不适用。

调查表的内容一般包括三个部分，即表头、表体和表脚。表头在调查表的上中方，主要有调查表名称、左上角填写填报单位名称、地址、隶属关系、经济类型等；表体是调查表的主体部分，由表格形式、调查项目等组成（由主语和谓语组成）；表脚包括调查人员或填表人员签名、审核人员签名、填报日期等。

4. 确定调查时间和调查期限

调查时间是调查资料所属的时间。调查时间可以是时期，也可以是时点。如果要调查的是时期现象，则调查时间就是资料反映的起讫日期；如果要调查的是时点现象，则调查时间就是规定的统一标准时点，调查期限是进行调查工作所要经历的时间，包括搜集资料、登记调查表和报送资料等整个工作过程所需的时间。调查期限的长短要根据任务量的大小以及人力、物力、财力等情况来确定，应尽可能地缩短调查期限，以保证统计信息的时效性。

如对某市 2015 年机械设备利用情况进行调查，这里的调查时间就是时期，即 2015 年这一年。从 2016 年 1 月 1 日起开始调查，截至 2016 年 1 月 31 日将资料搜集、整理完毕，则调查期限为一个月。

5. 调查工作的组织和实施中的其他问题

严密、细致的组织工作，是调查工作能够顺利开展的保证。调查的组织实施工作主要包括以下内容：明确调查地点、调查方法和汇总的方法；调查前的准备工作，包括调查工作领导机构的组建和调查人员的组织、人员业务培训、宣传教育、文件印刷、会议传达及试点工作；调查资料的报送方式、调查经费的预算、开支办法和筹集、工作进度的安排；提供或公布调查成果的时间等。

例如上述机械设备利用情况调查。某市主管工业企业部门首先成立调查工作领导小组，给各个企业布置调查任务；各个企业指派专人负责此项调查工作，并要求各企业主管领导对此项工作负领导责任。调查工作领导小组组织各企业调查人员进行业务培训，规定调查方式和方法；印制统一的调查表，要求对每一台机械设备的利用情况进行如实登记。进行此次调查的经费预算为 2000 元，主要用于调查表的印制、人员培训等，经费列入本年业务经费。各企业首先调查、登记有关资料，对资料进行核对无误后报送到相关部门，材料报送时间为 2016 年 1 月 31 日。

特别重要的是应该制定一个周密的调查工作规划。例如，在普查工作中，不但要事后进行质量检查，而且要对各个工作环节都进行质量控制，逐级负责，层层把关，以保证普查资料的高质量。

九、统计调查方法

1. 直接观察法

直接观察法也称观察法。它是指调查人员亲临现场对调查单位直接进行观察、检验和计量，以取得相关资料的一种调查方法。如农产品产量调查、工业产品质量调查等，都是调查人员亲临现场获得的第一手资料。所以，直接观察法能够保证所搜集资料具有较高的准确性。但是这种方法需要大量的人力、物力、财力和时间，工作效率不高，在任务紧迫的情况下，不宜采用。特别是对历史资料进行调查的时候，不可能通过直接观察法搜集资料。因此，直接观察法的应用范围受到一定的限制。

例如，2016 年 1 月 20 日，沈阳市某科研所组织了一次出入境路口的汽车交通流量调查，当时在沈阳市的 20 多个出入境路口各安排了两名调查人员，从早 7 点到晚 7 点，对出入境的各种汽车进行观察、计数，从而获得第一手资料，这种调查方法属于直接观察法。

2. 访问法

访问法也称采访法或询问法。它是由调查人员向被调查者提问，根据被调查者的答复来搜集调查资料的方法。典型资料的搜集、人口调查等一些专题性例案调查可以采用这种方法。它分为口头询问法和被调查者自填法两种。口头询问法是调查人员对被调查者逐一采访、询问，将访问结果记入调查表，借以搜集资料，或由调查人员召集了解情况的有关人员，以召开座谈会的形式，按一定的调查提纲，进行商讨，搜集资料的一种方法。被调查者自填法是调查人员把调查表交给被调查者，说明填表的要求和方法，并对有关事项加以解释，被调查者按实际情况加以填写，填好后由调查人员审核收回的一种调查方法。例如，要调查某企业材料采购情况，调查人员可以找有关采购人员，询问材料的采购进程、采购数量、材料价格、市场供应情况等，把有关询问结果记录在调查表上，这种调查方法属于口头询问法。如果把相关的所有人员都找来，通过开座谈会或让他们填写一定的调查表，最后把调查表收回，根据填写情况来了解相关业务情况的方法，属于被调查者自填法。

在上面提到的对沈阳市出入境汽车交通流量进行调查的同时，该科研所还组织了对入境旅客出行目的调查，当时在沈阳的民航机场、火车站、主要的汽车站，分别安排了数十名调查人员，让他们对到站的旅客进行随机询问，从而了解旅客来沈阳市的目的、交通方式、驻留时间等，这里采用的根据询问结果填写相应的调查表来搜集资料的调查方法，就属于访问法中的口头询问法。

3.报告法

报告法也称凭证法。它是以各种原始记录和核算资料为基础来填写调查表并向有关部门提供统计资料的一种调查方法。统计报表就属于这种调查方法。这种调查方法的特点是，有统一的要求，并以原始记录为依据，可以同时进行大量的调查。如果报告系统健全，原始记录和核算工作完整，则可以保证提供资料的可靠性。

报告法主要用于在客观现象发生之后进行的调查，依赖于伴随客观现象发生而产生的原始记录或各种文件，主要被用于对无法进行直接观察、访问的历史资料的搜集。例如，对某企业上年度的纳税情况进行调查，由于企业纳税活动已经结束，无法直接观察，如果找有关人员询问，也不容易获得准确的数字资料，故不宜采用访问法，这时就可以采用报告法，即检查当时的纳税凭据、会计报表等原始凭证和文件资料，以获得该企业纳税情况的资料。

4.问卷调查法

（1）问卷调查法的含义

问卷调查法是通过专门设计的、要求调查对象回答的问卷形式，随机或有意识地选择若干调查单位，发放问卷，要求被调查者在规定时间内反馈信息，以此对调查对象总体，做出估计的一种调查方法。问卷调查法被广泛运用于民意测验，用以了解人民群众对一些社会问题的看法。它也被运用于政治、经济、文化等方面的调查，如我国每年要进行四次企业景气调查，就是从全国企业中随机抽取100家不同行业、不同类型、不同规模的企业，采取问卷的形式，让企业对宏观环境和自身环境作出主观判断。

一个完整的问卷，应该包括表格形式和调查内容两个基本要素。表格形式可以根据调查情况任意设计，各种调查的表格形式可以多种多样，但要以简洁、清晰、易于填写为原则。调查内容即为调查项目，应以简练、准确的语言表达出调查的目的和意图。

（2）问卷的设计

问卷的设计是否科学，影响着调查效果，所以应注意以下问题：

①从实际出发，根据调查研究的性质，确定研究主题，规定总体范围，选择调查的方式和方法。

②问卷内容应根据调查目的来确定，要有完整性、相关性，要重点突出，层次分明。

③正确选择问卷的形式。一般有封闭式、开放式和半封闭式问卷三种形式。

封闭式问卷是指问题的答案已经列出，回答者只需根据自己的情况选择一个或几个答案的问卷。其优点是答案标准、便于分类汇总、省时省力；缺点是对复杂事物主观判断性强等问题，往往问答较粗略，不能完全代表问答者的意向，不易于发现和纠正错误。这种问卷通常被用于了解被调查者的基本意向。开放式问卷是指提出问题，回答者可自由回答的问卷。其优点是回答者有自我表达的机会，可以提出新的见解，提供丰富的信息；缺点是回答不规范，不便于分析，而且回答需要花费较多的时间，影响回收率。这种问卷主要被用于了解某些客观现象的实际状况。半封闭式问卷是一种介于开放式和封闭式之间的问卷。

④提问的语气、措辞和顺序要恰当。应采取亲切、妥善的提问方式，争取赢得回答者的好感，使其积极合作。提问的措辞要客观、精练、准确、简明、通俗、具体，不能含义模糊，不好回答。问题要按照现象的发生、发展或时间顺序排列，先简后繁、先易后难，彼此联系紧密。

第二节 统计整理

一、统计整理的意义

统计整理，就是根据统计研究的目的和任务的要求，对统计调查搜集到的原始资料，进行科学的分组、汇总与加工，使其条理化、系统化、科学化，从而得到表现总体特征的综合统计资料的工作过程。对已整理过的初级资料进行再整理，也属于统计整理。

统计调查取得的各种原始资料是分散的、不系统的，只能表明各个被调查单位的具体情况，反映事物的表面现象或一个侧面，不能说明事物的总体情况与全貌。因此，只有对这些资料进行加工、整理，才能认识事物的总体及其内部联系。例如，工业企业普查中，调查的每个工业企业资料，只能说明每个工业企业的经济类型、注册资本、职工人数、工业总产值、工业增加值、实现利税等具体情况。必须对所有资料进行分组、汇总等加工处理后，才能得到全国工业企业的综合情况，从而分析工业企业的构成、经营状况等，达到对全国工业企业的全面的、系统的认识的目的。

统计整理是统计调查的继续，也是统计分析的前提，它在统计研究中起着承前启后的作用。因此，资料整理的是否正确，直接决定着整个统计研究任务完成的质量；不恰当的加工整理，不完善的整理方法，往往使调查得到的丰富、完备的资料失去价值。因此，必须十分重视统计整理工作。

二、统计整理的内容

统计整理是一项细致而周密的工作，需要有计划、有组织地进行。统计整理的内容，包括数据处理和数据管理两个方面。

（一）数据处理

数据处理的内容是在对原始资料进行审核，纠正误差和遗漏以后，再对资料进行分组、汇总，使其条理化、系统化，最后制成统计表。这是统计资料整理的主要内容。

（二）数据管理

统计数据管理的内容包括数据传输、存储、更新和输出。在充分利用现代信息技术的条件下，数据传输和存储通过磁介质和网络来实现，即建立数据库并联网，根据需要对数据进行多方面、多层次的加工处理，并不断补充新的资料替换掉已失效的资料，根据不同的使用要求对数据进行组合、输出。

三、统计整理的步骤

统计整理的基本步骤如下：

（1）对原始资料进行审查。

首先，审查被调查单位的资料是否齐全；

其次，审查数据是否准确。

审查的主要办法如下：

①逻辑审查：主要是从定性角度来审查数据是否符合逻辑，内容是否合理，各项目或数量之间有无相互矛盾的现象。例如，儿童年龄段的人填的职务是高级工程师，这种显然违背逻辑的项目，应予以纠正。

②计算审查：是指审查调查表中的各项数据在计算结果和计算方法上有无错误。例如各分项数字之和是否等于相应的合计数，各结构之和是否等于1或100%，出现在不同表格上的同一指标数值是否相同等。

（2）对各项原始资料进行分组并综合汇总，计算出总体总量指标。

（3）将汇总的结果，以统计表或统计图的形式表现出来。

（4）将统计资料进行系统积累。

四、统计分组

（一）统计分组的概念

统计分组是根据研究任务的要求和现象总体内在的特点，将统计总体按照一定的标志划分为若干组成部分的一种统计分析方法。统计分组的目的就是揭示各组之间性质上的差异。分组的目的是使组与组之间产生性质上的差异，从而使各自组内性质相同。比如，将参加考试的学生作为总体，按成绩这一标志将学生划分为及格与不及格两组。很明显，两组间的性质是截然不同的，而组内性质却是一致的。

（二）统计分组的作用

社会经济现象是复杂的，现象之间既存在相互联系、相互制约的关系，同时又存在质与量方面的相互差异。统计分组的目的，就是要揭示现象内部各部分之间存在的差异，认识它们之间的矛盾，表明事物的本质与规律。

统计分组在统计分析中具有重要的作用，主要表现在以下四个方面：

（1）划分事物的类型（区分事物的质）。社会经济现象复杂多样化，存在着各种不同的类型，不同类型具有不同的特征和不同的发展变化规律。可以把复杂现象总体区分为各个性质不同的组成部分，以认识现象之间质的差别。在复杂的社会经济现象中，往往要将社会经济现象总体划分为性质不同的类型，这是统计工作中应用最广泛、最主要的分组。这种分组也被称为国民经济分类。例如，我国经济成分按所有制形式划分为公有制经济和非公有制经济。

（2）对零星、分散的统计资料，进行统计分组后，可以把复杂的社会经济现象划分为不同的类型，以发现其特点及规律性。

（3）把不同时间的同一标志的内部结构资料排列起来，可以反映总体内部结构的变化。可以将社会经济现象总体按照某个标志分成若干组成部分，并计算总体内部各组成部分占总体的比重，以揭示总体内部的构成，表明部分与总体、部分与部分之间的关系。

（4）可以揭示现象之间的依存关系。一切社会经济现象都不是孤立存在的，而是互相联系、互相依存、互相制约的。例如，工业企业中，劳动生产率与利润的依存关系；商业企业中，商品销售额与流通费用的关系；人口统计中，吸烟者与肺癌患者的关系等都可以通过分组来解释。

例如，观察企业的生产成本与利润的关系，是将企业按成本水平的高低进行分组，计算每组企业相应的利润。又如观察商品销售额与商品流通费用的依存关系，可以将商店按商品销售额进行分组，计算每组相应的商品流通费用。

（三）统计分组的方法

1. 统计分组的原则

（1）要强调统计分组的科学性，即统计分组一定要根据统计研究的目的进行，突出社会经济现象在各个方面存在的差异。这主要通过正确地选择分组标志和划定分组界限来实现。

（2）统计分组要具备完整性，就是指总体中任何一个单位或任何一个原始数据都能归属于某一组，而不会遗漏在外。例如，将职工人数进行分组时，只分"国有单位"和"城镇集体单位"两组就是不完备的，因为还有一些合营单位、外资经营单位等不能归入上述两组中，所以还必须再增加一组"其他单位"，才能完备。

（3）要使组与组之间具有互斥性，或称不相容性。就是说，任一总体单位或任一原始数据，在一种统计中只能归属于某一个组，而不能归属于两个或两个以上的组。例如将企业或单位划分为物质生产部和非物质生产部门，或者划分为第一产业、第二产业、第三产业。

2. 统计分组标志的选择和分组界限的划分

统计分组的方法要解决的问题有：划分分组标志的选择和划分各组界限、品质标志分组法与数量标志分组法、简单分组和复合分组等。

（1）分组标志的选择和分组界限的划分。统计分组的关键问题是正确地选择分组标志与划分各组界限。分组标志是指确定现象将总体划分为各个不同性质的组、类的标准或依据，选择的正确与否，关系到能否正确地反映总体的性质特征，实现统计研究的目的任务。分组标志一经选定，必须突出现象总体在此标志下的性质差异，掩盖总体在其他标志下的差异。正确地选择分组标志是保证统计分组科学性的前提。要想正确地选择分组标志，首先要根据统计研究的目的选择分组标志。例如，同一工人总体，如果研究的目的是分析工人的文化素质或业务素质的高低，应把工人的文化程度或技术水平等级作为分组标志，观察具有大学、中学、小学、文盲等文化程度，或具有不同技术等级的工人人数各占多少；如果研究的目的是分析工人的劳动能力状况，就应选用其他标志作为分组标志。其次，要选择能够反映事物本质或主要特征的标志作为分组标志。例如，研究职工生活水平的高低情况，可以把职工的工资水平（包括奖金）作为分组标志，也可以把职工家庭成员平均收入水平作为分组标志；通过分析，我们认为只能选用按家庭成员计算的人均收入水平作为分组标志。最后，要根据现象的历史条件即经济条件选择分组标志。例如，前面讲到研究职工生活水平问题，现在要分出来职工生活困难户一组。那么什么是困难户的标准呢？当然要根据现在的实际情况确定，而不能以 20 世纪 50 年代或 60 年代，以及 70 年代的职工生活水平为分组的标准。

分组标志确定之后，还要划分分组界限，即在分组标志的变异范围内，划定各相邻组间的性质界限和数量界限。确定分组界限的原则是：将不同类的单位归入不同的组，每一个单位只能归入一组。

（2）按品质标志进行分组和按数量标志进行分组。按品质标志进行分组就是用反映事物的属性、性质的标志进行分组。品质分组有的比较简单，即分组标志一经确定，组名称和组数也就确定了，不存在组与组之间界限区分的困难。例如工业企业按经济类型进行分组，职工按性别、民族、文化程度等标志进行分组。按品质标志进行分组往往情况复杂，类别繁多。

3.统计分组的种类

（1）根据分组标志性质的不同划分

①按品质标志进行分组。按品质标志进行分组就是把反映事物属性的标志作为分组标志。它可以将总体单位划分为若干性质不同的组成部分。例如，职工按性别、文化程度、技术等级、籍贯等标志就进行分组，企业按经济类型、轻重工业、企业规模等标志进行分组等。

②按数量标志进行分组。按数量标志进行分组就是把反映事物数量差异的标志作为分组标志，将总体各单位划分为若干个组。比如，按家庭人口数对居民家庭进行分组，按学习成绩将学生划分为成绩不同的组。

（2）根据分组标志个数的不同分为两种

①简单分组。简单分组是指按一个标志进行分组，只反映总体某一方面的数量状态和结构特征。比如职工按性别进行分组，企业按经济类型进行分组等。

②复合分组。复合分组是指按两个或两个以上标志重叠进行分组，即先按一个主要标志进行分组，然后再按另一个从属标志在已分好的各组中分组。比如，人口按性别先做简单分组，分为男、女两组后，再按受教育程度分为大学文化程度、中学文化程度等组，复合分组能对总体做出更加全面和深入的分析，更能反映其内部类型和结构特征。但复合分组的组数将随着分组标志个数的增加而成倍地增加。因此，在进行复合分组时，分组标志个数不宜过多，要适当加以控制。

4.统计分组体系

（1）统计分组体系的概念

统计分组体系是根据统计分析的要求，通过对同一总体进行多种不同的分组而形成的一种相互联系、相互补充，从多方面反映总体内部关系的分组体系，在统计分析中，不论是简单分组，还是复合分组，都只能从一个方面或几个方面对客观现象进行研究分析，不能说明现象的全貌；而统计分组体系则从不同的角度来对总体进行系统、全面的观察分析，它适用于对复杂现象总体的系统研究。

（2）统计分组体系的种类

统计分组体系分为平行分组体系和复合分组体系两种。

①平行分组体系。平行分组体系是对总体采用两个或两个以上标志分别进行简单分组。例如，对大学生总体的研究，可以采用以下平行分组体系：

大学生总体

按学历分组

       本科

       专科

按性别分组

       男学生

       女学生

按学科性质分组

       文科

       理科

②复合分组体系。复合分组体系是对总体同时选择两个或两个以上的分组标志重叠起来进行分组。

例如，上述列举的对大学生总体的研究，可先按学历进行分组，再按学科性质进行分组，最后按性别进行分组，形成如图 4-1 所示的复合分组体系。

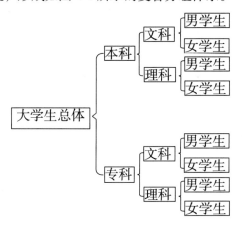

图 4-1　复合分组体系

（四）分配数列

1. 分配数列的概念

将总体按某一标志进行分组，并按一定顺序排列出每组的总体单位数，所得到的数列被称为分配数列，又称次数分配或次数分布。在分配数列中，分布在各组的总体单位数叫作次数，又称频数。各组次数与总次数之比被称为比率，又称频率。由此可见，分配数列有两个组成要素：一个是分组，另一个是次数或频率。分配数列是统计整理的结果，是进行统计描述和统计分析的重要方法。它可以表明总体分布特征及内部结构情况，并可以据此研究总体单位某一标志的平均水平及其变动的规律性。

2. 分配数列的种类

分配数列根据分组标志的性质不同，可以分为品质数列与变量数列。

（1）品质数列

品质数列是按品质标志进行分组形成的用来观察总体中不同属性的单位分布情况的数列。品质数列的编制比较简单，但要注意在分组时，应包括分组标志的所有表现，不能有遗漏，各种表现要互相独立，不得相融。

（2）变量数列

变量数列是按数量标志进行分组形成的用来观察总体中不同变量值在各组的分布情况的数列。变量分为离散型变量和连续型变量。对这两类变量，在编制变量数列时，使用的方法是不相同的：连续型变量一般只能按组距式进行分组，即以变量值的一定变动范围为一组，编制组距式变量数列；离散型变量一般按单项式进行分组，即将每个变量值作为一组，编制单项式变量数列。但在实际应用时，如果连续型变量的变量值数目不多，数值变动幅度不大，就可以编制单项式变量数列；如果离散型变量的变量值数目很多，又无法一一列举，就可以编制组距式变量数列。

在组距式变量数列中，需要明确以下各要素：

（1）组限

组距式变量数列中，各组的界限被称为组限。组限分为上限和下限。下限是每组最小的标志值，上限是每组最大的标志值。如果各组的组限都齐全，则称其为闭口组；若组限不齐全，即最小组缺下限或最大组缺上限，则称其为开口组。

①划分连续型变量组限时，要遵循"重叠分组"和"上限不在内"原则，每组变量值都以下限为起点，以上限为极限，但不包括上限。

②划分高散型变量组限时，相邻组的上下限应当间断，但在实际中为求简便也可采用"重叠分组"。此外，当变量出现极大值或极小值时，可采用开口组，即用 ×× 以下或 ×× 以上表示。

（2）组距

每组下限与上限之间的距离被称为组距。

组距 = 上限 / 下限

组距式变量数列，有等组距数列、不等组距数列、开口式组距数列和封口式组距数列四种。等距变量数列，是指标志值的变动在各组之间的变动是相等的。等距变量数列适用于现象变动比较均匀的情况，如收入水平分组、单位面积农产品产量分组等。但在现象变动不均匀或是为了特定的研究目的时，常常采用不等距分组，编制不等距变量数列，如人口的年龄分组就常采用不等距分组。不等距变量数列中，可以用次数密度来反映各组实际次数的分布情况。

次数密度 = 次数 / 组距

（3）组中值

每组下限与上限之间的中点数值被称为组中值。

组中值 = 上限 / 下限 ÷2

开口组的组中值计算公式为：

缺下限组的组中值 = 该组上限 - 相邻组组距 /2

缺上限组的组中值 = 该组下限 + 相邻组组距 /2

组距式分组掩盖了各组标志值的分布情况，为了反映各组标志值的一般水平，通常把组中值作为各组的代表值。利用组中值的前提是：假定各组变量值的分布是均匀的或对称的。但在实际工作中大多数资料并非如此，因此，组中值作为各组的代表值只是一个近似值。

3. 变量数列的编制

对于品质数列来讲，如果分组标志选择得好，分组标准定得恰当，则事物性质的差异表现得就比较明确，总体中各组也容易划分。在编制品质数列时，只要按规定的分组标准将总体单位按组归类、整理即可。品质数列一般来说比较稳定，通常能准确地反映总体的分布特征。在这里我们只对变量分配数列的编制做重点介绍。

（1）单项式数列的编制

在编制单项式数列时，一般首先将调查所得资料按照数值由小到大的顺序排列；然后确定各组的变量值和组数，一般有多少个变量值就有多少组；最后汇总出各变量值出现的次数，编制单项式数列。由于单项式数列每组只有一个变量值，各组之间界限划分也非常明确，因此编制出的数列也很稳定。

（2）组距式变量数列的编制

①计算全距

将总体各单位标志值由小到大进行排列，找出最大标志值与最小标志值，二者之差就是全距，也称其为极差。上例中全距 =139–107=32(件)。

②确定组数和组距

组距和组数的确定是编制变量数列必须要解决的问题。在同一变量数列中，组数与组距相互制约，组距的大小与组数的多少成反比，组距越大，组数越少；组距越小，组数越多。

编制组距数列时，确定组距和组数，具有重要意义。一般应遵循以下原则：是要考虑各组的划分是否能区分总体内部各个组成部分的性质差别。如果不能反映各部分性质的差异，则必须重新进行分组。二是组数与组距的确定，应力求符合现象的实际情况，要能准确地、清晰地反映总体单位的分布特征。两者谁先被确定，应视具体情况进行全面考虑。如果先确定组距，除考虑上述要求外，还要充分考虑原始资料分配的集中程度或集中趋势，以及组内的同质性、组间的差异性。一般来讲，组数确定为 5~7 为宜。

在编制组距数列时，既可进行等组距分组，又可进行不等组距即异距分组。在总体单位的标志值变动比较均匀的情况下，可采用等组距分组，如上面提到的工人日加工零件数；当总体单位的标志值变动不是很均匀，出现急剧的增长或急剧的下降，波动的幅度很大时，一般采用不等组距分组。大多数的不等距分组是根据事物性质的数量界限来确定组距的，如工业统计中按职工人数进行分组来观察企业单位数、总产量、利润额等指标的分布情况。一般采用等距分组方式较多，因为等距分组便于各组单位数的比较和其他有关的统计分析。在等组距分组条件下，组距按下式来确定：

组距 = 全距 / 组数

上式中全距是既定的，而组数和组距是可变的。一般而言，组距尽可能取 5 或 10 的整数倍数，而组数则必须是整数。

③确定组限和组中值

当组距和组数确定之后，只需划定各组数量界限便可编制组距数列。由于变量有离散变量和连续变量两种，因此相邻两个数值之间没有中间数值，因此，各组的上下限都可以用确定的数值（整数）来表示。例如，工业企业按工人数进行分组可表示为：500~999 人、1000~1999 人、2000-2999 人等。

确定组限要考虑以下三点：

（1）最小组的下限（起点值）可以略低于最小变量值，最大组的上限（终点值）可以略高于最大变量值；

（2）如果组距是 5、10，则每组的下限最好是它的倍数；

（3）组限的具体表示方法，应视变量的性质而定。

④归类汇总并计算各组次数和组中值

所谓归类汇总，是指依据各个总体单位的具体标志值，将其划入某一具体组中。在归类汇总时，要遵循"不重复，不遗漏"的基本原则。对于重叠设置的组距数列，应注意处理好恰好是组限的标志值的总体单位的归类问题，按"上组限不在内"原则进行处理。归类汇总后，可计算各组的次数或比率。各组次数的加总之和等于总次数，各组比率之和等于 1 或 100%。

从组距式变量数列中可以看到，50 名工人日加工零件数主要集中在 115~129 件，占 64%。在某一变量数列中标志值构成的数列表示标志值的变动幅度，而频数构成的数列则表示相应标志值的作用程度。频数越大则相应组的标志值对全体标志水平所起的作用也越大；反之，则相应组的标志值所起的作用越小。因此，在整理和分析时，不但要注意各组标志值的变动范围，而且要注意各组标志值的作用大小，即频数的大小。将各组单位数和总体单位数进行相比，既可以表明各组标志值出现的频率的大小，又可以表明各组标志值对总体的相对作用程度。按顺序列出各组标志值的范围（或以各组组中值来代表）和相应的频率形成的次数分布，又称统计分布。任何一个分布都必然满足：各组的频率大于 0，各组的频率总和等于 1（或 100%）。

次数分布是统计描述的一种重要方法，在自然或社会现象中，有许多变量分布是属于正态分布的。例如，人的体重、身高、单位土地面积的农产品产量等，这类分布以标志变量的平均值为中心，沿着对称轴向两边发展，越接近中心，分配的次数越多，越远离中心，分配的次数越少，形成"两头小，中间大"的钟形的分布曲线。

还有一种社会现象的分布和正态分布相反，沿"两头大，中间小"的形式发展，呈"U"字形。如人口的死亡率，按年龄分布：0~4 岁，特别是未满 1 岁的婴儿，死亡率最高，从5 岁起死亡率逐渐下降；至 10~14 岁，达到最低水平；从 15 岁起又缓慢上升；50 岁以后上升显著增快；到 60 岁以后又达到最高水平。

在研究次数分布时，常常还需要编制累计频数数列和累计频率数列。其方法通常是首先列出各组的组限，然后依次累计到本组为止的各组频数，求得累计频数。累计频数除以频数总和即为累计频率。

累计频数和累计频率的意义是很明显的。当我们关心的是标志值比较低的现象的次数分布情况时，通常向上累计，以表明在这些数值以下的所有数值所占的比重。当我们所关心的是标志值比较高的现象的次数分布情况时，通常向下累计，以表明在这些数值以上的所有数值所占的比重。

由此可见，累计频数和累计频率可以更简便地概括总体各单位的分布特征。

（五）统计资料的汇总

统计资料汇总的任务在于确定各组的单位数和确定各组的标志值总量。汇总的方法主要有两种：手工汇总和电子计算机汇总。

1. 手工汇总

手工汇总即使用算盘、计算器等简单工具，按资料整理的要求汇总出总体的数值，并进行有关运算。手工汇总的方式主要有划记法、过录法、折叠法和卡片法。

（1）划记法

划记法是用点、线或其他符号计算各组和总体单位数的方法。常用的符号有"正"字等，划记法简便、易行，但容易出现漏错，只适用于总体单位不太多的情况。

（2）过录法

过录法是将分散的原始资料过录到预先设计好的整理表中，并计算出各种合计数，然后再填到综合统计表上去。此法汇总的内容比较全面，但工作量比较大。

（3）折叠法

折叠法是将所有调查表需要汇总的项目及其数值全部折在边上，一张接一张地登在一起直接加总。此法简单、易行，报表汇总中常用此法，但汇总时必须细致。

（4）卡片法

卡片法就是一个调查单位用一张卡片，将这个单位的有关资料全部摘录在卡片上，利用卡片作为分组计数的工具，来汇总总体单位数和标志值。此法比较准确、可靠，但比较费工、费时。

由此可见，手工汇总的特点是所需工具较少，使用方便，因而被人们广泛采用，即使在电子计算机广泛应用的今天，手工处理统计资料仍有一定的必要性。

2. 电子计算机汇总

利用现代电子计算技术进行统计汇总和计算工作，是统计汇总技术的新发展，也是统计现代化的一个重要标志。运用计算机汇总大致分为以下五个步骤：

（1）编程序

计算机进行汇总和计算的过程就是执行一条条指令（即程序）的过程。汇总需要进行哪些分组，需要计算哪些指标，编印什么表式，均要根据任务和要求把程序设计语言翻译成计算机可执行的目标程序——计算机"认识"的语言。规范化的汇总程序可存储起来，多次使用。一般称这种编好备用的计算机程序为软件包（如 SPSS、SAS、LOTUS、TSP 等），计算机再按照所编程序进行活动。

（2）编码

编码就是把表示信息的某种符号体系转换成便于计算机或人能够识别和处理的另一种符号体系的过程，汇总的信息有数字信息和文字信息两种。编码是将文字信息转化为数字信息的过程。如对需要进行的分组和指标名称编一套适当的号码。

（3）数据录入

数据录入就是把经过编码后的数据和实际数字由录入人员通过录入设备记载到存储介质上（如磁带、磁盘），由计算机通过本身的装置把这些数据转变成机器可识别的电磁信号。

（4）数据编辑

数据编辑就是按照事先规定的一套编辑规则由计算机对自动输入的数据进行检查。将误差超过允许范围的一组数据退回去，重新审查更正，把在允许范围以内的个别误差按编辑程序规则进行更正。

（5）计算与制表打印

计算机根据事先编好的程序，对编辑检查更正后的数据进行计算和制表，得出所需的各种统计表（分组表、排序表等），并通过输出设备按规定的表格和图形形式打印出结果。

五、统计表和统计图

（一）统计表

统计调查得来的大量原始资料，经过汇总整理之后，按照规定的要求填在相应的表格内，这种填有统计资料的表格叫作统计表。

统计表对表现统计资料具有重要的作用：一是它能够把说明总体单位特征的原始资料

过渡为综合反映总体数量特征的表格资料,使统计资料的表现条理化、系统化和标准化;二是它能够科学、合理地组织统计资料,便于人们比较对照、分析研究现象的规模、速度和比例关系。

1. 统计表的结构

统计表的结构,可从表形式结构和内容结构两个方面来认识。

(1)表形式结构

从统计表的形式来看,统计表由总标题、横行标题、纵栏标题、数字资料四部分构成。

①总标题:是统计表的名称,用以概括表中统计资料的主要内容,一般写在表的上端正中。

②横行标题:是统计表所要说明的对象,也就是表明研究总体及其各组的名称,反映总体单位的分组情况,一般写在表的左方。

③纵栏标题:是分组标志或表明总体特征的统计指标的名称,说明纵栏所列的各项资料的内容,一般写在表的上方。

④数字资料:也称指标数值,是统计表的具体内容,每一项指标数值都由相应的横行标题和纵栏标题加以限定。

(2)表内容结构

从统计表的内容来看,统计表包括主词和宾词两个部分。

主词是统计表所要说明的总体以及总体的各单位、各组的名称,或者各个时期,一般放在表的横行位置。

宾词是统计表用来说明主词的各个指标,包括指标名称、单位及指标数值,一般放在表的纵栏位置。主词和宾词不是固定不变的,而是可以互换的,特别是主词的分组太多时,往往将一些分组移到宾词栏中,这由统计表的设计而定。

2. 统计表的种类

统计表的种类可根据主词结构和宾词设计来确定。

(1)统计表按主词划分

统计表按主词不同可分为简单表、分组表和复合表三种,

①简单表

简单表是主词未经任何分组的统计表,仅罗列总体各个单位名称,或按时间排列,或按地区排列的表格。

②分组表

分组表是主词按一个标志进行分组的统计表。分组表的应用十分广泛,针对简单表的局限性,可起到如下作用:区分事物的类型,揭示现象的不同特征,研究总体的内部构成,分析现象之间的依存关系。

③复合表

复合表是主词按两个或两个以上标志进行重叠分组而形成的统计表。其作用在于多角

度地对总体进行观察、分析，能比较深入、细致地说明问题。

这里所说的简单表、分组表和复合表，是按同一个原始资料设计的，请注意它们之间的联系，特别是指标计算上的联系。

（2）统计表按宾词设计进行划分

统计表按宾词设计的繁简程度可以分为宾词不分组设计的统计表、宾词简单分组设计的统计表和宾词复合设计的统计表三种。

①宾词不分组设计的统计表，是宾词各指标根据说明问题的主次先后顺序排列，保持各指标之间一定的逻辑关系。

②宾词简单分组设计的统计表，是统计指标从不同角度分别按某一个标志分组，各种分组平行排列。这时，宾词的栏数等于各种分组的组数之和。

③宾词复合设计的统计表，是统计指标同时有层次地按两个或两个以上标志进行分组，各种分组重叠在一起。这时，宾词的栏数等于各种分组的组数连乘积。

统计表的主词分组和宾词分组，在意义上是有区别的。主词分组的结果形成统计总体的许多组成部分。它们是需要用统计指标（宾词）来描述和表现的。宾词分组的结果并不增加统计总体的组成部分，仅仅是比较详细地描述总体已有的各个部分。也就是说，主词分组具有独立的意义，而宾词分组仅从属于主词的要求，是为描述主词的数量特征而考虑的。

3. 统计表的编制规则

统计表设计总的要求是"简单明了，便于比较"。

统计表设计，应根据研究目的选择最优的设计方案，设计时，要讲究表式的行列比例、美观、实用。

为使统计表的设计合理、科学、实用、简明、美观，编制统计表时，应注意以下七个方面：

①统计表的各种标题，特别是总标题的表达，应该十分简明、确切，能够概括地反映出统计表的基本内容，总标题还应该标明资料所属的时间和空间。

②统计表的左右两端在习惯上均不面线，采用开口式。

③如果统计表的栏数较多，通常要加编号，主词和计量单位等栏，用（甲）（乙）（丙）等文字标明；宾词指标各栏，用（1）（2）（3）等数字编号标明。各栏之间若有计算关系，可以用数字符号表示。如（3）=（2）×（1），表示第（3）栏等于第（2）栏乘以第（1）栏。

④表中数字应该填写整齐，对准位数。当数字为0或因数小可忽略不计时，要写上0；当缺乏某项资料时，用符号"…"表示；不应有数字时用符号"-"表示。

⑤表中的横行"合计"，一般列在最后一行（或最前一行），表中纵栏的"合计"一般列在最前一栏。

⑥统计表中必须注明数字资料的计量单位，当表中只有一种计量单位时，可以把它写在表头的右上方，如标注"单位：万元"的字样。如果表中需要分别注明不同的单位，横

行的计量单位可以专设一栏；纵栏的计量单位，要与纵栏标题写在一起，用小字标写。

⑦必要时，统计表应加注说明或注解。例如，某些指标有特殊的计算口径，某些资料只包括一部分地区，某些数字是由估算来插补的，这些都要加以说明。此外还要注明统计资料的来源，以便查考。说明或注解一般写在表的下端。

编制实用、美观的统计表，关键在于实践，只有经常观察、揣摩并动手绘制，才能熟练掌握。

（二）统计图

1. 统计图的概念

统计图是利用几何图形或具体形象来表现统计资料的一种形式。由于用统计图来表现统计资料，具有鲜明醒目、富于表现力、易于理解的特点，因而绘制统计图是统计整理的重要内容之一。

统计图可以表明现象的规模、水平、结构、对比关系、依存关系、发展趋势和分布状况，有利于进行统计分析和研究。目前主要利用 Excel 绘制统计图。

2. 统计图的种类

常用的统计图主要有几何图、象形图、统计地图等。

几何图是利用几何中的图和线来表现统计资料的图形。几何图包括条形图、平面图、曲线图等。

（1）条形图。条形图是用宽度相等、高度或长短不同的条形来表示现象之间对比关系的统计图。

（2）平面图。平面图是以几何图形的面积来表示统计指标数值大小的一种图形。它可以用来比较同类指标的大小，说明总体结构。平面图有 IE 方形面积图和圆形图两种。

①正方形面积图是以正方形面积的大小来表示统计指标数值大小的图形。在绘图时需将各个指标数值开方求得边长，再按放大或缩小比例绘制出相应的若干个正方形面积图进行比较。

②圆形图是以圆形面积或以圆内各扇形面积的大小来表示指标数值大小的图形。

（3）曲线图。曲线图是用曲线的升降来表示数值大小和发展变化的图形。曲线图分为动态曲线图和分配曲线图。

①动态曲线图是反映不同时期发展水平变动的图形，从曲线的倾斜度还可以看出发展速度的快慢。

②分配曲线图是用曲线的升降起伏，来反映总体单位在总体各组中的分配情况及次数分配变化规律的图形。分配曲线图也叫次数分布图，是分配数列的图形表示法。

第三节　综合指标

一、总量指标的意义

总量指标是指反映社会经济现象总体的规模和水平的统计指标,是最基本的统计指标。它用绝对数的形式表现,因此又称绝对数。总量指标数值的大小随总体范围的大小而增加或减少,总体范围大,指标数值就大;总体范围小,指标数值就小。有时总量指标也表现为同一总体在不同的时间、空间条件下的差数。

总量指标是最基本的综合指标。其数值的大小与总体范围成正比,属于统计指标中的外延指标,即数量指标。

在社会经济统计中,总量指标具有重要的作用。

1. 总量指标是认识现象的起点

认识社会经济现象、了解现象的基本情况一般先从总量开始。例如,要了解内蒙古自治区文化事业的基本情况,通过下列总量指标进行了解即可:年末全区共有艺术事业机构147 个,从业人员 5641 人,艺术表演团体 108 个;拥有各类电影放映单位 786 个,文化馆 102 座,公共图书馆 110 座,博物馆 35 座,档案馆 140 座,已开放各类档案 154 万卷,广播电台 13 座,有线电视用户 260 万户;全年出版报纸 26185 万份,出版各类期刊 1260万册,出版图书 5946 万册。同时,总量指标也是计算其他指标的基础,相对指标和平均指标都是以总量指标为基础派生的指标。

2. 总量指标是实现宏观经济调控和企业经营管理的基本指标

在社会主义市场经济条件下,要使国民经济协调发展,就要对经济运行实行宏观调控;要使企业生产经营活动正常进行,就要实行科学的管理。这就需要掌握宏观经济和微观经济运行的环境、条件、投入、产出等各方面的数量状况,研究各方面的数量关系。总量指标可以反映这些现象的数量,为经济管理提供依据。

3. 总量指标是计算相对指标和平均指标的基础

由于相对指标和平均指标都是在总量指标的基础上派生出来的,所以总量指标的计算结果正确与否,会直接影响到相对指标和平均指标的计算结果。

二、总量指标的种类

1. 总量指标按反映的总体内容进行划分

总量指标按反映的总体内容，分为总体单位总量和总体标志总量。

总体单位总量即总体单位数，是由每个总体单位加总得到的，简称为单位总量。总体标志总量即总体各单位数量标志值之和，是由总体单位的某一数量标志值加总得到的，简称为标志总量。例如，研究某地区的工业企业职工工资情况，"职工人数"为总体单位总量，"工资总额"为总体标志总量。在计算和运用总体标志总量指标时应注意，有些总体单位标志值加总的结果不是具有实际意义的标志总量指标，而是在计算其他分析指标时运用。例如，将每个人的年龄加总所得的结果并不具有实际内容，只能在计算人口总体平均年龄时使用。一个总量指标是单位总量还是标志总量不是固定不变的，而是随研究目的和研究对象的不同而发生变化的。例如，研究全国工业企业的情况，每个工业企业为总体单位，工业部门的"职工人数"是各工业企业的职工人数之和，为总体标志总量；若研究工业企业的职工情况，则每个职工为总体单位，全国工业部门的"职工人数"就变为了总体单位总量。在一个特定总体内，总体单位总量只有一个，但可以同时并存若干个总体标志总量，从而产生一系列指标。

2. 总量指标按反映的时间状态进行划分

总量指标按反映的时间状态，分为时期指标和时点指标。

时期指标表明社会经济现象总体在一段时间内发展过程的总结果。例如，国民生产总值、工资总额、商品销售额等都是时期指标。时点指标表明社会经济现象总体在某一时刻（瞬间）的数量状况。例如，年末人口数、商品库存量、牲畜存栏数等都是时点指标。时期指标与时点指标有不同的特点。

（1）时期指标的特点

①不同时期的指标数值具有可加性，相加后表示较长时期内现象的总的发展水平。例如，将一年内十二个月的某产品产量相加就得到了全年该产品产量。

②时期指标数值大小与包含的时期长短有直接关系，一般情况下，包含时期越长，指标数值越大；时期越短，指标数值越小。

③时期指标数值是连续登记、累计的结果。例如，月产量是对每天的生产量进行登记后累计得到的，年产量是由十二个月的产量累计得到的。

（2）时点指标的特点

①不同时点的指标数值不具有可加性，即相加后不具有实际意义。

②时点指标的数值大小与其时间间隔（两个不同时点的指标之间的时间距离）长短没有直接关系，例如，某年某种商品库存量1月1日12500吨，4月30日3700吨，12月

31 日 2300 吨，4 月 30 日至 12 月 31 日相隔 8 个月，其指标数值却减少了，这是因为时点指标数值是现象发展变化差异的结果。

③时点指标数值是间断计数的，因为不可能对每一时点（瞬间）的数量都进行登记，所以通常隔一段时间登记一次。

3. 总量指标按表现形态进行划分

总量指标按其表现形态，分为实物指标和价值指标。

①实物指标表明现象总体的使用价值总量。其主要特点是能直接反映产品的使用价值或现象的具体内容，因而能够具体地表明事物的规模和水平。但是，实物指标有局限性，缺乏对不同类商品或产品的综合性能。不同类实物的使用价值不同、内容性质不同，无法按实物单位进行直接汇总，因此，不能用来反映现象的总规模、总水平。如企业生产不同产品的总成果，则不同商品的总销售量，不能用某一种实物单位来反映，必须借助货币单位来解决。

②价值指标表明现象总体的价值总量，又称为货币指标，因为它是以货币单位计算的，其最大特点在于代表一定的社会劳动量，因此具有最广泛的综合性能和概括能力，用途非常广泛。但它也有局限性，当它脱离物质内容时，比较抽象，有时不能准确地反映实际情况。在实际工作中，只有实物指标和价值指标综合运用，才能比较全面地认识问题。

三、总量指标的计算

1. 总量指标的计量单位

（1）总量指标所使用的计量单位有：实物单位、劳动单位和货币单位。

实物单位包括自然单位、度量衡单位、双重单位、复合单位和标准计量单位。自然单位是指根据事物的自然属性来计量的单位，如人口以人为单位、汽车以辆为单位、机器以台为单位等，就是采用的自然单位；度量衡单位就是按照统一的度量衡制度来度量客观事物的计量单位，如粮食以吨或千克、钢以吨、棉布以米等为计量单位；双重单位是指同时采用两种计量单位来表明某一事物的数量，如电动机可以用台表示，也可以用千瓦表示，同时用台和千瓦表示（台／千瓦）就是双重单位；复合单位是指两种计量单位综合使用时的单位，如货物周转量以"吨公里"为单位，发电量以"千瓦时"为单位等；标准计量单位是指按照统一折算的标准来度量被研究现象的一种计量单位，在计算产品产量时，往往需要采用标准计量单位计量，如将发气量不同的电石产量统一折算为每千克发气量为 300公升的电石产量，将含热量不同的煤产量统一折合为每千克发热量为 7000 大卡的煤产量等。

（2）劳动单位是指劳动力资源及其利用状况所用的计量单位，是一种复合单位，如工日、工时等。工业部门的定额工时产量，就是用劳动单位来计量生产成果的典型实例。

（3）货面单位是指用货币作为价值尺度来计量物质财富或劳动成果的一种计量单位，如工农业总产值、国民收入、商品销售额、工资额等都是以货币单位计量的。

2. 计算总量指标的原则

总量指标的计算方法有两种：一种是根据统计调查登记的资料进行汇总，另一种是根据社会经济现象之间的各种关系进行推算。根据统计调查资料汇总计算总量指标，应遵循以下原则：

（1）科学性

必须以科学的理论来确定总量指标的含义、范围和计算方法，使之建立在科学的基础上。

（2）可比性

计算总量指标应注意历史条件变化对指标内容和范围的影响，使同时期的总量指标具有可比性或便于调整使之可比。

（3）统一性

计算总量指标时只有注意计算口径、计算方法和计量单位的统一，才能进行汇总计算，便于对比研究。

四、相对指标

总量指标是用绝对数形式表示的一些统计数，可用来反映一定时期、一定范围内某种社会经济现象的总体规模。但是，在进行经济分析时，总量指标并不能说明一个企业成绩的好坏、潜力的大小以及计划是否完成、完成程度究竟如何等。要说明这些问题，就必须计算相对指标。

1. 相对指标的意义及表现形式

相对指标是将两个有联系的统计指标进行对比求得的商数或比例。它以相对数形式来表示，也被称作相对数指标或相对数。相对指标被用以反映现象总体内部的结构、比例、发展速度或彼此之间的对比关系，如人口密度、人口的性别比例、商品流转速度等。相对指标把两个具体数值抽象化，使人们对现象之间所存在的固有联系有较为深刻的认识。它在社会经济领域中广泛存在着。借助相对指标对现象进行对比分析，是统计分析的基本方法。

相对指标在统计分析中的作用主要表现在两个方面：一是相对指标赋予了人们判断和鉴别事物的能力，使人们能一目了然地看出差别和程度。例如，某企业 2015 年某产品计划完成程度为 85%，这是一个相对指标，人们一眼就可看出该企业产品实际比计划增加了 15%。二是相对指标可以使一些不能直接对比的现象找到共同比较的基础，因为它通过不同指标数值对比，将现象总体数量上的绝对差异抽象化。例如，在两个性质和规模不同的企业之间，它们的总成本、总产量、资金总额、利润总额等总量指标往往是不可比的，只有计算出相对指标才可以进行对比。

相对指标的数值可用有名数和无名数两种形式表现，其表现形式也就是它的计量单位。

（1）有名数主要用于强度相对指标数值的表示。它同时使用计算强度相对指标时的分子和分母指标数值的计量单位，如平均每人分摊的粮食产量用千克／人表示、人口密度用人／平方公里表示等。

（2）无名数是一种抽象化的计量单位，多以系数、倍数、成数、百分数或千分数来表示。系数或倍数是将对比的基数定为 1 计算出来的相对数，两个数字对比，分子数值大于分母数值很多时可用倍数表示，分子数值大于分母数值较少时可用系数表示；成数是将对比的基数定为 10 计算出来的相对数，如粮食产量增产一成，即增长十分之一；百分数是将对比基数定为 100 计算出来的相对数，也是相对指标最常用的一种表现形式；千分数是将对比的基数定为 1000 计算出来的相对数，在分子数值小于分母数值很多的情况下运用，如人口出生率、死亡率、自然增长率等多用千分数来表示。

这里还要对经济分析中经常用到的"百分点"的概念做一点解释。百分点相当于百分数的单位，一个百分点就是指 1%。百分点常用于两个百分数相减的场合。例如，在股票交易市场上，股票价格从 80 元上升到 120 元，就称之为股票价格上升 50 个百分点。因为以 80 为 100%（为起点），120/80=1.5=150%（为终点），则 150%-100%=50%（50 个百分点）。百分点表明对比基准相同的百分数相减之后实际的经济意义，是分析百分数增减变动时不可缺少的一种方法。

2. 相对指标的种类及计算方法

随着统计研究目的的不同，使用不同的对比基准，就会产生不同种类的相对指标。相对指标的种类有：结构相对指标、比例相对指标、比较相对指标、强度相对指标、计划完成程度相对指标和动态相对指标六种。

（1）结构相对指标

结构相对指标是将总体按某一标志进行分组，然后将各组指标数值与总体指标数值对比求得的结果，即通常所说的"比重"，也叫结构相对数，一般采用百分数或倍数来表示，其计算公式为：

结构相对指标 = 各组总量指标数值／总体总量指标数值 × 100%

结构相对指标的分子和分母，可以是总体单位数，也可以是总体的标志数值。结构相对数由于是总体的部分数值与全部数值的对比，所以各部分所占比重之和必须为 1 或 100%。由于结构相对指标是研究总体内各组成部分的分配比重及其变化情况，所以可以深刻认识到各部分的特殊性质及其在总体中所占有的地位和地位的变化。因此，这个指标在社会经济统计分析中，被广泛地应用着。

由此可见，计算各组结构相对指标可以说明该组在总体中的地位和作用；将不同时间的结构相对指标进行对比分析，可以说明总体结构变化的过程。

（2）比例相对指标

比例相对指标是同一总体内不同组成部分的指标数值对比的结果，可以表明总体内部的比例关系，也可以叫作比例相对数。其计算公式为：

比例相对指标＝总体中某部分指标数值／总体中另一部分指标数值

比例相对指标可以用百分数表示，也可以用一比几或几比几的形式表示。例如，我国2015年货物出口总额为14.14万亿元人民币，货物进口总额为10.45万亿元人民币，二者的比例可表示为58：42，也可表示为1.35：1。

分析总体中若干部分的比例关系时可采用连比形式。例如，我国2015年国内生产总值为676708亿元，其中第一产业增加值为60863亿元，第二产业增加值为274278亿元，第三产业增加值为341567亿元，三个产业增加值的比例为100：451：561。比例相对指标的分子分母是可以互换的。

比例相对指标对国民经济宏观调控具有重要意义。利用比例相对指标可以分析国民经济中各种比例关系，调整不合理的比例，促使社会主义市场经济稳步协调发展。

（3）比较相对指标

比较相对指标是同类事物在不同空间条件下的数量对比关系，也就是同一时间不同国家、不同地区、不同单位的同类事物指标数值对比的结果。比较相对指标也可以叫作比较相对数。其计算公式为：

比较相对指标＝某条件下的某类指标数值／另一条件下的同类指标数值

比较相对指标用以反映现象发展的不均衡程度，一般用倍数或百分数表示，有时也可用系数表示。例如，甲班平均成绩为95分，乙班平均成绩为85分，则甲班平均成绩为乙班的平均成绩的112%（=95/85）或1.12倍。也可用乙班平均成绩除以甲班平均成绩，说明乙班平均成绩为甲班平均成绩的89%（=85/95）或0.89。由此可见，比较相对指标的分子和分母可以互换，可以从不同的出发点来说明问题。

比较相对指标可以是绝对数对比，也可以是相对数或平均数对比。由于用总量指标进行对比易受总体规模和条件的影响，其结果不能准确地反映现象发展的本质差异，所以经常采用相对指标或平均指标计算（上例即是）。

运用比较相对指标对不同国家、不同地区、不同单位的同类指标进行对比，有助于揭露矛盾、找出差距、挖掘潜力，促进事物的进一步发展。

（4）强度相对指标

强度相对指标是两个性质不同而又有联系的总量指标进行对比的结果，可以反映现象的强度、密度和普遍程度，也叫作强度相对数。其计算公式为：

强度相对指标＝某一总量指标数值／另一性质不同而有联系的总量指标数值

强度相对指标以名数来表示，是一种复名数，如人口密度单位是"人／平方公里"，人均主要产品产量用"吨／人"。还有些强度相对指标用百分数或千分数表示，如流通费用率用百分数表示，人口死亡率用分数表示。

有些强度相对指标的分子和分母可以互换，形成正指标和逆指标两种计算方法。正指标的数值大小与现象的发展程度或密度成正比，逆指标的数值大小与现象的发展速度或密度成反比。例如，反映卫生事业对居民服务保证程度的指标为：

每千人口的医院床位数 = 医院床位数（张）/ 人口数（千人）（正指标）

其计算结果指标数值越大，居民的医疗保证程度就越高。由于这是从正方向说明问题，因此它是正指标。

如果把分子与分母互换位置，可得：

医院每张床位负担的人口数 = 人口数（千人）/ 医院床位数（逆指标）

其计算结果是指标数值越小，居民的医疗保证程度就越高。由于这是从反方向说明问题的，故其为逆指标，或称反指标。

强度相对指标同其他各种相对指标根本不同的特点，就在于它不是同类现象指标的对比，如以人口数与土地面积对比得到的人口密度指标，以铁路（公路）长度与土地面积对比得到的铁路（公路）密度等均为强度相对指标。另外，某些强度相对指标还具有平均的意义，如主要产品产量与人口数对比得到的每人平均产量，但它又与平均指标不同。因为平均指标是指同一总体内的标志总量与单位总量之比的结果（在下面平均指标中专门讲），而强度相对指标是不同现象的两个数值之比。

强度相对指标是统计中重要的对比分析指标，应用广泛，可以说明一个国家、地区或部门的经济实力或为社会服务的能力，可以反映国民经济和社会发展的基本情况，反映生产条件及公共设施的配备情况，也可以反映经济效益的情况等。

（5）计划完成程度相对指标

计划完成程度相对指标简称计划完成程度指标、计划完成百分比。它是某一时期实际完成的指标数值与计划指标数值对比的结果，被用来检查、监督计划执行情况，一般用分数表示。其基本计算公式为：

计划完成程度相对指标 = 实际完成的指标数值 / 计划指标数值 × 100%

计划完成程度指标的分子是根据实际完成情况进行统计而得的数据，分母是下达的计划指标数值。由于计划数是用来衡量计划完成情况的标准，所以该公式的分子和分母不得互相换位，而且公式的分子和分母在指标含义、计算口径、计算方法、计量单位以及时间长短和空间范围等方面都要保持一致。公式的分子数值减分母数值表明计划执行的绝对效果。例如，某企业 2015 年产品产量计划达到 1500 吨，实际为 1800 吨，则：

产量计划完成程度（%）=1800/1500 × 100%=120%

计算结果表明，该企业超额完成产量计划任务的 20%，实际产量比计划产量增加 300吨。计划数是计算计划完成程度的基数。计划任务数下达的表现形式不同，计划完成程度相对指标就有不同的计算方法。

①计划任务数以绝对数形式出现

当计划任务数以绝对数形式出现时，检查计划完成情况一般分为短期计划完成的检查和长期计划完成（一般为五年）的检查两种。

首先，短期计划完成情况的检查有两种不同算法，来表示其计划完成的不同方面。一是计划数与实际数是同期的，例如月实际数与月计划数对比，说明月度计划执行的结果。二是计划期中某一段实际累计数与全期计划数对比，用以说明计划的执行进度，为阶段工作安排做准备。其计算公式是：

计划完成程度（%）= 累计至本期止完成数 / 全期计划数 ×100%

其次，关于长期计划完成情况的检查。长期计划如五年计划，计划任务的规定有不同的性质。有的任务是按全期应完成的总数规定的。

a. 水平法。制订长期计划时，如果计划指标是以计划期末应达到的水平下达的，则检查计划完成情况就要用水平法，计算公式为：

计划完成程度相对指标 = 计划期末实际达到的水平 / 计划规定期末应达到的水平 ×100%

例如，某企业计划到 2015 年某产品年产量达到 4500 万台，实际完成了 4800 万台，计划完成程度为 106.7%（=4800/4500），说明这种产品超额 6.7% 完成全年计划。

按水平法检查计划执行情况，计算提前完成计划任务的时间，是将连续一年时间（不论是否在一个日历年度，只要连续 12 个月即可）的产量和计划规定最后一年的产量相比较来确定的。如计划规定某产品 2015 年年底产量达到 130 万吨的水平，实际执行的结果从 2014 年 7 月到 2015 年 6 月连续十二个月产量已达到 130 万吨的水平，那么提前完成计划任务的时间为半年或 6 个月。

b. 累计法。凡是计划指标是按计划期内各年的总和规定任务时，或者说，是按计划全期（如五年）提出累计完成量任务时，检查计划完成情况就要用累计法。例如，基建投资额、新增生产能力、造林面积指标等。其计算公式为：

计划完成程度相对指标 = 计划期累积实际完成数 / 计划规计划规定的累计数 ×100%

按累计法检查计划执行情况，将计划全部时间减去自计划执行之日起至累计实际数量已达到计划任务时间，即为提前完成计划的时间。例如，某地区"十二五"时期规定造林面积为 6100 万亩，该地区到 2015 年 7 月 31 日止实际完成造林面积累计已达到 6100 万亩，即提前 5 个月完成造林计划。

②计划任务数以相对数形式出现

在计划工作中，也有用提高或降低百分比来规定计划任务的，如劳动生产率计划提高百分之几，成本水平规定就降低百分之几。

③计划任务数以平均数形式出现

有些情况下，计划任务数是以平均数形式出现的，计算其计划完成程度相对指标直接采用基本公式，用实际数与计划数对比求得。

（6）动态相对指标

动态相对指标也称为发展速度，是某一指标不同时间上的数值对比的结果，说明同类现象不同时间上的发展程度。动态相对指标一般用百分数表示。其计算公式为：

动态相对指标 = 报告期指标数值 / 基期指标数值 × 100%

公式中的基期是作为比较标准的时期；报告期是用来与基期对比的时期，也是人们观察研究的时期。例如，某地区 2015 年自行车的零售量为 231.4 万辆，2014 年为 198.4 万辆，2015 年零售量为 2014 年零售量的 116.6%（ 231.4/198.4 ）。

动态相对指标对分析研究社会经济现象的发展变化过程具有重要意义。

3. 计算和运用相对指标应注意的问题

（1）正确选择作为对比标准的基数

相对指标是通过指标对比来反映现象的联系的，而现象的联系是由现象的性质特点决定的。因此，一个指标究竟应该和哪些指标对比，选择怎样的基数，就必须从现象的性质特点出发，并结合分析研究才能得到反映。不合理的对比基数往往会得出歪曲事实真相的错误结论。

（2）保证两个对比指标的可比性

所谓可比性，就是指两个对比指标比得是否合理，是否符合研究目的要求，对比的结果是否能够确切地说明所研究的问题。只有两个对比指标在经济内容、总体范围、计算方法、计量单位等方面都协调一致，才具有可比性。

（3）必须把相对指标和总量指标结合运用

通过计算相对指标把现象的绝对水平抽象化了，不能说明现象绝对量的差异，因此在进行对比分析时要把相对指标和总量指标结合起来进行分析，既要看到现象的变化程度，又要看到绝对量的变化，从而深刻地认识现象变化的实质。

五、平均指标

平均指标是表明同类社会经济现象一般水平的统计指标，一般用平均数形式表示，因此也被称为平均数。平均指标可以是同一时间的同类社会经济现象的一般水平，被称为静态平均数，也可以是不同时间的同类社会经济现象的一般水平，被称为动态平均数。本章只论述静态平均数，动态平均数将在"动态数列"一章中讲述。

1. 平均指标的意义和作用

（1）平均指标的概念

平均指标是同类总体各单位某一数量标志值在具体时间、地点条件下达到的一般水平，是社会经济统计中广泛应用的一种综合指标。

在社会经济现象总体中，每个单位都有许多数量标志来表明它们的特征，这些特征的数量取值有大有小，差异很大，分布有多有少，参差不齐。但是在同类总体内的各个具体事物现象具有共同的质的规定性，把数量上的差异制约在一定的量中，这样就有可能利用一定的量来代表总体单位数量标志的一般水平。例如，工作人员的工资取决于他的技能、劳动性质、年龄、工龄和各种其他因素，因此，工资水平各种各样。但是，人们仍然可以谈论国民经济所有部门职工工资的平均水平，如 2015 年全国职工平均工资为 63241 元。

平均指标的特点在于它把总体各单位标志值的差异抽象化了；它是一个代表值，用以说明总体的一般水平；它反映了总体分布的集中趋势；它在认识社会经济现象总体数量特征方面有着重要的作用。

（2）平均指标的作用

a. 利用平均指标，可以概括说明总体的一般水平。平均指标是把一个总体内各单位的数量差异抽象化，用一个指标数值来说明总体的一般水平。

b. 利用平均指标，可以对同一现象的不同空间进行对比分析。不同国家、不同地区、不同单位的同类现象的水平，由于总体范围的大小可能不同，通常不能直接进行对比，所以只有通过计算平均指标才能将不可比的现象变为可比，从而反映出现象之间在空间上的差异。

c. 利用平均指标，可以对同一现象进行不同时间的对比。事物总是在不断发展变化的，利用平均指标，可以研究某一总体在时间上的变化，反映总体发展的过程及其发展变化的趋势。例如，改革开放 40 年来我国城镇居民生活水平的提高程度，可以通过这 30 年间职工平均工资在不同时间上的发展趋势或变动规律来揭示；同时还可以通过将现在职工的平均工资水平与改革开放前 30 年间的工资水平进行对比，从中揭示出此间工资水平的差异。

d. 利用平均指标，可以进行数量上的估算。对社会经济现象的总量指标进行数量估算时，可采用科学的方法，利用由某一标志值计算出的平均指标来估算未知总体的平均指标或者估算总体的标志总量。例如，已知某市某区牛奶的人均消费量，可以估算全市牛奶的人均消费量，也可以估算本地区牛奶的消费总量。

e. 利用平均指标可以对社会经济现象进行深入的统计分析研究。平均指标是统计分析的基本指标。在统计分析研究过程中，无论是进行相关分析、趋势分析、指数分析、抽样推断还是预测决策等，都应用了平均指标。例如要分析客观现象之间存在的依存关系，就可以在对现象总体进行分组的基础上，运用平均指标分析现象之间的依存关系。例如，在对企业按车间或班组进行分组的基础上，可以通过计算各组的平均工资水平和各组的平均劳动生产率，来反映平均劳动生产率与平均工资水平之间的依存关系。这方面的问题，将在以后的章节中详述。

平均指标按计算和确定的方法不同，可以把平均数分为数值平均数和位置平均数。根据总体各单位标志值计算的平均数，称其为数值平均数，主要有算术平均数、调和平均数和几何平均数等；根据总体各单位标志值在变量数列中的位置计算的平均数，称其为位置平均数，主要有众数和中位数。

2. 平均指标的种类及计算分析

（1）算术平均数

算术平均数是分析社会经济现象一般水平和典型特征的最基本、最常用的一种平均指标。其基本定义为：总体单位数量标志值之和与总体单位总量之比。其计算公式为：

算术平均数=总体单位数量标志值之和/总体单位总量

在计算算术平均数时，分子与分母必须同属于一个总体，具有一一对应的关系，即有一个总体单位必定有一个标志值与之对应。只有这样计算出的平均指标才能表明总体的一般水平。这一点也正是平均指标与强度相对指标表现出的性质上的差异。强度相对指标是两个有联系的不同总体的总量指标的对比，这两个总量指标没有依附关系，只是在经济内容上存在客观联系。

根据掌握资料的不同，算术平均数有两种计算方法：简单算术平均数和加权算术平均数。

简单算术平均数计算方法简便，但其应用的前提条件是：变量数列中各个变量值出现的次数相同。

（2）加权算术平均数

原始数据经过分组，被编成分配数列，将各组标志值乘以相应的次数，然后加总求和，再除以总次数（总体单位数），所得结果为加权算术平均数，这种方法为加权算术平均法。

当变量值已经分组，且各组变量值出现的次数不同时，必须计算加权算术平均数。

加权算术平均数根据所掌握的分组资料不同，有两种不同的形式：

①单项数列的加权算术平均数。在单项分配数列的条件下，计算加权算术平均数时直接用上面的计算公式即可。

②组距数列的加权算术平均数。如果掌握的资料不是单项分配数列，而是组距分配数列，那么计算平均数的方法与单项数列基本相同，只是需要先计算组中值，用组中值代替各组的标志值再进行计算。

这里需要说明，用组中值代替各组标志值具有假定性，即假定各组内部的标志值分布是均匀的。因此，计算的平均数只是近似值，而不是准确数值。

由上述的计算可知，加权算术平均数受两个因素的影响，一个是分配数列中各组的标志值，另一个是各组标志值出现的次数。当各组标志值确定不变时，各组次数起决定作用。出现次数多的标志值对平均数的影响作用大些，使平均数向其靠拢，出现次数少的标志值对平均数的影响作用小些，使平均数远离该标志值。这就说明各标志值出现次数在计算平均数的过程中起着权衡轻重的作用，所以称其为权数。加权算术平均数也是由此得名的。

权数除用总体各组单位数即频数形式表示外，还可以用比重即频率形式表示。因此，有另一种加权算术平均数的形式，就是将各组的标志值乘以相应的比重然后求和，即得加权算术平均数。

简单算术平均数与加权算术平均数两者之间具有内在联系。加权算术平均数公式是算术平均数的代表公式，简单算术平均数公式只是加权算术平均数公式在各组权数都相等时的一个特例。

计算加权算术平均数时的注意事项：

①权数的引入。通过前面的计算不难发现，简单算术平均数的大小，只受一个因素变量值本身大小的影响，当变量值的水平较高时，平均数就较大；反之，平均数就较小。加权算术平均数的大小，同时受两个因素的影响：一是变量值本身，二是各个变量值出现的次数。

②权数的性质。变量值出现的次数对加权算术平均数的大小起着权衡轻重的作用，均数往往靠近出现次数最多的那个变量值。从上例中可以明显看出，权数大的变量值对平均数的影响大，权数小的变量值对平均数的影响小。

③权数的选择。在计算加权算术平均数时，必须慎重考虑权数的选择。选择权数的原则是：各组的变量值与其出现次数的乘积等于各组的标志总量，并且具有实际的经济意义。一般来说，在变量数列中，变量值出现的次数就是权数。但也有例外的情况，特别是用相对数或平均数计算加权算术平均数时，要特别注意。

④权数的实质。权数对算术平均数的影响，不是取决于权数本身数值的大小，而是取决于权数比重（或称为相对数权数）的大小。权数比重是指作为权数的各组单位数占总体单位数的比重，也叫权数系数。单位数所占比重大的组，其变量值对平均数的影响就大，反之，影响就小。

（3）算术平均数的特点

①算术平均数的计算方法易为人们理解和掌握，它的许多数学性质可使算术平均数的计算更加简便、易行。

②由于算术平均数的计算考虑到标志数列中所有标志值的作用，因此受各个标志值的影响，如果数列中有特别高或特别低的异常标志值，那么平均数的代表性会受到影响，这也是算术平均数的不足之处。

3. 调和平均数

调和平均数是各个标志值倒数的算术平均数的倒数，又被称为倒数平均数。一般有简单调和平均数和加权调和平均数两种形式。

（1）简单调和平均数

简单调和平均数是各个标志值倒数的简单算术平均数的倒数。在各标志值相应的标志总量均为一个单位的情况下求平均数时，应计算简单调和平均数。

（2）加权调和平均数

加权调和平均数是各个标志值倒数的加权算术平均数的倒数。在实际中各标志值相应的标志总量往往是不等的，在这种情况下求平均数时，应计算加权调和平均数。加权调和平均数与加权算术平均数，只在计算形式上不同，其经济内容是一致的，都是反映总体标志总量与总体单位总量的比值。计算平均数时，可以根据所掌握资料的不同，选择加权算术平均数或加权调和平均数。

4. 几何平均数的特点

（1）适用于反映特定现象的平均水平，即现象的总标志值不是各单位标志值的总和，而是各单位标志值的连乘积。对于这一类现象，既不能采用算术平均数，也不能采用调和平均数反映其一般水平。

（2）如果数列中有一个标志值为 0 或负值，就无法计算几何平均数。

（3）几何平均数受极端变量值的影响比算术平均数和调和平均数小。

5. 众数

（1）众数的概念

众数是指总体中出现次数最多的标志值。它是总体中最常遇到的标志值，也是最普遍、最一般的标志值。利用众数也可以表明社会经济现象的一般水平。

在实际工作中，众数应用较为广泛。例如，要说明消费者需要的服装、鞋帽等的普遍尺码，反映集市、贸易市场某种蔬菜的价格等，都可以通过市场调查、分析，了解哪一尺码的成交量最大、哪一个价格的成交量最多，人们的这种一般需求，即为众数。

（2）众数的确定

确定众数，首先要将数据资料进行分组，编制变量数列；然后，根据变量数列的不同种类采用不同的方法。

用下限公式和上限公式计算同一资料得到的结果相同。众数也可以根据各组次数占总体的比重来确定。变量数列中比重最大的标志值为众数。其确定方法与绝对数表示的次数相同，这里不再重述。

众数的计算有一定条件，即如果遇到所有标志值的频数都是一样的分配数列，则不存在众数。在单位数不多或无明显集中趋势的资料中，众数的测定是没有意义的，即无众数。某些场合，不是一个标志值，而是两个标志值具有最大的额数，那就是有两个众数，属于双众数或复众数分配数列。

（3）众数的特点及应用

众数具有以下四个特点：

①由于众数是一种位置平均数，不受各单位标志值的影响，因此作为标志数列的平均水平有不足之处。众数不需要通过全部变量值来计算，因此，它不受极端变量值的影响，增强了作为标志数列一般水平的代表性。

②在组距数列中，因为各组分布的次数受组距大小的影响，所以根据组距数列确定众

数时，要保证各组组距相等。

③若分配数列没有明显的集中趋势，趋于均匀分布，则无众数可言。

④在一个次数分布中有多个众数，称之为多重众数；有两个众数，称之为双重众数。此时说明总体内存在不同性质的事物。

在确定众数时，需要满足以下两个前提：

①总体单位数较多。当总体单位数不多时，虽然可以从中得到一个具有较大频率的数值，但其价值并不一定具有"最普遍值"的意义。

②次数分布具有明显的集中趋势。若数列中各个数据出现的频率都差不多，则所得到的"众数"缺乏代表性。

6. 中位数

（1）中位数的概念

中位数是指将总体各单位标志值按大小顺序排列后，处于数列中间位置的那个标志值。由于它的位置居中，其数值不受极端数值的影响，所以也能表明总体各单位标志值的一般水平。

（2）中位数的确定

根据所掌握资料的不同，中位数的确定方法有两种，即根据未分组资料来确定中位数和根据分组资料来确定中位数。

①根据未分组资料来确定中位数，首先要将掌握的资料，按标志值由大到小或由小到大的顺序进行排列，然后确定中位数的位置，与中位数所在位置相对应的标志值即为中位数。

如果标志值的项数（n）是奇数，那么中间位置的那个标志值，就是中位数。如果标志值的项数（n）是偶数，那么处于中间位置左右两边的标志值的算术平均数，就是中位数。如甲、乙两个班组工人分别为11人和12人，每人日产零件数如下：

甲班组：15，17，19，20，22，22，23，23，25，26，30

乙班组：15，16，17，17，19，20，22，22，23，25，26，28

甲组中位数位次 =(n+1)/2=(11+1)/2=6，则中位数所在的位置为第6位。第6位所对应的标志值，即22就是中位数，它代表了这11位工人平均日产零件的一般水平。

乙组中位数位次 =(n+1)/2=(12+1)/2=6.5，该位次在第6位和第7位次中间，即第6位和第7位工人日产量的算术平均数21[(20+22)/2] 为中位数。

②根据分组资料来确定中位数。

a. 根据单项式数列来确定中位数。单项数列确定中位数时，因资料经过整理已被编制成标志值按大小顺序排列的变量数列，因此可直接用公式来确定中位数的位次，再根据位次用计算累计次数的方法，计算较小制累计次数和较大制累计次数两种。累计次数刚好超过中位数位次的组确定为中位数组，该组的标志值即为中位数。

b. 根据组距式数列来确定中位数。根据组距式数列来确定中位数与单项式数列来确定中位数方法相似，不同的是根据中位数位次及累计次数确定中位数组后，无法得到中位数的准确值，需用公式计算中位数的近似值。

（3）中位数的特点

①中位数是一种位置平均数，除了受数列中间标志值的影响外，不受其他标志值的影响，因此，作为标志值数列的平均水平也有不足之处。但是，如果数列两端有异常标志值，中位数不受其影响，就会增强作为标志值数列一般水平的代表性。

②有些离散性变量的单项数列，当分布偏态时，可能找不到合适的标志值使其上下两边的次数相等。

第四节　统计综合分析

一、统计综合分析的概念

统计是认识社会的最有力的武器之一。认识的根本任务在于认识事物的本质和规律性。然而，社会经济现象是非常复杂的，其存在和发展是以诸种因素相互依存、相互制约、相互联系为条件的。如果只运用一种方法，仅从表面现象认识，或者只从几个指标数值而不是从联系中综合分析，就不能全面深入地认识事物。所以，统计设计、调查搜集需要的材料并整理之后，必须进行综合分析。前面有关章节所讲的统计分析只是就某一方面来阐述某种方法和手段的应用，没有就一个过程、阶段来阐述统计综合分析问题。要完整地了解统计分析，就必须阐述统计综合分析。

统计综合分析，就是指根据分析研究的目的，在实质性科学、正确的指导下运用统计方法，以统计资料为依据，结合具体情况，从定性与定量结合的基础上，对客观事物进行科学分析和综合研究，揭示其本质和规律性，提出解决矛盾的办法的一种逻辑思维活动。它是整个统计工作的一个重要阶段，也是统计工作的最终环节，其好坏直接影响统计的质量。在统计实践中，只有开展统计综合分析，才能更好地发挥统计的作用，为各级领导和有关方面的公众提供有数据、有情况、有分析的资料，为制订计划和进行规划，实行宏观调控，制定有关方针、政策，提供科学依据。

二、统计综合分析的特点

1. 以统计数据为基础，定量与定性分析相结合

统计综合分析是对所研究事物进行剖析，并从有关统计指标数值中研究其联系、差别、矛盾，摆情况、揭矛盾、找措施。所以统计综合分析离不开统计数字。但统计综合分析也

并非单纯的数字罗列，而是将真实的数据与生动的情况相结合，将定量分析与定性分析相结合，综合掌握事物的联系和变化过程，掌握事物量变的关键点、最佳度，综合深入探索事物变化、发展的根本原因，进而提出可行的对策。

2. 统计综合分析的目的在于提出办法，解决问题

分析方法是手段，解决问题是目的。统计综合分析要求对所计算和研究的问题做出周密的分析和正确的判断与评价，进而提出解决问题的方向和办法。所以，统计综合分析绝不只是分析方法的总和，而是认识和研究问题的更高级的分析研究阶段。

3. 综合运用多种分析方法

统计综合分析要认识问题的全貌，掌握现象运动的全过程，就不能只限于运用一种分析方法，必须综合运用多种分析方法；更不能限于运用统计分析方法，而是要运用有关科学，诸如经济计量学、系统工程等分析方法。进行综合分析时要根据研究事物的特点和研究目的，选择符合实际需求的一整套分析方法体系来进行综合分析研究。

上述统计综合分析的概念和特点是针对统计综合分析的实践活动的，在统计学中，不可能具体研究和阐述统计综合分析活动实际的复杂内容。统计学中所阐述的统计综合分析是以统计数据为基础，将定性与定量分析相结合，综合运用多种方法，对事物进行剖析，认识其本质和规律性的方法论。

三、统计综合分析的任务

统计综合分析与整个统计工作的任务是一致的，其主要任务就是"占有资料，加以分析，找出矛盾，提出办法"。它和统计工作的其他阶段的不同之处在于：一是统计综合分析提供的资料不是原始的，而是经过整理、加工、提炼的；二是统计综合分析提供的资料，不但有调查、整理的资料，而且还有形成一定观点的综合分析资料；三是统计综合分析不仅能提出问题、剖析问题、揭示矛盾，还能提出解决矛盾的措施、办法和建议。可见，统计综合分析资料的质量比调查、整理的资料的质量要高得多，因此，统计综合分析的任务也要复杂和困难得多。其任务可以归纳为以下四点。

（1）综合分析研究国民经济和社会发展的现状。诸如，进行国情国力、国民经济中的主要比例、经济效益、产品质量、科学技术的发展、教育结构、社会治安、环境保护等方面的分析，找出矛盾，发现问题，作出正确判断，提出解决办法，及时为有关方面提出实行宏观调控、预警和监督的建议。

（2）综合分析研究社会经济发展的历史资料，研究其规律性问题。诸如，国民经济和社会发展变化的趋势、人民生活水平和物质文化生活需求日益增长变化趋势，以及其他有关社会经济情况的变化规律性等问题，认识规律，驾驭规律，促进国民经济的发展和人民物质文化生活水平的不断提高。

（3）在国民经济和社会经济现状与发展变化规律性问题分析的基础上，进行预测分析。

由于社会经济现象比自然现象复杂，所以多种因素交织在一起，交错影响。进行统计预测分析时，要将定性与定量很好的结合，综合运用各种科学方法，进行正确分析，以使预测分析更接近实际，进而为决策提供参考数据和建议。

（4）综合分析研究社会经济发展及其他某些专门问题，揭示其先进与后进的差距，展示优劣、快慢，揭露矛盾，及时发现新情况、新问题，为改进工作、开创新局面提供依据。

上述四个方面的任务是相互联系、相辅相成的。现状分析和历史分析是基础，也是重点，预测、决策分析是历史规律性分析的继续和深入。

四、统计综合分析的形式

根据统计综合分析的任务和研究重点不同，其形式综合归纳起来，主要有以下四种：

1. 专题性的分析

专题性的分析主要是就社会经济现实状况某一方面或某一问题而进行的专题调查的研究分析。专题性的分析的范围虽然可以是一个部门或综合部门，题目可大也可小，内容可多也可少，但是，一般都强调内容的专门性、形式的多样性、表达的灵活性和剖析的深刻性。这种分析一般不受时间和空间的限制，要求分析研究具有针对性，单刀直入，深刻解剖，摆观点、揭矛盾、提建议。这种分析最忌面面俱到、泛而不专。这种分析同其他分析比较，目标更集中，重点更突出，认识更深刻，是最常用的一种分析方式。

2. 总结性的分析

总结性的分析主要是从多方位和一定过程的角度进行综合研究。其主要特点是全面性、系统性和综合性。例如，对微观企业的人、财、物、供、产、销运营情况进行综合评价。又如，宏观地将整个国民经济全局的发展速度、重要比例、经济效益，生产、分配、流通、消费与积累联系起来，进行分析研究等。此种分析的目的是对全局做出总评价，反映总变动趋势，从错综复杂的联系和发展中揭示存在的主要问题，找出原因，探寻对策。这种分析要求实事求是，正确总结，科学评价，切不可浮夸虚假。

3. 进度性的分析

进度性的分析主要是从事物发展的历程角度进行的分析，如生产进度、工程进度、工作进程等分析。进度性的分析分为一般性进度分析和战略性进度分析两种。前者主要是就各级领导关心和社会敏感性很强的问题进行分析，后者主要是就影响全局未来发展的、较大的趋势性问题进行研究。进度性的分析有很强的时效性，最忌讳"雨后送伞"。

4. 预测与决策性的分析

预测与决策性的分析是在分析历史和现实的基础上，运用统计预测方法，对所研究事物的未来发展趋势作出的科学推理判断和定量预计。预测的目的是增强预见性。预测分析的要求是预测赖以的基础数据是准确的，进行预测计算上要使定量分析与定性分析紧密结合，提出预测的分析结果具有置信区间和可信度。在进行预测分析的基础上，进行一定的决策分析，为实施正确决策提供参考依据。

五、统计综合分析的一般原则

科学地进行统计综合分析必须遵循"实事求是"这个基本原则。"实事"就是客观存在着的一切事物，"求"就是去研究，"是"就是客观事物的内部联系，即规律性。实事求是可以说是统计综合分析的灵魂。具体要注意以下四点：

（1）必须坚持社会主义道路、人民民主专政、党的领导和以马列主义、毛泽东思想邓小平理论、三个代表、科学发展观、习近平新时代中国特色社会主义思想为指导这四项基本原则。

（2）必须坚持辩证唯物主义的观点，从客观实际出发，从事物的联系中，以全面的、发展的观点进行分析研究，绝不能按主观臆想去抓问题、找例证、弄情况、凑数字。

（3）必须坚持定量分析与定性分析相结合，依据科学方法进行正确的计算研究，依照有关科学理论、政策、法规剖析客观、生动的情况。

（4）必须在一般与具体的结合中进行分析研究。只有这样，才能对客观事物的本质和规律性进行正确的、深刻的分析说明。

六、统计综合分析的一般程序

统计综合分析从选题到写出报告，一般程序是：选择并确定研究课题；课题研究设计；采集、积累与鉴别资料；进行系统、周密的分析；得出结论，提出建议；根据分析结果生成分析报告。具体程序可依实际条件灵活安排。

1. 选择并确定研究课题

统计综合分析要有针对性，这是统计综合分析首先需要解决的问题，其集中体现在研究课题上。研究课题体现着研究目的和所要分析的问题。所以，选择并确定课题是统计综合分析的初始环节，也是课题研究设计的前提。研究课题的选择与确定是否恰当、直接影响统计综合分析的效果。研究课题要从实际出发，根据客观需求来选择和确定。选择和确定课题，是关键问题，并且要有相当的预见性，能超前提出即将出现的问题。具体来说，有多种渠道、多方面来源，既可根据党和政府在各时期的方针、政策和工作重心的要求，选择领导关心的问题，又可选择生产、经营管理工作中的难点；既可选择社会各界关注的热点、焦点和有争论的问题，又可选择改革、开放中出现的新情况、新问题。

在选题中要正确处理好需要与可能的关系。课题虽好，但尚无条件，可暂时不选择；课题虽不太好，但只要掌握材料，能反映出值得重视的问题也可以选择。前种情况可积极地创造条件，后种情况可进一步努力提高质量。

2. 课题研究的设计

选择并确定课题后，就要设计课题研究计划。这是统计综合分析的一个重要环节。研究课题设计的内容，一般包括：分析研究的目的、要求；课题研究的必要性和可行性；指导思想、理论、政策和法规依据；分析研究的内容纲目；分析研究所需资料及其来源；分析研究课题的实施步骤、方法与组织。分析研究课题设计是指导性文件，但在具体实施时，并不是一成不变的，还要根据分析研究中发现的新情况和新问题进行补充、修改。

3. 采集、积累与鉴别资料

统计综合分析以统计数据资料为基础。因此，在选定课题并进行设计之后，就要采集足够丰富和充分可靠的资料。不仅要采集有关普查、抽样调查、重点调查的资料，还要进行科学推算；不仅要适当利用定期统计报表资料，还要积累有关会议文件、总结和简报资料；不仅要采集并积累平时掌握的比较丰富的系统的材料，还要根据需求，深入实际，深入群众，进行调查研究，掌握新型材料，补充新材料，探索解决矛盾的切实办法。采集、积累什么材料，主要取决于研究课题的内容和涉及的领域，有的主要是本单位、本地区或本国的材料，有的则要用到外单位、外地区或外国的材料。

由于要采集和涉及的材料不同、来源各异，所以材料的总体范围、指标口径、计算方法、准确程度等都会有差别，这就需要对材料进行审查和鉴别。要对采集的资料进行质量评价，根据需求决定取舍，并进行调整、估计和换算，特别是在利用外域和历史资料时，要特别注意资料的范围、口径、计算方法是否一致，各自的条件如何，要根据具体情况进行必要的调整、换算，否则就会导致结论错误。

经过审查、鉴别、调整、换算的材料，要根据课题研究设计需求，对其进行进一步加工整理，使其成为系统、完整的材料，以提供分析研究的直接依据。

4. 进行系统、周密地分析

运用各种方法进行系统、周密的分析是统计综合分析研究中的最重要的环节，也是依据经过鉴别、整理的资料，进行刻苦、细致的思考，系统、周密的分析的过程。进行系统、周密的分析，要运用各种统计方法，诸如分组法、综合指标法、时间数列法、指数法、抽样推断法、相关与回归分析法、预测估算法，等等。这些方法中既有静态分析，又有动态分析；既有描述方法，又有推算方法；既有实际的剖析，又有预测分析。众所周知，方法是达到目的的手段，了解并掌握每种方法的作用、应用条件和实施过程，对于搞好统计综合分析十分重要。这些方法已在有关章节中讲述了，这里无需赘述。但从系统、周密的分析的角度出发，从总体上研究运用问题十分有必要。

（1）要根据所研究对象的特点和分析研究的任务来选用适当的有效方法。它既可以是几种方法的有机结合，又可以是多种方法的综合运用。

（2）从各种方法特点出发，灵活地运用比较和对照，既可进行纵向对比，又可进行横向比较。综合分析错综复杂的现象并进行对比时，要注意比得合理、比得恰当、比得有效。

（3）从统计认识活动总任务出发，深刻认识事物的本质和规律性，把比较法、剖析法、分解法结合起来。统计中的比较对照研究可谓比较法，分组法可谓剖析法，指数法可谓分解法。为认识事物的本质，要进行比较对照、层层剖析、细细分解，以便揭露矛盾，抓住症结。

（4）运用一般分析方法进行逻辑推理和判断，准确分清一般与个别，正确划分正常与非正常、主要与次要、必然与偶然、系统与非系统，综合概括，得出正确的结论。

（5）在运用统计方法进行系统周密的分析时，切忌单纯地用统计方法反复计算纷繁的数字，就数字论数字，脱离实际，无视生动的情况，胡乱发表议论，应将数字与情况相结合，定量与定性相结合，实事求是地下结论。

5. 得出结论，提出建议

得出结论，提出建议是系统、周密的分析的深化过程，也可说是系统、周密的分析的结果。这一过程并非凭空臆想的，而是以实际材料为依据，将丰富的感性材料去粗取精，去伪存真，由此及彼，由表及里地改造制作，形成概念和系统的理论，从感性认识跃进到理性认识。在这个环节中一定要抓住主要矛盾，找出根本原因，透过现象看本质，通过数据的变化看趋势，得出结论，提出积极的建议。

6. 根据分析结果形成分析报告

根据分析结果形成分析报告是统计综合分析的最后程序。分析报告是分析研究成果的集中表现。在统计综合分析中，应根据研究目的和内容，采用灵活多样的形式来表现，以供有关方面使用或参考。一般来说，搞好统计分析的关键是有真实、丰富的材料、完整的内容和正确的观点，但恰当的表现形式也是统计分析发挥作用的重要方面。统计综合分析结果的表现形式有多种，其中分析报告是主要的。由于分析报告是写给别人看的，因而一定要认真地考虑叙述的逻辑问题，写好分析报告。

七、统计综合分析一般方法概述

统计的各种方法已在有关章节进行了阐述，这里从综合分析角度，从综合运用各种方法方面来做简要概述，也可以说是统计综合分析的基本思想观点。

1. 统计综合分析中多层次、多种方法的综合运用

统计综合分析中多层次、多种方法的综合运用是指分析方法的多层性问题，并非分析阶段特有的，但在分析阶段，这个问题特别重要，必须正确地认识和运用。

（1）使用最高层次的哲学方法，即唯物辩证法。在统计分析阶段，它不但直接发生作用，而且对于统计分析特有方法的选择、确定和使用起着指导作用。这就是说，统计分析必须在哲学方法的指导下进行。

（2）使用一般性的科学方法，如数学方法、社会调查研究方法、系统工程方法，等等。这些方法的结合运用会扩展统计综合分析的领域，保证统计综合分析的质量，提高统计综合分析的水平。

（3）使用统计综合分析特有的方法，即对于社会经济总体的数量方面的分析方法。统

计综合分析方法的多层性，不是封闭的，而是开放的，只要是有助于社会经济总体数量方面的分析，不论属于哪门科学，都可引用。

2. 问题与方法的交错性

统计综合分析研究的是统计综合分析的问题，如现状分析、历史分析、预测决策分析。分析所应用的手段，指分析的方法。问题与方法是交错的，一个问题可用多种方法来分析，一种方法可应用于多种问题的分析研究，在统计综合分析中，要善于运用多种方法，并结合多种方法进行综合分析。

3. 统计综合分析中质与量的结合

统计综合分析中质与量的结合即定性与定量的结合，贯穿于统计的全过程，但各个阶段各有侧重。统计设计阶段，是从定性到定量的过渡，即设计统计指标和统计分组的质的规定性和量化方法；统计整理阶段，是从采集的个体的数字资料中，整理出反映总体的数值，达到对总体现象的与定性相结合的定量认识；统计分析阶段，则是在取得大量统计资料的基础上，通过进一步的质与量相结合的分析，达到对事物更深刻的认识。

统计综合分析中，质与量的结合主要有以下四个方面：

（1）从量变到质变的分析中的质与量的结合。研究事物从量变到质变的问题，首先要从定性入手，明确有关事物的含义，即质的规定性。比如，研究人民生活水平由贫困变为温饱再变为小康的问题，研究企业经营由粗放型变为集约型的问题，研究国内生产总值增长率和积累率由有利变为不利的关节点（最佳度）问题。首先要明确贫困、温饱、小康和粗放型、集约型以及产值年增长率最佳度、积累率最佳度等概念的含义；然后，根据科学的含义，从有关的事物中筛选出具有代表性的指标，再搜集这些指标的具体数字，并且采用必要的方法进行分析，得出结论性意见。定量研究的结果反过来又可以深化事物的定性认识。

（2）从现象到原因分析中的质与量的结合。分析事物的变化，不论是一般的量的变化，还是达到质变关节点的变化，都是在回答"是什么"的问题。但是，这远远不够，统计综合分析还必须探讨"为什么"的问题，即分析其发生的原因。这是一个从表面想象的认识逐步向实质性认识发展的过程。

（3）从原因到决策分析中，质与量的结合在对社会经济现象产生的原因进行分析之后，还要进行决策分析，这就是说在回答了"为什么"之后，还要回答"怎么办"的问题。这是一个从事物现状的认识到改造事物的认识逐步深化的过程，而改造事物是为了推动它发生符合决策目标的量的变化或质的变化。

（4）统计综合分析结果得出正确判断结论的质与量分析的结合。统计综合分析要通过多层次交叉比较研究的方法，对所分析的事物做出正确的判断结论。这同样需要将定性分析与定量分析相结合，反复思考和认识研究。在这个问题上要注意以下三点：

①统计综合分析结果的判断要有科学的理论指导；

②统计综合分析结果的正确判断要掌握适当的度；

③统计综合分析结果的正确判断要置于系统之中。

八、统计比较的概念和作用

比较对照是人们认识客观事物时普遍使用的一种逻辑思维方法，是统计综合分析研究中最常用的一种有效方法。所谓统计比较是将统计指标所反映的实际数量状况与有关标准进行对照，计算出数量上的差别和变化，进而做出评价和判断的思维过程。它是比较法的一种。其主要特征是总体数量的比较，也是客观实际数量状况的比较。统计比较是统计综合分析研究中基本的常用的方法，其作用主要有以下三个方面：

（1）可以更深入、更明确地认识事物。一个单独的统计指标数值或一群指标数值只能说明总体的实际数量状况，只靠它是得不到明确而深刻的认识的。只有经过综合分析，从数量的差别和变化中进行比较，才可以更深入、更明确地认识事物，帮助人们做出评价。

（2）可以进行监督检查，深入分析原因，找出解决办法。将某种事物的存在和发展状况同有关政策规定进行比较，看其是否符合要求标准规定，进行某些监督检查，并据此进一步深入分析其原因，进而找出解决的办法。

（3）可以发挥更大、更广泛的促进作用。监督也会起促进作用，但统计比较的促进作用比监督更广泛。应用统计指标在各地区、各单位之间进行比较，在单位内部进行比较，会发现它们之间的差别，产生促后进赶先进的作用。使用规定若干统计指标进行比较，有组织地进行评比竞赛，能发挥更大的促进作用。

统计比较是统计分析中经常使用的方法，在许多情况下，统计分析是从比较开始的，而且在统计分析的许多其他方法中，都糅合着比较的内容。例如，统计指数实际是一种综合比较方法，相关分析要通过比较才能判明相关程度，等等。

统计比较看起来简单、易行，但要使用得好也是不容易的，要注意到这种方法的局限性。

九、统计比较的种类

为了更深入、更系统地了解统计比较的真实含义，以便更好地通过统计比较进行统计综合分析，统计比较可以从许多不同的角度进行分类。一般来说，主要有以下三种分类：

1. 静态比较和动态比较

按时间状况的不同，统计比较可以分为静态比较和动态比较两类。静态比较也叫横向比较，是同一时间（时期或时点）条件下的数量比较，如不同地区的比较、不同部门的比较，实际完成情况和计划目标的比较。动态比较也叫纵向比较，是同一统计指标不同时间上统计数值的比较，反映随历史发展而发生的数量上的变化。根据统计综合分析的需求，这两种比较可以单独使用，但在实际应用中常常要将二者结合使用。数量比较的结果统称为比较指标，这两种分别称为静态比较指标和动态比较指标。

2. 相比（除）比较和相差比较

按比较方式的不同，统计比较可以分为相比（除）比较和相差（减）比较。相比比较是将比较对象和比较标准相除，比较的结果表现为相对数，如系数、倍数、分数、成数、百分数、千分数、万分数等。相比比较表明静态差别的比率或者动态变化的程度。相差比较是将比较对象和比较标准相减，相减的结果表明两者相差的绝对量。这两种比较方式给人们不同的感受，有时可以单独使用，但以结合使用更好。结合使用可使人们的认识比较完整，既可了解差别或变化的程度，又可了解相差的绝对量。

3. 单项比较和综合比较

按比较对象内容范围的不同，统计比较可以分为单项比较和综合比较（综合评价）两种。单项比较是指比较某种总体现象的某一方面、某一局部，可以单独使用一个统计指标，也可以将反映某一方面、某一局部的若干指标联系起来进行比较分析。综合比较是指对总体或若干方面的全面评价进行比较，通常称为综合评价。例如，宏观方面的国民经济和社会发展情况的全面评价和比较，微观方面的同类企业经济效益的综合评价和比较，对某种产品质量的综合评价和比较等。

十、统计比较标准

统计比较是将比较显示的对象总体的统计数据与相比较对照（通称对照组、对照群、对照总体）的现象总体数据进行对比研究。相比较对照（对照组、对照群、对照总体）依据的统计数据称为比较标准，也称为比较基础数据或比较基数。根据研究目的不同有各种各样的比较标准，常用的主要有以下五种：

1. 经验数据标准

经验数据是根据大量的或长期的资料总结计算而得的正常值，在一定条件下具有相对的稳定性，可以用来作为比较标准。例如，有的专家计算，根据我国的若干年的经验，在当前条件下，积累率以 25%~30% 比较适度。又如，国际上一般认为，偿债率（每年偿还外债的本息额占出口创汇总额的比重）大体以 25% 为警戒线，超过了就会偿债困难。这类经验数据是很多的，在实际工作中有重要作用。这种比较标准有助于评价和判断事物的发展是否正常。

2. 理论数据标准

理论数据标准是根据有关科学理论研究确定的一定的正常值作为比较标准。这种正常值不是根据经验总结出来的，而是根据理论推算设定的。例如，根据经济学理论确定积累率的比较标准时，以保证原有人口和新增人口不低于当前的消费水平为积累的最高限，把保证新增劳动力就业所需的固定资产装备资金和流动资金，以及新增人口所需要的非生产性资金和流动资金作为最低限等。根据这个道理计算出来的积累率的界限，就是理论标准。

3. 时间数据标准

时间数据标准是以时间上的数据为标准，一般是用比较对象本身的历史数据作为比较标准，观察和分析研究现象本身的发展变化。有时也可以把其他空间单位的历史数据作为比较标准。例如，以某一时期外国的历史数据为比较标准等。时间数据标准有以下三种：

（1）前期数据标准

前期数据标准如本年与上一年比较，本月同上一月比较，本年某月与上一年同月相比较等。

（2）历史最好时期标准

历史最好时期标准即以较长一段时间内水平最高时期的数据为比较标准。例如，我国以 1984 年的人均粮食产量（396 千克）为比较标准等。

（3）历史转折前期数据标准

历史转折前期数据标准即以历史发展中阶段性变化开始前期的数据为比较标准。例如，以第一个五年计划开始前一年的数据为比较标准，以党的十一届三中全会召开的前一年为比较标准，以跨入 21 世纪的前一年为比较标准等。

4. 空间数据标准

空间数据标准是以某一空间数据为比较标准，通常是将同一时间上的比较对象不同空间（包括不同系统、不同单位、不同地区）的数据进行比较。空间数据标准，主要有以下四种：

（1）平均水平标准

平均水平标准即以一定范围（全世界、全国、一省、一市、一部门等）内的平均实际水平为比较标准，判定比较对象的水平在平均水平以上或以下，相差多少。

（2）先进水平标准

先进水平标准即以一定范围内的最好水平为比较标准，比较结果表明与最好水平的差距，有促后进赶先进的作用。

（3）相似空间标准

相似空间标准即使用与比较对象条件大体相似的其他空间的数据作为比较标准。

（4）互为标准

互为标准即各地区、各单位相互比较。竞赛评比排名次时就使用的这种比较方法。

5. 计划或政策规定数据标准

计划或政策规定数据标准，是以国家计划部门、业务部门或公司、企业单位所制定的有关计划、方针政策规定的数据为比较标准，通常是在检查监督计划或政策的执行状况时用此标准。由于检查的时间要求不同，可以按月、按季、按年或更长些时间来检查，所以进行比较分析时，有进度比较和期终总结性比较两种。

上述五类比较标准，是为了对比较标准有明确的概念而归纳的。在实际进行统计比较时，应根据分析研究的目的选择适当的比较标准，并综合运用，以使人们得到正确且明晰的认识，否则就难以做出正确的评价。

十一、统计比较具体规则

在统计综合分析中，绝大部分方法都属于对照比较的方法。在一定意义上可以说，统计比较是统计分析的基本方法。本章第二节中所阐述的统计分析的一般原则，在统计比较中是必须遵循的。这里讲的统计比较规则是指进行统计比较所必须遵守的具体规则，主要有以下六点：

1. 统计比较事物的联系性

统计比较的目的在于通过比较和对照，表现事物的差别、比例、联系程度和变化速度。因此，进行比较的事物必须有联系才有意义。统计比较事物的联系性规则是相对的，要具体分析判断，其主要依据是研究目的。只有对依研究目的确定的有联系的事物进行统计比较，才能发挥统计比较的作用，才有意义。这是统计比较可比性规则中最基本的规则。

2. 统计比较指标含义的一致性

统计比较指标含义的一致性主要指它的内含和口径的一致性，不论进行静态比较或是动态比较都必须遵守这个规则。指标含义的一致性要从实质上看，不能从形式上看。例如，从形式上看，我国粮食产量和外国粮食产量指标名称完全相同，但实际内容不同，不能直接进行比较。我国粮食（通称粮豆薯）产量中包括大豆和薯类，而外国粮食（通称谷物）产量中不包括大豆和薯类。由于其指标含义和口径不一，所以不能直接进行比较。

3. 统计比较时间限制的一致性

一般来说，静态比较时应是同一时期或同一时点的数据。动态比较时，时期指标的时期范围应该一致，年度数据和前期的年度数据可以进行比较，月度数据和以前的月度数据可以进行比较。根据特殊分析说明的需求时点指标的时间间隔虽然可以不一致，但在通常情况下以一致为好。

4. 统计比较空间范围的一致性

空间范围主要是指地区范围和组织系统范围。例如，省、自治区、市、县等的范围，各个组织机构、企业和事业单位的隶属关系的范围。当它们发生变化时，即使行政区划或组织系统的名称没有改，也不能直接进行比较（除非特别了解这种变化和结果）。

5. 统计比较指标的计算方法的一致性

统计指标的计算方法与指标含义和口径是有联系的，指标含义不同，计算方法也就不相同，但某些指标是可以按不同方法计算的，这时只有同口径、同方法的才可以进行比较。计算方法不同就不能比较，要比较就要进行必要的调整或换算。

6. 统计比较指标的计量单位的一致性

表面看来，这个问题比较简单，但实际上却是个相当复杂的问题，涉及计算对象本身的差别。实物指标表现的实物本身就有差别。钢材有各种不同种类和型号的，都以"万吨"为单位计算的生产量并不能准确地反映生产成果，如果以"万吨"为单位计算，且仅为了粗略地了解数量，这种比较有一定的价值。但要做深入了解和研究，就远远不够了。因此，使用实物指标进行比较时既要计量单位一致，同时要注意到计量单位一致时所存在的实物本身的差别。以货币为计量单位的价值指标问题更为复杂，就国内来讲，有各种不同的价格，而且经常发生变动。因此，产生了使用哪个环节的价格以及价格指标是否包括变动因素等问题，而这些问题要按照研究目的来解决。

总体而言，可比性是统计比较的重要规则，也可以说是统计比较的前提条件。上述六个方面并不能概括可比性的所有问题。例如，社会结构不同、历史条件不同、风俗习惯不同等，会使某些统计指标不能用来比较。因此，可比性问题要对具体问题进行具体分析。

十二、统计比较主要指标

统计比较无论是静态比较或动态比较、相比（除）比较或相差（减）比较，还是单项比较或综合比较，都要用一些指标。统计比较的结果也表现为统计指标。因而研究统计比较指标极为重要。就统计比较而言，至少要具备两方面指标：一方面是欲比较显示的对象指标，统称为对象指标；另一方面是作为比较基础的标准指标，统称为标准指标。在统计比较中，总量指标、平均指标和相对指标都可作为对象指标和标准指标进行统计分析比较。它们已在有关章节中进行了阐述，在此不再赘述。这里仅从统计比较结果角度进一步阐明统计比较指标。

1. 统计比较指标的概念

从统计比较结果角度观察，统计比较指标是反映有联系、可进行比较的事物之间在时间、空间及事物内部或各事物之间的联系程度与差别的指标，通常被称为比率、比例、比重、程度、速度和差数。

2. 统计比较指标一般计算公式及表现形式

统计比较指标，从比较方式来说，可以进行相比（除）比较和相差（减）比较，一般公式主要有两类。

十三、综合评价概述

一般来说，评价是指对事物的评定、判别和估计。这里的综合评价是指根据统计数据，结合各种定性材料，在一定的认识基础上，通过数量的比较、计算、研究和论证，对被评对象做出明确的评定、判断和估价。综合评价的结果表现为排出名次顺序、分出等级、做出判断的结论。如判断经济运行状况是否正常、过热或过冷，等等。综合评价是统计综合分析的重要方法。如果说统计比较是统计综合分析的基本方法，统计比较指标是统计综合分析的主要工具，那么综合评价则是统计综合分析的核心内容。综合评价的结果涉及各方面，仅对被评对象来说，会涉及荣誉和物质利益等方面，综合评价在统计综合分析中占有重要地位。

综合评价有单项评价和综合评价两种。单项评价是指用一项指标评定被评对象某一侧面的情况。综合评价可以是对被评对象的全面评价，如对某个国家综合国力的评价，对某个国家或地区社会经济发展水平的评价，对某个企业管理水平等级的评价，等等；也可以是对被评对象某个领域的全面评价，如对全国宏观经济动态的监测，对某个国家或地区生态环境的综合评价，对某个企业经济效益的综合评价，等等。

综合评价可以用一个指标作为"代表"来进行评价。例如，国际上流行的用国内生产总值来评价国家的经济实力，用它的增长速度评价经济运行情况，用全要素生产率评价经济效益，等等。这种方法的好处是简明、易懂，但存在一定的局限性，使用不当会产生认识上的片面性。因此产生了应用多个指标进行综合评价的方法。这就遇到了一系列的问题，如评价指标体系的选择和确定，评价标准的选择，如何解决由于计量单位不同而不能进行度量的问题（通常称为量纲不同），以及按各指标的重要程度的不同确定权数和合成方法的问题等。所以，综合评价是统计学中有待研究和发展的一个重要的理论和实际问题，本章仅做简要介绍。

十四、综合评价的步骤

（1）选择评价指标，确定评价指标体系。如果选择一个指标做全面评价，就要检查这个指标的代表性和可行性。多指标综合评价则要选择一套反映各个侧面的指标组成的评价指标体系。这是所有综合评价中首先要解决的重要问题。

（2）选择综合评价方法。综合评价方法各种各样，有的简单，有的复杂。综合评价方法的主要内容是确定使不能同度量的指标能够同度量的方法（一般称为无量纲化）和分指标评价值合成的总评价值的方法。

（3）根据综合评价方法的要求确定有关的标准值，包括无量纲化时使用的临界值（阀值）和参数，以及合成时反映不同评价指标重要程度的权数等。

（4）将指标实际值转化为评价值。

（5）将分指标的评价值合成为总评价值，用于排序或其他分析研究。

这五个步骤中，前三个步骤是准备工作，后两个步骤是实际操作。综合评价的关键在于评价指标体系的确定和综合方法的选择。

十五、评价指标体系的确定

在多指标综合评价中，评价指标体系的确定是最重要的问题，也是综合评价能否准确地反映全面情况的前提。如果评价指标选择不当，再好的综合评价方法也会出现差误，甚至完全失败。

评价指标的选择主要建立在对评价事物定性研究的基础上，选择评价指标的主要原则是科学性、目的性、全面性和可行性。

1. 科学性

科学性是指根据评价事物的性质、特点和运动过程选择影响大的重要指标。在这里，对评价事物本身含义的理解是重要问题，如对经济效益有不同理解，显然会选择不同的指标。对事物全过程的理解也是重要的，例如，对林业企业的综合评价，不能只使用采伐及经营方面的指标，还应该有造林、育林方面的指标，包括树木再生产过程是林业企业的特点。再如，宏观经济监测要选择反映经济运行轨迹的指标等。

2. 目的性

对同样的被评价事物，要根据综合评价的目的选择评价指标。分析研究目的和管理的要求不同、评价的侧重点不同，选择不同的指标。例如，微观评价和宏观评价的目的不同，各时期管理强调的重点不同，等等。可以用更换指标的办法，在有些情况下，也可以采用增加或缩小某个指标的权数的办法来解决这个问题。

3. 全面性

全面性是指选择的指标能够代表被评价对象或某个领域的全面的整体的情况的指标。指标数量的多少主要取决于被评事物的性质和评价的目的，不一定越多越好，而且应避免使用性质作用相同的指标。从目前实际使用的情况看，有多有少。少的如生活质量指数只有三个指标（成人识字率指数、婴儿死亡率指数、一岁期望寿命指数），而社会发展水平综合评价常常使用一百多个指标。

4. 可行性

可行性是指选择的指标可以量化或通过一定的方法量化，可以评价和合成，并且这些指标的实际数值是可以取得的。在实际工作中常常会碰到由于资料限制，不得不取消某些指标或采用代用指标的情况。

十六、综合评价的主要方法

综合评价的方法很多，本书限于篇幅，只概述了一些常用的主要方法。

1. 关键指标法

关键指标法是指选用一项重要指标为代表，对被评对象或某个领域做出全面的评价。它的特点是具有综合性或关键性。其好处是简单明了，重点突出。它的主要缺点是有一定的局限性，使用不当时会使人产生认识上的片面性，因而产生副作用。例如，我国曾经以工业总产值发展速度来判断经济运行情况和成绩，从而产生了单纯追求产值、攀比速度，而忽视经济效益和比例关系的问题。作为一种简单、明了的综合评价方法，关键指标法在一定条件下还是可以使用的。

2. 简易打分法

根据评价事物选择若干指标后，规定打分标准和打分方法，然后根据各项指标的实际数值，按规定的办法进行打分，将所有指标的分值相加得出总分，并全面评价，可以排出名次顺序或分出等级。现实有许多不同的打分标准和打分方法，受篇幅所限，仅举下述三种。

（1）名次计分法

类似于体育竞赛中团体总分的计分法。先按各个评比指标的优劣排出被评对象的名次，名次在前得高分，名次在后得低分，然后相加得总分，以排序定总名次。例如，有15个单位作为评价对象，共有六项指标评价，则先按六项指标排序，第1名得15分，第2名得14分……第15名得1分。然后将六项指标得分相加得出总分，按总分排出名次顺序。

这种方法的优点是简单、易行，缺点是将各项指标等同看待，并且无论差别大小，一律以相差1分进行计算，过于简单。

（2）百分法

标准总分为100分，对各个指标分别规定占多少分，可以等分。例如，十项指标每项占10分；也可以不等分，有的多有的少，这相当于加权，同时规定打分标准。然后根据实际值按各项标准进行打分，将各项指标得分加总为总评价分，总分高者为优。

这种方法计算工作简单，主要困难在于规定各项指标的分值和打分标准。等分法简单，各指标同等看待；不等分法在规定分数时有一定的主观因素。打分标准一般采用按该指标最高值和最低值（或再高一些或再低一些）分段计分的办法。这和名次计分法存在同样的问题，因为分段不可能太多，所以不论差别大小，一律都以一定的分数为计算单位，可能会发生实际相差不多但分数却相差较多的情况。

（3）掐头去尾法

有些主观指标难以客观量化，只能靠评判员根据规定标准进行打分。评判员很多，为了避免评判员由于某种偏好或偏心而给予不符合实际的分数，在加总时会去掉一个最高分和一个最低分，然后用其余的得分的总和或平均分作为总评价分。这种方法早已在体育竞赛（如体操、跳水等）和文艺比赛中被使用。这种方法可以单独使用，也可以作为总分评定的一部分使用。

简易打分法的好处是简单易行，评价比较全面，而且品质标志也可以设法计量并参与综合评价；主要缺点是在无量纲化的处理上不够细致。

3.个体比较指标加权平均法

（1）个体比较指标加权平均法一般步骤

①选择评价指标；

②确定比较标准值（如计划数、过去的实际数、一定范围的平均数等）；

③根据重要程度确定每项指标的权数；

④将每个指标的实际值和标准值相比较得出个体比较指标；

⑤根据个体比较指标和权数用算术平均法或几何平均法进行合成计算。计算结果一般用百分数表示，高者为优。

（2）使用这种方法需要注意的问题

①逆指标（数值越低越好的指标）要转换为正指标才能进行合成计算，方法是取其倒数；

②比较标准影响综合评价的内容。把计划数作为标准时评价的是被评事物的计划完成情况。把时间作为标准时评价的是被评事物的增长情况，有时只适用于自身评价，不能在各被评对象间排序。把平均数作为标准是比较好的，如果把固定的平均数作为标准，则既可以进行横比，也可以进行纵比。

4.综合评价指数法

在进行不同国家、地区、单位经济实力与水平综合评价时，通常采用指标体系进行综合观察比较。但是，由于评价指标体系中的各指标的量纲（即计量单位，下同）的表现形式不一致，所以无法汇总，无法对比，评价也就无法进行。为解决各指标不同量纲无法进行综合汇总的问题，一般是在完成数据采集后，对数据进行同度量处理。通常采用相对化处理后再进行综合比较评价。相对化处理一般是先对评价指标设定比较标准值，然后用各指标实际值与相应的标准值进行比较，对此比较结果进行综合比较。这种方法称为综合评价指数法。所谓综合评价指数（又称综合指数）是指以评价指标相对化处理结果的相对数为变量值，采用简单平均法或加权平均法计算出的平均数。因相对数通称指数，故将此种方法称为综合评价指数法。

十七、统计分析报告的概念、特点和分类

1.统计分析报告的概念和分类

统计分析结果可以通过表格式、图形式和文章式等多种形式表现出来。文章式是统计分析报告的主要形式，是全部表现形式中最完善的形式。这种形式可以综合且灵活地运用表格、图形等形式；可以表现出表格式、图形式难以充分表现出来的情况；可以使分析结果鲜明、生动、具体；可以进行深刻的定性分析。

统计分析报告，就是指运用统计资料和统计分析方法，以独特的表达方法和结构特点，表现研究事物的本质和规律性的一种应用文章。统计分析报告是统计分析研究过程中形成的论点、论据、结论的集中表现，不同于一般的总结报告、议论文、叙述文和说明文，更不同于小说、诗歌和散文，乃是运用统计资料和统计方法，将数字与文字相结合，对客观事物进行分析研究结果的表现。统计分析报告的主要特点，可以概括为以下三点：

（1）统计分析报告以统计数据为主体。统计分析报告以统计数字语言，直观地反映事物之间的各种复杂的联系，以确凿的数据说明具体时间、地点、条件下社会经济领域的成就和经验、问题与教训、各种矛盾及其解决办法。它不同于用艺术形象刻画的文艺作品，也不同于旁征博引进行探讨研究的各种论文，而是以统计数字为主体，用简洁的文字分析叙述事物量的方面及其关系，并进行定量分析。

（2）统计分析报告以科学的指标体系和统计方法进行分析研究说明。统计是社会认识的武器，着眼于社会经济现象总体的量的方面，并在质与量的辩证统一中进行研究。因此，统计分析报告通过一整套科学的统计指标体系，进行数量研究，进而说明了事物的本质。在整个分析研究中，运用一整套科学的方法，进行灵活、具体的分析。但它又不同于数学分析。数学分析方法撇开了事物的质量，只分析抽象的数量关系和空间的形式。而统计分析报告是在质与量的辩证统一中研究量的基础上，说明事物质的规定性。

（3）统计分析报告具有独特的表达方式和结构特点。统计分析报告属于应用文体，基本表达方式以事实叙述，让数字说话，在阐述中议论，在议论中分析。在表现事物时，不是用夸张、虚构、想象等手法，而是用较少的文字、精确的数据，言简意赅、精练准确地表达丰富的内涵。统计分析报告在结构上的突出特点是脉络清晰、层次分明。一般是先摆数据、事实，进行各种科学的分析，进而揭明问题，亮出观点，最后有针对性地提出建议、办法和措施。统计分析报告的行文，通常是先后有序，主次分明，详略得当，联系紧密，做到统计资料与基本观点统一，结构形式与文章内容统一，数据、情况、问题和建议融为一体。

2. 统计分析报告的分类

统计分析报告的分类，长期以来，争论比较大，可从各自的角度进行许多分类。统计分析报告按统计的领域可分为工业、农业、建筑业、交通运输业、商业、饮食业和服务业等分析报告；按对象层次可分为微观、中观和宏观统计分析报告；按内容范围可分为综合分析和专题分析报告；按时间可分为定期统计分析报告和不定期统计分析报告；按认识的深度可分为状态分析、规律分析和预测分析报告；按写作的形式可分为调查报告、综合分析报告、专题分析报告和预测分析报告；按具体写作类型分为总结型、调查型、说明型、分析型、研究型、公报型、资料型、信息型和预测型等分析报告；但按主要作用、基本内容和结构形式特征归纳起来，主要分为专题性的分析报告、总结性的分析报告、进度性的分析报告和预测决策性的分析报告四种。

（1）专题性的分析报告

专题性的分析报告是就某一方面或某一问题进行专门调查研究而写成的统计分析报告。专题性的分析报告的范围既可以是一个部门，又可以是综合部门，题目可大也可小，内容可多也可少，但是一般强调内容的单一性、形式的多样性、表达的灵活性和意义的深刻性。它不受时间和空间的限制，要求写作具有针对性，单刀直入，深刻剖析、摆观点、揭矛盾、提建议，最忌平铺直叙，面面俱到，泛而不专。专题性的分析报告较其他分析报告，口标更集中，重点更突出，认识更深刻，是最常见的一种分析报告。

（2）总结性的分析报告

总结性的分析报告是从国民经济和社会发展多方位、全过程的角度综合研究总结性的分析报告。它的对象可以是整个国民经济，也可以是一个地区或一个企业。它的主要特点是全面性、系统性、综合性和总结性，目的是总结经验、教训，提供有益于科学管理和战略决策的结构。

（3）进度性的分析报告

进度性的分析报告是根据定期统计资料，反映和分析事物的进度及其影响原因而编写的文字分析报告，一般分为一般性进度和战略性进度分析报告两种。前者主要就各级领导关心的和社会敏感的问题进行分析，后者主要是就能影响全面和未来发展较大的新趋势问题的研究。进度分析报告有很强的时效性，最忌讳"雨后送伞"。

（4）预测决策性的分析报告

预测决策性分析报告是在分析历史和现实的统计资料的基础上，运用统计预测方法，对所研究事物未来发展趋势做出的科学的推理判断和定量分析预计的分析报告。预测决策性的分析报告要求数据准确，定量分析与定性分析结合，提高预测决策结果的置信区间和可信度。

十八、统计分析报告的质量要求

统计分析报告，除要具有一般文章的准确、鲜明、生动的要求外，具体到统计分析报告的质量要求可归纳概括为"四性"（即准确性、针对性、时效性、逻辑性）和"三求"（即求实、求新、求深）。

1."四性"

（1）准确性

准确性就是要求数字准确，情况真实，观点准确，分析符合客观实际，依据数据分析、判断、提炼的观点，必须准确。

（2）针对性

针对性就是有明确的目的性和实用性，为一定对象服务。要"适销对路"，对准需求，不应"无的放矢"。

（3）时效性

时效性就是保证统计信息的价值。统计分析报告要适时地提供给有关领导和部门。一般而言，进度性的分析要争分夺秒，越快越好；专题性的分析和预测决策性的分析要适时对路，掌握提供的时机。

（4）逻辑性

逻辑性就是要遵循逻辑规律，正确地进行统计分析阐述统计分析依据的统计资料，运用判断、推理的方法，得出合乎逻辑的结论，使结论前后一致，反映客观事物的内在联系。

2．"三求"

在上述"四性"的前提下，还要"求实""求新""求深"。

（1）"求实"即如实反映，实实在在，不能华而不实，装腔作势。

（2）"求新"即开拓新天地，涉及尚未研究的领域，写具有新情况、新问题、新经验的分析报告，立意要新，材料要新。

（3）"求深"即研究问题的立足点要高一些，剖析问题要深一些，要透过现象抓本质，深剖深揭，由表及里。

十九、统计分析报告的编写格式及应注意的问题

统计分析报告是文字与数字相结合的一种特定文体，其格式一般包括标题、开头、主题、正文和结尾五项内容。它的具体格式应依分析研究的任务、内容和种类的不同，灵活确定，一般要注意以下五点：

1．标题要确切、简明、有吸引力

标题，又称题目。一篇文章的题目是总标题，即篇名。文内的题目，按层次划分，设小标题。标题是文章的基本思想、中心内容的集中表现。其任务是吸引读者，影响读者，指导读者阅读和理解。一篇好的分析报告标题要做到确切、简明、有吸引力。确切，即准确地揭示分析报告的内容，题文相符，确切地体现文章的观点，准确运用文字，不发生误解。简明，即标题简明扼要，高度概括，用简练的文字揭示全文内容。有吸引力，即标题新颖醒目，扣人心弦，能吸引读者和影响读者，引起读者的重视。

标题可以采用多种多样的形式，如论点题、事实题、设问题、加重语气的题、对比题，以及运用比喻、警句、古语、诗词等。在统计分析报告中，比较常用的有以下三种：

（1）论点题

论点题能揭明主题，摆出观点。

（2）设问题

设问题能引起读者疑问、思考，激发读者的阅读欲望。如《住房为什么紧张？》等。

（3）比喻、对比、加重语气题

比喻、对比、加重语气题能通过对比引人注意。如《"骨之不强"，肉将焉附？——谈投资结构问题》，显得新颖别致，醒目强烈。

2. 开头要简短、精悍、形式新颖

开头，又称导语，是全文的引子。它的内容是概括交代文章的目的和内容，介绍全文的主题和基本结构体系以及文章的意义等，使人一看就能了解全文的概貌、特征，及其主要方面。好的开头要简短、精悍、形式新颖，能激发读者兴趣。人们常说，"开头难"，但只要细心琢磨，是能有好的开头的。开头的方法有起笔点题、总揽观点、阐明题由、起句发问等，在统计分析报告中常用前四种：

（1）起笔点题

开头就说明题意，用寥寥数语，清楚地交代题意，显得干脆、直接。

（2）总揽观点

开头即亮出全文的观点，总说全文，让读者开头就有答案，心里踏实明确。

（3）阐明题由

开头就说明文章的目的和由来，解释题意，使读者了解文章的来头和必要性，引起注意。

（4）起句发问

作者在文章开头自设问题，造成读者疑问和悬念，使其自然地接着看下文，获得答案。

3. 主题要突出、正确、鲜明、集中

在写作中常提到"主题"一词。所谓主题，即作者在文章作品中表达的中心思想或基本观点。它在不同文章体裁中，有不同的称谓。在记叙文里被称为"中心思想"，在议论文中被称为"中心论点"，在文艺作品中被称为"主题思想"，在统计分析报告等财经应用文中则称其为"主题"或"观点"。

主题或观点是分析报告的纲，像一根主线一样贯穿全篇，是全文的中心。分析报告的选材、结构、语言、表达，都以主题为依据，受主题的约束，也可谓是分析报告的灵魂，统帅全篇。对主题的基本要求如下：

（1）突出

一篇文章中，只有一个主题思想，起统帅作用，其余都从属于主题，服务于主题。

（2）正确

主题思想主要遵循四项基本原则，符合党的路线、方针、政策，符合客观实际。

（3）鲜明

主题要明确表示赞成什么，反对什么，观点明确，态度明朗，旗帜鲜明。

（4）集中

全文要围绕主题，说深说透，选材要力争选那些最能说明观点的材料，去掉次要的、

枝节的材料，利于突出观点。

4. 正文要严谨、分明、清晰

正文是统计分析报告的主体部分。这部分结构要严谨，层次要分明，条理要清晰。结构是指文章的内部组织、内部构造，是对文章内容进行安排的形式。结构的实质是作者如何认识事物的问题。只有有正确的思维，深刻的事物认识，文章结构才会严谨。好的结构，会使文章中心鲜明突出，内容层次清楚，材料衔接自然，思路贯通清晰，前后起伏照应，使文章集中统一协调完整，从而增强论事说理的逻辑性与表现力，使文章的形式具有一定的美感。结构的格式是多种多样的，可以是情况、问题、建议三段式，也可以是情况、问题、根源、建议四部分，还可加预测部分，但不是一成不变，千篇一律的。

结构的形式具体体现在层次、段落上。层次即指内容的先后次序，常见的有序时连贯式、序事递进式、总分式、平列式和简要式五种。

（1）序时连贯式，即按事物发展经过和时间顺序安排层次，各层意思之间是连贯关系。

（2）序事递进式，即指文章各部分内容，按事理的发展顺序排列。它可以是先因后果或先果后因的因果序事式；也可以是按事理发展的连续性，每一阶段一个层次；还可以是按事理意义上的一层进一层，层层深入的递进关系的递进式。

（3）总分式，即先总起来说，然后分开说；或者先分开说，后总起来说；或者前后都总说，中间分开说。总分式可以是平行总分式、对比总分式、递进总分式和序时总分式。

（4）平列式，即各部分内容相对独立，各层意思之间是平行并列关系。这种结构形式可以是同事平列式，也可以是异事平列式。

（5）简要式，一般是篇幅短小、层次简单的分析报告，多用于快报、信息、简讯和小分析报告。

结构、层次是着重于事理的划分，文章中在文字表达上的体现就是分段。分段要清晰地表现出分析报告的内容层次，一般要注意单一性和完整性，即每一段只说一个中心意思。层次、段落之间，既分明又连贯，层次与段落关系十分密切。

层次与层次、段落与段落之间需要过渡，是指不同意思能够自然转换的一种写作技巧。过渡常用过渡段、过渡句或过渡词来实现不同意思的自然转换。其转换可以用意义上的连续、递进关系，可以用段意上的延续、呼应关系；可以运用小标题；可以运用顺序码设置层次或段落。

5. 结尾要自然完满，简短有力

结尾，是统计分析报告的结束语。它是文章思路发展或问题分析、解决的自然结果，也是文章思想内容的必然归宿。好的结尾，可以帮助读者明确题旨，加深认识，引起读者的联想和思考。对结尾的要求是自然完满、简短有力，不拖泥带水、画蛇添足。统计分析报告结尾的主要内容是：总结全文，照应开头；或重申观点，强调对问题的看法和建议；

或补充说明，强调导语和正文未提到的问题；或以饱满的热情展示前景，提出新问题，预测发展趋势。统计分析报告结尾的写法并没有硬性规定，主要由文章思想内容决定，要不落俗套，不断创新，一般的写法有：总括全文，做出结论，展示意义；指示今后，预测未来，指明趋势；呼应题目，补充说明，深化题旨；或是综合全篇，强调基本观点，突出中心思想，使读者进一步明确全文内容。

二十、统计分析报告的表达

统计分析报告的表达是作者运用书面语言，将构思中形成的对客观事物的认识，完整、恰当地表达出来，从而将其撰写成文章的过程，采用文章形式的书面语言，以便于交流和传播。

1. 统计分析报告的表达方式

统计分析报告中普遍运用的表达方式有叙述、说明和议论。

（1）叙述

叙述是指对事件或人物活动过程的述说。叙述主要用于以下四种情况：

①交代统计调查工作情况；

②记叙某些事情的经过；

③阐明作为证据的具体事实；

④对措施或经验进行阐述。

叙述一般是按照事情发生、发展的过程和时间顺序来叙述。要求头绪清楚、交代明白，以便于读者了解具体的事实。

（2）说明

说明是指对事物的情况、性质、状态、特征、成因、构造、性能等做的具体的解说或阐述。说明主要用于以下七种情况：

①阐明写作目的；

②解释统计指标或统计方法；

③解说统计数字变化的意义；

④表明现状的数量情况；

⑤介绍地理环境、自然资源及历史沿革情况；

⑥介绍某些单位或部门（行为）的概况；

⑦统计图表的运用和说明。

统计分析报告的说明，要求准确地把握事物的真实情况，客观地、科学地加以说明，不要在说明中掺杂作者的感情和主观臆想。

（3）议论

议论是运用事实和事理材料进行逻辑推理，判明是非，论证自己的见解和主张。议论由论点、论据和论证三个要素组成，主要用于以下六种情况：

①对情况做出概括和评价；

②对事物的特点做出判断；

③判明存在的问题及问题的性质；

④对原因进行剖析；

⑤阐明主张与建议；

⑥篇首开宗明义。

从明理角度来看，议论就是归纳法、演绎法、类比法、引证法、反证法、归谬法等说理方法的表达。在议论中应遵守逻辑规则，注意有关的前提和条件，以保证议论的正确性。

2.统计分析报告语言的运用

统计分析报告的语言运用不同于文学作品和理论文章，要求精练、准确、生动、具体，要注意以下十点：

（1）直接性

开门见山，直入文意，避免套话，不说空话。

（2）真实性

实事求是，如实反映情况，讲真话，不说假话，也不能说半真半假的话。

（3）实在性

具有实在的内容，言之有物，不讲玄话。

（4）准确性

有一说一，有二说二，说准确话，不说大概、大约的话，不能随意估计和猜测。

（5）平易性

语气要平易近人，切忌武断、生硬，不说指教人的话。

（6）鲜明性

语言要明快、直截了当、不隐讳、不曲折，更不可讲暧昧不明的话。

（7）通俗性

运用通俗语言，不用令人费解的、深奥难懂的语言。

（8）朴实性

用朴实无华的语言，不滥用文言、欧化语和浮华的形容词。

（9）简练性

语言要干脆利落、简练紧凑、简明扼要，不繁杂冗长、不着边际、东拉西扯。

（10）可读性

适当运用修辞手法，激发读者兴趣，不用平淡无味、枯燥乏味的语言。

3.统计分析报告的数字表达

数字是统计的语言，也是统计报告论事说理的工具，必须很好地运用。在统计分析报告中，数字的表达一般有以下十种方法：

（1）显示法

显示法是指用统计数字做引题、正题、副题、小标题，以引起读者重视。

（2）指示法

指示法是向读者直接指示统计数字或指明统计数字的意义，以引起读者对数字的注意，

（3）密度法

密度法是指适当地控制统计分析报告的数字密度，数字不应太多，也不要过少，一般控制在全文的10%~30%，分布要均衡。

（4）概略法

概略法是指把复杂的统计数字概算、扩算或简化，使读者易读易记、惊叹。可采用概数、大单位数、范围数、代表数、代替数等方法。

（5）明晰法

明晰法是指采用抽象数变具体数或数字加解说的办法把一些比较抽象、复杂的统计数字变得更清晰、更明确。

（6）对称法

对称法是指将差别较大的两种事实数字进行对照，引起读者注意。

（7）揭示法

揭示法是指揭示统计数字背后的实质，加强统计数字的效果。

（8）联系法

联系法是指运用突出的事实、典型的事例，引起人们注意，加强统计数字效果。

（9）形象法

形象法是指用比喻、夸张等手法使统计数字变得形象、具体，以便读者理解。

（10）图表法

图表法是指通过统计图表来表示统计数字，给读者直观印象，以增强统计数字效果，但图表不宜用得过多，内容不宜复杂。

第五章 基于统计学课程的大数据教学软硬件建设与开发

随着信息化时代的到来，信息技术不断推陈出新，信息化教学资源日臻丰富，智慧教室建设方兴未艾，为统计学课程教学提供了广阔的舞台。实践证明，学科教学方法与教学资源软硬件的有效融合，不但极大地提高了课堂教学效率，有效地激发了学生的学习兴趣和认知主体的动机，调动了学生学习的积极性和主动性，而且在学习过程中更有助于学生形成新思想、新观念、新方法，增强了学生的创新意识，培养了学生的观察能力、思维能力和创新能力，较好地提高了教学质量。因此，在信息化教学中进行有效的教学资源软硬件建设已经成为学校教育发展不可缺少的重要内容。

第一节 智慧教室

一、智慧教室概述

教室是一个教与学的物理场所，是学习环境的物化。信息技术的快速发展对教育领域产生了极大的影响，新科技、新设备，如笔记本电脑、投影仪、计算机、电子白板等进入教学课堂中，构成了数字学习环境。智慧学习环境是在物联网、云计算、人机交互等新兴信息技术的飞速发展下，以及启发式教学、参与式教学、探究式教学等新型教学模式的不断推广与深入下，由数字学习环境演变出的一种高端形态。智慧教室是智慧学习环境的物化，是基于传统多媒体教室和录播教室的功能，融合了先进的人机交互、智能感知、云端一体化教学平台等功能的新一代信息化、开放化的互动式教室形态。

（一）智慧教室的发展

智慧教室的特性可概括为内容呈现（Showing）、环境管理（Manageable）、资源获取（Accessible）、及时互动（Real-time Interactive）、情境感知（Testing）五个维度。这五个维度正好组成"SMART"，是智慧教室（Smart Classroom）特征的体现。

1. 国外智慧教室现状

国外对智慧教室的研究起步较早，随着 IBM 提出"智慧地球"后，围绕智慧教室的探索开始发展。目前，国外已有很多成熟的智慧教室的案例。

（1）加拿大 McGill 大学智慧教室

McGill 大学的智慧教室（Intelligent Classroom）项目是通过技术来改进教学，教室内安装了能够捕获现场信息的软硬件，实现了对课堂教学的音视频、PPT 演示及手写注释的捕获并存储，方便学生课后再次访问，该智慧教室已在校内应用。McGill 大学的智慧教室中配备有计算机、笔记本电脑、实物投影仪、交互式电子白板、手写板、按钮面板等教学设备，以及用来拍摄教学现场和教师教学内容的多台摄像机、麦克风等设备，拍摄的内容经过编码计算机编码后形成视频资料，方便学生课后学习访问。通过设计按钮面板来智能控制整个教室的所有设备，包括教室中的扩音系统和灯光系统等物理环境的控制以及对教学设备的控制，方便教师的操作。

（2）苹果明日教室

苹果明日教室是 APPLE 公司与美国公立学校、大学、研究机构进行合作开展的研究项目，该项目的研究目的是探究如何使用现有技术来改变教师与学生间的教与学的方法。项目组通过长达 13 年的时间，在美国的 100 多所中小学教室中进行研究，探讨多维度教学、学校与教室新格局以及新技术在教学中的应用。在苹果明日教室中，教师与学生的交流变得更加便捷和高效，方式也变得更加多样化，对于各种技术和设备有了更加直观的认识和了解。在苹果明日教室中，技术成为知识传播的媒介。

除此之外，还有美国西北大学智慧教室、加利福尼亚大学欧文分校智慧教室、DELL 智慧教室、日本 i-Japan 智慧教室、加拿大多伦多大学智慧教室等。

2. 国内智慧教室现状

以国内某师范大学未来教室为代表，其设计理念包括六个方面：云端一体化、互动多样化、模式多元化、行为可视化、管控智能化、能耗绿色化。

（1）云端一体化

依托教育云基础环境，集成海量优质教学资源构件、智能学科辅助工具、在线学习社区以及第三方服务，实现课堂教学云端一体化。

（2）互动多样化

提供多种形式的互动教学，包括远程互动课堂实现"面对面"互动教学，师生与教学设备的人机交互，课堂内师生和生生之间通过智能终端等设备进行视频、语音、图像和文字信息的互动等。

（3）模式多元化

提供多种教学模式，教师可根据课堂的需求选择不同的教学模式，包括以教为主的传统授课模式，也包括以学生为主的"翻转教学""补救教学""探究教学"等个性化教学模式，还包括将信息技术应用于传统课堂教学的混合教学模式。

（4）行为可视化

智慧教室依据教学过程中学生线上线下的行为，基于教育大数据分析，自动输出智能诊断分析报告，为学生提供高质量、个性化的学习体验。

（5）管控智能化

利用教室物联网对教室环境中的视听、计算、显示、交互、光线、温度等进行智能化管制。基于教育云平台，利用校园一卡通和电子课表，实现教学资源的智能推送、数据自动收集、教室设备自动管控等服务。提供稳定、实用、适应性最佳的终端管理平台，提供远程维护、安全管理、行为管理等。

（6）能耗绿色化

充分体现绿色建筑的理念，使未来教室在满足教师和学生的功能需求的前提下，消耗最小的资源和能源，且对环境的影响最小。未来教室是根据教学模式变革与创新的需求，用先进的信息化教学装备取代现有的传统教学装备，实现双屏教学、交互式教学、课堂直录播等多种教学模式的创新，同时利用智能控制技术来实现所有教学设备及教室环境设备的一键式本地或远程管理。

二、智慧教室与统计学信息化教学

智慧教室学习环境中的信息化教学平台和移动终端工具可以促进师生交流，拓展教学智能，促进学生认知。统计学课程教师应该充分体现智慧教室信息化教学环境的优势，利用信息技术为学习者创设逼真的学习情境，让学习者在逼真的学习情境中学习体验，激发学习者的学习兴趣，有效促进学习者知识的内化和运用。因此，基于智慧教室的统计学课程教学模式应充分利用智慧教室的技术优势，提倡并鼓励学生自主探究、讨论分享，积极参与课堂教学互动，培养学生的创新思维和探究能力。

（一）基于不同智慧教室的信息化教学模式

黄荣怀从内容呈现（Showing）、资源获取（Accessible）、及时互动（Real-time Interactive）三个维度入手，把智慧教室分成了"高清晰"型、"深体验"型和"强交互"型三种类型。

"高清晰"型智慧教室支持"传递—接受"式教学模式，双屏显示合理呈现教学内容，学生的座位基本固定，及时交互主要以师生互动为主。该类智慧教室支持学生即时获取和存储丰富的教学资源，促进学生有意义地学习。统计学课程教学中的听说教学，尤其是视听说教学能通过"高清晰"型智慧教室更好地传递教学信息。

"深体验"型智慧教室支持探究性教学模式，学生座位布局灵活，教学内容呈现主要以学生个人终端为主，支持学生自主学习、深入探究。该类智慧教室支持各种终端接入，以保证学生对各种教学资源的方便获取，并通过计算机或移动设备进行信息反馈，促进学生进行"个人探究"学习，培养学生的探究与发现精神。在统计学课程教学中，当统计学教师开展写作训练或翻译训练时，"深体验"型智慧教室有助于支持高职生开展自主性的个人探究学习。

"强交互"型智慧教室支持小组协作学习，学生座位布局以"圆形"为主，教学内容呈现以小组终端为主。该类智慧教室支持学生使用小组无线终端进行即时讨论交流、协同创作，课堂交互以生生互动为主，适合开展以小组协作为主体的课堂教学，培养学生的合作交流意识与创新思维能力。在统计学课程教学中，"强交互"型智慧教室能有力地支持并开展以小组为单位的讨论。

（二）智慧教室 ARS 互动教学模式

李红美、张剑平结合智慧教室中课堂互动教学的特点，参照定性建模的方法，与一线教师联合进行实践探究，构建了面向智慧教室的 ARS（Audience Response Systems，教学应答系统）互动教学模式，其关注课前、课中、课后一体化的教学活动设计，教师的教学策略为问题驱动、引导、调节和评价，学生的学习方式为自主、合作、探究、自我评价。

统计学课程教师在教学中，可通过课前、课中、课后三阶段来实现该教学模式。课前，教师上传资源布置任务，学生预习和完成作业；课中，教师根据学生预习反馈情况确立教学起点，组织课堂教学，呈现问题，学生即时反馈，教师依据学生反馈的信息组织同伴教学或全班讨论，学生互评，最后教师讲评和总结，学生依据反馈信息调整学习；课后，教师布置分层作业，进行教学反思，学生进行拓展练习，学习反思。

（三）基于智慧教室的混合式教学模式

该教学模式注重将线下和线上的资源结合起来使用，强调线下线上一体，注重运用情境来增强学习者的感受体验，通过游戏将学习趣味化，营造轻松、愉悦的学习氛围。该模式分为三个阶段：混合式教学的前期准备阶段、混合式教学活动、基于智慧教室混合学习实施与评价。

统计学课程教师在运用该模式组织统计学课程教学时，在前期准备阶段，首先要进行学习者分析、学习内容分析、学习环境分析，通过对这些要素的分析进行智慧教学资源的设计与开发，将所有资源上传至云平台，供学生观看学习。开始上课前，打开智慧教学系统进行课堂录播，课外学生可以扫码实时进入课堂，也可供学生课后复习时观看。在教学活动阶段，进行课前"热身"活动，教师登录云平台，将提前设计好的教学资源上传至云平台，然后发布任务单，学生查看教师发布的任务单并点击资源完成相应的任务，这部分活动在云平台上完成。课程开始后进入课中学习，教师播放准备好的教学资源，进行新课的讲解，采用传统课堂的上课方式，并以游戏化教学进行教学点拨，设置相应的教学互动环节，利用情境教学法让学生充分参与课堂，加强他们的交流和沟通能力，让学生更好地理解教学内容，提高学生的兴趣，同时解决他们在课程中遇到的实际问题。

第二节 信息化条件下的教学资源建设

一、微课

（一）微课的定义

随着国内教育界对微课实践的不断丰富和相关研究的逐步深化，专家学者对微课给出了不同的定义。

微课创始人胡铁生在 2011 年、2012 年、2013 年先后对微课的定义进行了完善。他认为，微课是以微型教学视频为载体，针对某个学科知识点（如重点、难点、疑点、考点等）或教学环节（如学习活动、主题、实验、任务等）而设计开发的一种情景化、支持多种学习方式的新型在线网络视频课程。该定义阐明了如下要点：微课的目的是追求最佳教学效果；微课的设计基于信息化教学；微课的媒体形式可以是流媒体、视频或动画等；微课的内容是某个知识点或教学环节；微课的时间简短；微课的本质是完整的教学活动。

焦建利认为，微课是以阐述某一知识点为目标，以短小精悍的在线视频为表现形式，以学习或教学应用为目的的在线教学视频。

黎加厚认为，微课是指时间在 10 分钟以内，有明确教学目标，内容短小，集中说明一个问题的小课程。

张一春认为，微课是指为使学习者的自主学习获得最佳效果，经过精心的信息化教学设计，以流媒体的形式进行展示的围绕某个知识点或教学环节开展的简短、完整的教学活动。

虽然以上专家对微课定义的表述不一，但他们基本上都是围绕教学目的、教学时长、教学内容、教学手段、教学效果来展开论述的，定义有许多相似之处。

（二）微课的特征

微课具有以下八个主要特点：

1. 教学时间较短

微课视频是微课的核心组成部分。一般微课视频时长不超过 10 分钟，因此相对于传统的 45 分钟一节课的课堂教学来说，微课可以被称为"课例片段"或"微课例"。

2. 教学内容较少

微课不同于传统的教室，其在实际教学中主要针对特定的主题以及教学重点来展开，这更加便于教师进行主题的教学。微课存在的价值是为了突出课堂教学中所要表达的重点以及难点问题，通过聚焦的方式进行二次学习，这样使得所要教学的课题更加精练，同时也便于学生的学习和理解。

3. 资源容量较小

微课主要采用视频以及其他辅助教学硬件来展开。例如，一堂微课在电脑中占用的空间只有几十兆字节左右，同时在视频格式的选择上也非常丰富，几乎涵盖了所有的媒体格式，这样师生在进行教学以及学习时就方便了很多，同时微课资源也非常便于储存和携带，常用的存储设备都能够很容易地进行储存和转发，这样更加方便了教师的讲课以及学生的学习。

4. 资源构成情景化

微课的教学形式多样，所要表达的教学内容也非常明确、完整。视频片段的播放方式以及多样化的多媒体素材等更加容易使教学内容变得情境化，从而加深学生的共识以及理解。教师在进行微课教学时利用情境化的教学课件更容易将学生带到教学情境中，这样学生将会更加真实和具体地体会到教学中的内容，同时这种教学方式还能够锻炼学生的思维能力和感知能力。长期的微课教学同样可以提高教师的技能以及专业能力，从而提高课堂教学质量。学校也可以针对微课进行教学改革，利用微课带来的优势来弥补教学模式创新方面的不足，从而加强学校的影响力。

5. 主题突出，内容具体

微课通常表现的主题非常精练而且专一，这就体现出了微课具有主题突出、内容具体的特点。通过对单一问题以及难点的精练和学习，可以加深学生对知识点的理解，同时微课在解决一些如学习策略、学习方法等具体的问题时具有非常积极的作用。

6. 趣味创作

微课以短小精悍而著称，正因为如此，微课被越来越多的人所研究和创造。微课因教学而存在，这就说明微课中表达的内容一定是与教学相关联的，而不是专业地论述某一个观点或者学术内容，所以这就决定了微课所创造的内容一定是与教学息息相关的。

7. 成果简化，多样传播

微课所表达的内容非常清晰、完整，而且表达的主题非常突出，微课的教学内容很容易被学生理解和学习。另外，由于微课采用的形式比较前卫，所以微课的传播方式非常方便而且多样化。

8. 反馈及时，针对性强

微课教学内容少，而且教学时间短，教师在教学结束后很容易得到学习者对教学内容的反馈，从而使教学内容更具针对性。

（三）微课在统计学课程教学中的实现路径

1. 合理设定微课内容

教师应该根据学生学习语言的具体需求来确定微课的开展方式，教学的内容需合理而丰富，以获得预期的教学效果。高职阶段学生学习语言的需求主要有两个方面：一是需要学习一些统计学课程的基础知识，二是提高自身使用统计学的技能。教师可以以此为目标来设计微课。针对学生学习基础课的需求，微课中要包含一些与统计学考级相关的内容。应根据大学统计学的教学目标，按不同的内容和顺序来设计微课的内容，例如语义知识和篇章结构知识。

对学生进行听力、口语、阅读及写作能力的培养也是统计学课程教学的目标，教师应根据此目标制作一些相关的微课视频，方便学生根据自己的需求来选择学习。将微课引进教学过程后，教师应当及时创建一个方便、快捷的交流平台，引导学生在这个专用平台上展开交流、讨论，潜移默化地提高他们参与微课的热情。

2. 重视媒体资源的选择和作品版权的保护

微课的教学视频是微课重要的教学资源，所以必须做到制作精良、选择准确、共享便捷。视频类资源是微课视频的制作基础，目前我国网络上的各类视频资源质量良莠不齐，因此需要制作者针对大学语言教学的需求进行精心的筛选，努力制作出质量上乘、丰富实用的微课视频，让微课教学健康、有序地在大学统计学教育中发挥应有的作用。

从法律层面来看，我国的互联网资源在产权保护及共享方面还缺少严格且周密的相关规定，因此高校和教师都应该提高这方面的意识，在积极投入人力、物力、财力，加快制作微课视频的同时，也要注意保护好属于教师的微课视频的著作。只有做到保护和发展并举，大学统计学微课教学才能沿着健康、高效的道路前进。

3. 构建微课程网络学习平台及教学资源库

构建微课程网络学习平台及教学资源库是成功运用微课实施教学的条件之一。网络平台要具备发布学习指导、学习资源、微课视频、在线测试及测试结果的即时反馈与统计功能，并在满足日常建设、管理的基础上增加便于应用、研究的功能模块。此外，要对师生就平台管理及应用展开信息化技术培训，提高他们的信息素养。微课资源开发及运用的主要模式为自制方式、合作方式及拿来方式。

针对统计学课程教学内容需求、教学设计目标、教学活动方式及微课设计的原则，鼓励教师积极地投身微课程资源库建设。至于互联网拥有的大量的开放性微课及慕课教学资源，教师可适当甄选，整合利用。可供浏览参考的相关教学资源网站有可汗学院、美国60秒课程网、世界各大名校公开课网站、网易云课堂、中国外语微课大赛网等。

4. 深入开展基于微课的教学设计

基于微课的翻转课堂是一种融合课内课外、线上线下、正式学习和非正式学习于一身的混合式教学模式，有助于激发学生的灵感和创造力，提高他们的学习兴趣和参与度。要开展基于统计学听、说、读、写等活动的项目学习及丰富多彩的课堂教学活动，以任务驱动法来推动学习任务的有序进行，进而使学生获得深度学习体验，显著构建知识体系。学习者经历的目标制定、自主学习、协作探究、成果展示和交流反馈过程，实质是一种有意义的深层次学习互动体验。微课的核心是教学视频，包括与教学主题密切相关的教学设计、素材课件、习题测试、教学反馈与反思等辅助性教学资源，教师要根据微课的类型（课前复习类、新课导入类、知识理解类、强化训练类、小结拓展类）精心设计，精选典型的教学案例，以利于激发学生的创造力和发散性思维的、更具弹性的设计方式组织开展教学活动。

5. 构建新型混合式统计学课程翻转教学模式

翻转课堂实质是一种混合式教学模式，在线完成课前学习，其余活动则在有教师指导和监控的传统课堂进行。信息技术和活动学习成为支撑个性化协作学习环境的两个支点，学生能对自身的学习时间、地点、路径及进度加以调控。Staker 和 Horn 把混合式教学模式分为四类：轮转模式、弹性模式、自我混合模式和全校虚拟模式。而翻转课堂属于轮转模式的一种。

把传统教学模式与翻转教学模式进行有效整合，形成混合式翻转教学模式，以实现课内课外、线上线下多种教学（学习）模式并存，使优势互补。（1）传统学习模式：以纸质教材为蓝本，黑板、粉笔为媒介，教师灌输、学生接受的教学模式。（2）协作学习模式：角色扮演、小组辩论、交际任务演练和小组活动成果展示等。学生在课前观摩微课视频，明确任务与活动的目标及策略，并利用网络资源，通过小组交流协作、头脑风暴等形式，共同完成教学任务。（3）传统学习模式与网络化学习模式相结合：基于网络多媒体环境的以阅读教学为主、写译教学为辅的读写译综合技能训练，是一种典型的混合学习模式。（4）网络化学习模式与自主学习模式相结合：基于网络多媒体环境的统计学综合技能训练，尤其是听说技能训练，学生利用网络学习平台进行个性化自主学习，教师在线答疑解惑。（5）基于网络的探究式学习模式与协作学习模式相结合。（6）基于网络的学习任务和学习者的主动学习课堂相结合的适时教学模式：如基于JTT（Justin-Time Teaching）的统计学翻译、写作教学模式，亦为混合式学习模式的一种。

6. 构建新型翻转课堂教学监控及评价体系

翻转课堂变革了传统的课堂教学模式，将知识传授和知识内化进行了反转，重塑了师生角色定位，并对教师和学生构成了双重挑战。教师作为微课视频的制作者、教学的设计者与组织者、学习的协助者与监控者，要善于有效把控课堂，不能让课堂交流讨论流于形式或失控。要善于精讲多练，把握多讲与少讲的分寸与艺术，赋予学生更多的学习自主权。要兼顾不同层次学生的个性化需求，集中探讨典型问题，做到分类指导、因材施教。

教学评价乃教学的重要环节，要构建全面客观、科学准确的新型翻转课堂教学监控及评价体系，对实现翻转课堂教学目标至关重要。要加强自评、互评及对个人与小组的评价，将定量评价与定性评价相结合，强化过程性评价、重视终结性评价并拓展目标性评价，同时也要关注学生情感、态度、价值观等方面的评价。要对学习进程实施动态观测、评估和监督，并对学习任务及其完成情况进行指标量化和在线追踪。终结性评价除传统的纸质笔试考核外，还可结合机测及口试，力求多维度考核学生的语言综合运用能力及学习效能。

二、统计学课程信息化教学资源库建设

教学资源库建设是促进主动式、协作式、研究型、自主型学习，形成开放、高效的新型教学模式的重要途径。教学资源库建设平台是以资源共建、共享为目的，以创建精品资源和进行网络教学为核心，面向海量资源处理，集资源分布式存储、资源管理、资源评价、知识管理为一体的资源管理平台。信息化教学资源是教学资源库的重要组成部分。

（一）信息化教学资源的分类及特点

1.信息化教学资源的定义

信息化教学资源属于信息资源的范畴，是从狭义理解上的一种特殊的信息资源，是一种经过合理选取、组织之后形成有序化，有利于学习者自身发展的有用信息的集合。信息化教学资源是指蕴含着大量的教育信息，在学与教的过程中，通过使用者的使用能创造出一定的教育价值，且以数字化形式存在，并可以在互联网上进行传输的信息资源。

2.信息化教学资源的分类

从信息技术的角度来看，教学资源分为媒体素材类教学资源、集成型教学资源、网络课程教学资源三大类。

（1）媒体素材类教学资源

媒体素材类教学资源是教学信息传播的基本材料单元，可分为文字资源、图形/图像资源、音频资源、动画资源和视频资源五大类。

第一类是文字资源。文字是进行信息交流的一种重要手段，它是通过一定的符号来表达信息的一种工具，其根本作用在于承载信息与传递信息。在教与学的过程中，教科书、练习册等主要以文字的形式进行信息传播。因在网络信息传播中使用文字时，不仅有字体、字号大小、颜色的变化，还有新的拓展，因此一般用"文本"这个词来代表网络上的"文字"这个词。

第二类是图形/图像资源。图形是教与学的过程中比较特殊的一种资源，因其较为抽象，所以在传播中承载的信息量较少。图形有数据量小、不易失真的特点，因此图形在多媒体教学和网络传播中应用得较多。从最终的呈现来看，图形与静态图像没有太大区别。图像也是一种较特殊的教学资源。在信息技术环境下所使用的图像，与报纸、杂志和电视

使用的图像相比，有如下特点：

①信息量大。信息技术环境下所用的图片色彩丰富、层次感强，可以真实地重现生活环境（如照片），因此其承载的信息量较大。一般情况下，我们都是用数字技术把图片压缩并存储在服务器中的，容量十分巨大。

②选择性强。静态图像非常逼真、生动、形象，可以提供较高质量的感知材料。图片多，传递的信息也多，受众通过图片来获得信息的选择余地就很大。受众可以根据自己的需求和爱好来挑选图片，并将其保存到自己的计算机上，或者将图片打印出来，以后慢慢欣赏。

③可编辑性强。受众可以对图片进行放大、缩小和编辑。报纸、杂志在刊登图片时，图片大小是固定不变的，受众更不能对图片进行编辑。信息技术环境下所使用的图片，受众可以点击将其放大或缩小，也可以用专门的软件对其进行编辑和修改，如用 photoshop 可将图片处理成油画效果、水彩画效果、浮雕效果等。

第三类是音频资源。音频包括波形音频、CD-DA 音频和 MIDI 音频。波形音频是记录声音的最直接形式，对记录与播放的环境要求不高，因此在媒体教学软件中应用得最多，缺点是数据量比较大。CD-DA 音频又称数字音频光盘，是高质量立体声的一个国际标准。MIDI 音频的播放需要借助解释器，因此对环境要求较高，但由于其数据量比较小，非常适合在播放背景音乐的场合使用。音频属于过程性信息，有利于限定和解释画面。音频在教学中如果应用得当的话，不仅能用于传递教学信息，使学生积极地使用听觉接受知识，还有利于集中学生学习的注意力，陶冶学生的情操，挖掘学生学习的潜力。

第四类是动画资源。动画是通过连续播放一系列画面，给视觉造成连续变化的图画，是对事物运动、变化过程的模拟。它的基本原理与电影、电视一样，都是视觉原理。一般来说，用来传递信息的动画都需要借助专门的工具进行制作。这些动画，按动作的表现形式来区分，大致可以分为接近自然动作的"完善动画"和简化、夸张的"局限动画"；如果从空间的视觉效果上来看，可分为平面动画和三维动画；从播放效果上来看，可以分为顺序动画（连续动作）和交互式动画（反复动作）；从每秒播放的幅数来看，还有全动画和半动画之分。动画在制作过程中，忽略了事物运动、变化过程中的次要因素，突出、强化了其本质要素，因此有利于描述事物运动、变化的过程。此外，经过创造设计的动画更加生动、有趣，有利于激发学习者的学习兴趣和积极性。

第五类是视频资源。同动画媒体相比，视频是对现实世界的真实记录。视频具有表现事物细节的能力，适宜呈现一些学习者觉得较为陌生的事物，它的信息量较大，具有更强的感染力。通常情况下，视频采用声像复合格式，即在呈现事物图像的时候，同时伴有解说效果或背景音乐。当然，视频在呈现色彩丰富的画面的同时，也可能传递大量的无关信息，如果不加鉴别，便会干扰学生学习。

（2）集成型教学资源

集成型教学资源一般根据特定的教学目的和应用目的的集合而成，是一种将多媒体素材和资源进行有效组织的"复合型"资源。按照这些资源的实际应用形态，又可以将其分为课件与网络课件、案例、操作与练习型、虚拟实验型、微世界、教育游戏类、电子期刊类、教学模拟类、教育专题网站、研究性学习专题、问题解答型、信息检索型、练习测试型、认知工具类和探究性学习对象等。

下面就常用的集成型教学资源做简单介绍。

试题库：试题库是按照一定的教育测量理论，在计算机系统中实现的某个学科题目的集合，是在数学模型的基础上建立起来的教育测量工具。

试卷：试卷是用于进行多种类型测试的典型成套试题。

课件与网络课件：课件与网络课件是对一个或几个知识点实施相对完整教学的教育、教学的软件。根据运行平台进行划分，可分为网络版和单机运行的课件。网络版的课件需要能在标准浏览器中运行，并且能通过网络教学环境被大家共享，单机运行的课件可通过网络下载后在本地计算机上运行。

案例：案例是指由各种媒体元素组合表现的有现实指导意义和教学意义的代表性事件或现象。

文献资料：文献资料是指有关教育方面的政策、法规、条例、规章制度，对重大事件的记录、重要文章、书籍等。

常见问题解答：常见问题解答是针对某一具体领域最常出现的问题给出全面的解答。

资源目录索引：列出某一领域中相关的网络资源地址链接和非网络资源的索引。

（3）网络课程教学资源

网络课程是指通过网络表现的某门学科的教学内容及实施的教学活动的总和，它包括两个组成部分：按一定的教学目标、教学策略组织起来的教学内容和网络教学支撑环境。其中网络教学支撑环境特指支持网络教学的软件工具、教学资源以及在网络教学平台上实施的教学活动。网络课程顺应人们需要终身学习这一趋势，给人们随时获取知识提供便利和强有力的支持。

3.信息化教学资源的特点

传统的教学资源易受环境、条件的限制，如书本、报纸，杂志等时间长了易发黄，录像带或录音带上的内容时间长了会因环境过于干燥而导致磁粉脱落，或因环境过于潮湿而发生粘贴。随着信息技术的发展，现代信息技术环境下的教学资源，改善了传统教学资源的不足。信息化教学资源具有以下特点：

（1）存储与传播的数字化

数字化是计算机数据和网络传播的本质特性。当今世界，各行各业的信息处理趋于数字化，由计算机和计算机网络构成的信息处理系统和信息传输系统已将世界的各个角落连为一个"村落"。在这个世界中，人们在信息处理、加工传输等方面，都是以数字化方式进行的。正如构成物质世界的基本单元是原子一样，计算机处理的数据是以0和1两种状态存在的比特，构成网络信息世界的基本单元也是以 0 和 1 两种状态存在的比特。无论是形式多样的图像，还是悦耳动听的声音，归根到底都是通过 0 和 1 这两个数字信号的不同排列组合来进行表达的。这使得信息第一次不但在内容上，而且在形式上获得了同一性。

（2）教学资源的丰富性

网络空间无限，通过网络可传送多种媒体教学信息，如文字、声音、视频、动画等，这不但打破了传统教育中单一的教学信息局面，而且极大地丰富了教学资源的种类，满足了不同层次学习者对学习的需求。同时，网络在信息传送方面也非常迅速、快捷，这使得其能够快而新并且丰富地反映当今的教学内容，不拘泥一地一校的范围，可以通过模拟图书馆或教学资料库的形式，收集大量相关的专业知识资料，反映学科最新的发展动态，提供同一学科不同的教学内容。学习者可以及时获得适合自己的教学资源，如最新的教学大纲与构思、教学资料、网络教程、各种教学软件等。

（3）教学资源的开放性

网络的飞速发展，使得硕大的地球变为"地球村"，因此各类教学资源也具有了前所未有的开放性。教学资源的开放性主要表现为教学资源完全打破了传统的或者说物理上的空间概念。从北京到上海与从北京到纽约的距离，在网络上是一样的，真实的地理距离不存在了，国界等的限制也不存在了，网络上的教学资源可以随用随取。

（4）教学资源的可扩展性

传统的教学资源的可加工性、处理性较弱，且不易推广应用，如教学挂图、教学校具等很难进行再加工。信息化时代完全消除了传统教学资源的这种弊端，使得教学资源具有较大的可扩展性，可在现有资源的基础上进行横向扩展和纵向的精加工，以满足不同学习者或同一学习者不同时期的学习需求。

（5）教学资源的再生性

信息时代是一个富有创造性的时代，信息时代的教学资源可以在学习者的积极参与下，通过学习者利用信息技术对知识的整合、再创造来实现教学资源的再加工、再创造，从而丰富其内容。

（6）教学资源使用的灵活性

计算机网络突破了传统教学资源在使用时的时空瓶颈，学习者在学习时可以自由选择课程、教师、学习进度和学习时间，可以从网上查询自己想学的课程和资料。学习者在网上学习既可以是实时的，即异地教师、学习者在同一时间进行教学活动，又可以是非实时的，即教师预先将教学内容及要求存放在服务器中，学习者根据自己的时间灵活安排，在网上下载进行学习。只要有计算机、电话线及调制解调器的地方，都是学习的场所，同时学习者也可以通过网络向教师提出问题，和其他学生进行讨论。

（7）师生在学习活动中的交互性

传统教学中，师生虽可进行同步交流活动，但要受时间、地点的限制。信息技术环境下，网络资源一改以往书籍、报刊等印刷品以及广播电视等电子信息的单向传递方式，也不同于电话必须同步双向交流的方式，利用网络工具进行教与学，打破了时空的界限。学习者可以用同步或不同步的方式进行学习，教师与学生、学生与学生之间可以进行双向和多向的信息交流，双方可以采用文字、声音、视频等媒体进行信息的交流。

（二）统计学课程教学资源库建设路径

1. 抓准统计学课程特点

就内容而言，统计学课程教学资源库的建设可以分为普通用途统计学课程教学资源库和特殊用途统计学课程教学资源库两个大类。以统计学课程为例，统计学课程课程特点主要包括：第一，统计学课程教学内容都是以行业企业的实际工作情境为载体，借助职业任务呈现教学内容的，因此统计学课程教学具有很强的职业情境性。第二，统计学课程的教学目标是培养学生在职业情境中综合运用专业知识完成学习任务的能力，具有实用性强的特点。因此，统计学课程教学不仅其有统计学语言知识教学的特点，更强调通过大量的角色扮演、任务实施等实践应用性教学活动实现对学生语言运用能力的培养。第三，统计学课程教学手段上呈现出现代化的趋势。随着互联网技术的发展，计算机、多媒体、移动终端等都逐步进入了统计学课程课堂教学与课外学习。借助信息技术与网络技术开展教学，逐步成为统计学课程教学的常态，这将为提高统计学课程教学效率和教学质量奠定基础。以上特点要求在开发统计学课程教学资源时，除了要提供统计学课程的学科知识，更重要的是要提供有利于语言学习和应用能力培养的资源类型，如职业活动场景视频和语言情景练习互动软件等。总之，统计学课程教学资源只有与行业企业实际需求实现"零距离"，才能充分发挥统计学课程课程的育人作用，实现学生在统计学课程领域语言能力的提升，为学生进一步学习更专业化的职业统计学奠定良好的基础。

2. 开发高效能的教学资源

建设好统计学课程教学资源库，在教学资源的开发上需要把握好四个方面，即资源素材模块化、资源形式立体化、资源建设生成性、资源功能交互性。

（1）资源素材模块化

资源素材模块化是指统计学课程教学资源在选择与划分基本素材过程中采用按照教学或学习主题来确定建设素材模块的方式，搭建资源体系的基本框架。这一理念来源于模块课程理念，是指按照程序模块化的构想和编制原则而设计的课程模式，以课程的教育教学、管理功能分析为基础，充分考虑课程编制与课程实施的要求，将课程内容分解为合理的课程模块，并逐步开发出众多的课程模块，进而形成课程模块库。

统计学课程教学资源建设过程中充分考虑其资源内容与职业任务之间的对应关系，以职业情境为单位建设相对完整、独立的资源模块。这一思路跳出了传统的单一线性课程编写体系，便于学生自主学习，也便于教师灵活选择、组合适当的教学内容开展教学活动。

另外，模块化的资源体系中，每一个资源模块都相对完整、独立，便于教师在教学过程中对任何一个模块开展修改与完善，为保证统计学课程教学内容与学生职业发展同步提供可能。

（2）资源形式立体化

资源形式立体化是指统计学课程教学资源在建设过程中对教学内容、教学策略、使用媒介等在多层次上进行科学设计，保证教学资源适合不同层次与不同学习阶段的学生。"互联网+"背景下，开展教学资源建设的根本目的，是借助信息技术与网络技术的优势，开发丰富的学习资源，提供多样的学习与评价方式，使教学资源可以全方位、多层次、多角度、实时或非实时地进行组织和呈现，更好地实现教学过程的开放、交互、共享、协作以及学生学习的自主化、个性化。

（3）资源建设生成性

资源建设生成性是指统计学课程教学资源的内容建设过程不是封闭的，而是一个开放、持续的过程。统计学课程必须要有与企业发展密切联系的课程，教学内容必须具有明显的职业导向性，教学内容必须能够反映职业任务的真实场景与语言要求。因此，需要根据行业企业的发展及时更新、调整课程教学内容，提高课程教学内容的适应性。"互联网+"背景下，信息技术与网络技术的发展实现了教学资源的数字化，也为随时更新教学内容提供了可能，使统计学课程教学资源的建设具有了开放性和持续性。统计学课程教学资源内容可以根据企业发展中的变化随时更新、替换，也可以根据教学需求不断丰富、完善，使统计学课程教学资源在建设过程呈现出边使用边建设的状态，体现出本课程教学资源建设的生成性特点。

（4）资源功能交互性

资源功能交互性是指"互联网+"背景下统计学课程教学资源已经不是仅仅能够呈现教学内容的静态资源，而是具有服务教师教学与学生学习功能的交互性资源。信息技术的发展不仅带来了教育教学形式的变革，更重要的是促进了教育教学理念的转变，人们从关注教师的教转变为了关注学生的学，教学资源建设也从关注为教师教学提供辅助资源，转变为了支撑学生的学习。新理念更强调教学资源为学生的主动学习服务与满足学生个性化学习需求服务。从学生的角度出发建设具有交互功能的学习资源，既有利于学生的自主学习，更能有效地激发学生的学习兴趣。

3. 开展多主体合作协同

统计学课程课程的目标是培养学生在职业情境中综合运用统计学语言完成职业任务的能力。这一要求决定了统计学课程教学资源在内容选择与学习任务设计方面，要同时关注统计学语言知识与职业知识，将统计学语言技能与职业能力有机结合。显而易见，统计学教材的编写仅仅依靠统计学教师是很难完成的，必须组建统计学教师、专业教师与企业专家共同组成编写团队，实现统计学教师与专业教师的知识互补，学校教师与行业专家共同发挥优势，共同合作，开展教学资源建设。

教学资源建设过程中，统计学教师与专业教师共同商讨，形成教学资源建设的体例结构。统计学教师根据资源建设思路提出教学资源内容的设想，专业教师则从行业工作任务角度给出内容选择与建设的建议，行业专家则对教学资源素材内容的实用性与时代性进行把关。多主体参与教学资源建设可以避免教学资源仅关注语言知识体系的构建，忽略教学资源应具备的行业内容特点；可以避免教学资源脱离行业发展实际，在学生能力培养上与行业企业需求产生差距，保证教学资源在以语言学习为核心的基础上具有鲜明的行业导向与较好的适应性。

4. 建立有效的运营管理机制

建设教学资源是为了适应课堂教学信息化与学生学习信息化的需求。教学资源建设后实现资源共享不仅能够更大范围地发挥资源建设的作用，也有利于优质资源的传播与教育公平的实现，实现教育社会化。因此，有必要建立起有效的运营管理机制，实现统计学课程教学资源的可持续发展。

以统计学课程为例，统计学课程的教学资源内容不仅是职业院校统计学课程的教学内容，还是行业企业职工继续教育的学习内容。统计学课程教学资源同样适用于希望在相关行业寻求职业发展的人员，可以作为职前培训与学习的内容，具有广泛的社会需求。因此，统计学课程教学资源在共享过程中引入商业化运营机制，不仅可以实现前期资源建设成果的价值转化，吸引社会各界资金进入教育教学领域，促进教学资源更好地建设，还可以及时了解市场需求，对资源建设的内容、类型等进行评估与调整，提高资源建设的适应性。商业运营的机制有利于教学资源的持续建设和后续建设与维护，为资源建设的可持续发展提供了机制保障。

第三节　统计学课程信息化软硬件建设的生态融合

一、相关理论基础

生态学（ecology）出自希腊文，由"oiko"和"logos"两个词根组成。"生态学"这一术语最先是由德国生物学家海克尔于 1866 年提出来的，它是研究生物体与其生存环境之间的相互关系的一门学科，最早隶属于自然学科领域。学者 Hawley 认为生态学是一门"研究有机体或有机群体与周围环境的关系的科学"。20 世纪初，生态学已成为一门初具理论体系的学科，其思想、原理和方法被广泛运用于社会科学领域，人类生态学、社会生态学、行政生态学、文化生态学等学科也相继兴起和发展起来。这些学科的发展促进了社会科学领域的发展。随后，生态学的概念也延伸到了教育领域。

（一）生态学的核心概念

1. 生态系统

生态系统是指在一定的空间内，生物的成分和非生物的成分通过物质的循环和能量的流动互相作用、互相依存而构成的一个生态学功能单位。系统一词被用来说明各种要素之间的相互关系。一个系统可以视为一个组成部分，而这些成分之间借由某种相互关系连接为一个整体。系统研究关注的是系统中各成分之间的功能关系，而不是孤立地研究某一种特定的成分。

生态系统具有下面的一些共同的特征：

（1）生态系统是生态学上的一个主要结构和功能单位。

（2）生态系统的结构与构成生态系统的物种的多样性有关，生态系统结构越复杂，其中的物种数目也就越多。

（3）生态系统的功能离不开能量的流动和物质的循环。

（4）生态系统越复杂，能量传递的效率越高，维持自身存在所需要的能量相对来说就越少。

（5）生态系统是一个动态系统，要经历一个从简单到复杂、从不成熟到成熟的演变过程。

（6）生态系统中环境的改变是对生物成分施加的一种压力，那些不能调整自己以适应变化了的环境的生物就会从生态系统中消失。

总之，生态系统的基本点在于强调系统中各因子之间的相互联系、相互作用以及功能上的统一。生态系统是有边界、有范围、有层次的系统，任何一个被研究的系统都可以和周围环境组成一个更大的系统，成为较高一级系统的组成部分，而且它本身又可以由许多子系统或亚系统构成。

2. 生态因子概念及其特征

生态因子是指环境中对生物的生长、发育、生殖、行为和分布有着直接或间接影响的环境要素。生态因子是生物存在所不可缺少的环境条件。在任何一种生物的生存环境中都存在着很多生态因子，这些生态因子在性质、特性和强度方面各不相同。它们之间彼此制约、相互组合，构成了多种多样的生存环境。

概括来看，生态因子大致具有以下特点：

（1）综合性。每一个生态因子都是在与其他因子的相互影响、相互制约中起作用的，任何一个因子的变化都会在不同程度上引起其他因子的变化。

（2）非等价性。对生物起作用的诸多因子是非等价的，其中必有1至2个是起主要作用的主导因子。主导因子的改变常会引起其他生态因子发生明显的变化。

（3）不可替代性和互补性。一个因子不能被另一个因子替代。

（4）限定性。生物在生长发育的不同阶段往往需要不同类型或不同强度的生态因子，因此某一生态因子的有益作用常常只限于生物生长发育的某一特定阶段。

3. 生态平衡概念及其特点

生态系统中的每一个组成部分形成相互联系、相互制约的统一体。生态系统发展到一定阶段，其生产者、消费者、分解者以及非生物环境之间，在一定条件下保持能量与物质输入、输出动态的相对稳定，而且是在长时间内保持着一种动态平衡。生态平衡是指生态系统的平衡，及生态系统各组成部分的相互依赖的关系。生态平衡是生态系统长期进化所形成的一种动态平衡，该平衡取决于生态系统的自我维护和自我调节，是建立在各种成分结构的运动特性及其相互关系基础上的。人文社会有其自身的生态系统。正如学者指出的，社会生态系统是由教育、政治、经济、文化、人口等子系统共同构成的复合生态系统。生态平衡不可能是永恒的，只可能是暂时的、动态的。由不平衡到平衡，周而复始地演进，是生态学中的重要规律。也就是说，保持生态系统的平衡，并不意味着保持生态系统的稳固不变。变化是宇宙间一切事物的最根本属性，生态平衡不是静止的平衡，它总会因系统内的某一部分发生变化，引起不平衡。教育生态系统不仅处于与其他子系统的联系之中，还处于教育生态系统内部各子系统的彼此联系之中，而且，这些联系都是动态的联系，教育生态系统处于平衡—不平衡—新的平衡的运动、变化、发展之中。

二、生态学理论对信息化教学软硬件建设的启示

（一）充分重视各生态因子的作用

生态学认为，生态因子是生物存在所不可缺少的环境条件。在任何一种生物的生存环境中都存在着很多生态因子，这些生态因子在性质、特性和强度等方面各不相同，但它们之间彼此制约、相互组合。

统计学课程的信息化教学软硬件建设涉及智慧教室、电脑软硬件、微课、慕课、即时通信软件、学习 App、网络等，构成了一个生态系统。各个生态因子在这个系统内流动，都是这个系统内不可缺少的部分。虽然主导因子与非主导生态因子在系统中发挥的作用不能等同，但是任何一个生态因子都具有其他因子不可替代的作用和功能。因此，各生态因子的功能和作用都要得到重视，不可偏废，如，智慧教室在建成投入使用后，仍要保持对它的重视，及时维护设备、更新软件。保持智慧教室的良好功能有助于信息化教学的顺利开展，因为各生态因子之间彼此制约、相互组合。

（二）保持系统整体开放性和交互性

生态学理论认为，所有系统的共同的基本特征是整体性、关联性、层级结构性、动态

平衡性和时序性。按照开放与否的标准来分，系统有两种基本类型：一种是封闭系统，即系统和周围环境之间没有物质和能量的交换；另一种是开放系统，即在开放系统内外常有物质和能量的交换。绝大多数的系统都是开放系统。生态系统的重要规律体现为整体功能大于各部分功能之和。而开放性的系统，由于其具有开放性和交互性，才是具有循环的动态系统，才能促进新陈代谢。

统计学课程的信息化教学软硬件是个生态系统，着眼于可持续发展，应当保持开放性，如，对于学习软件，应从提升教学效能的角度出发，及时进行升级或更换。对于微课作品也应持同样观点，即发现同一主题或内容的微课有更好的作品面世，就应当考虑用新的作品取代旧的作品，系统内部要保持有进有出，能实现新陈代谢。同时，本系统应充分促进各生态因子之间的互动，如智慧教室的智慧黑板与学习软件之间的互动，两者的互动可以生成新的教学模式，可以拓展统计学课程教学的新思路、新方法。各个因子之间相互推动，促进整个系统的发展，即各种组成部分多元共存、和谐共生，以及信息化教学的有序、有效发展。

（三）促进系统内的协同、有序发展

生态学认为，在一个复杂的系统中的许多自由度里，不稳定的自由度会把稳定的自由度拖着走，一直拖到空间中的某一点，即系统的一个稳定状态，这种促成稳定状态的力量被称为机体的系统作用。这就进一步决定了复杂系统从无序走到有序的整体的过程。尽管系统千差万别，但是各个系统之间存在着相互影响而又相互合作的关系。

统计学课程信息化教学资源的整合体现了系统的协同性。统计学课程信息化教学资源的整合受到教师信息素养、信息技术、硬件等诸多因子的影响甚至制约。整合资源会给系统造成不稳定，如不能如期完成，或没有取得预期的效果。此时，相关因子之间的协同变得尤为重要。如：对于相关新技术的采用和推广不要操之过急，不能违背客观规律；在充分利用外界资源的基础上，提高本校统计学教师的教学技能和专业水平；统计学课程教学资源整合可采取先点后面、先易后难、边改进边完善的方式，由小范围试点开始，逐步积累成熟的经验，逐步进行推广。

第六章 大数据驱动下统计学课程教学模式的创新

当前，人们正在运用大数据技术进行教育体制、教育模式的改革，而这种改革在大学统计学课程教学中也有明显的体现。大数据技术的运用扩大了大学统计学课程教学的时空界限，提高了大学生学习的兴趣和积极性，传统的大学统计学课程教学模式已经不能适应大数据时代的要求，因此亟须进行变革，而这时新的教学模式登上了舞台。本章就从多模态交互教学、慕课与微课教学、翻转课堂教学、线上线下混合式教学几大创新模式入手展开分析。

第一节 多模态交互教学

一、多模态交互教学的内涵

从语言学习的特点出发，20 世纪 90 年代，西方学者提出了多模态话语理论。这一理论指出，语言属于一种社会符号，音乐、绘画等非语言符号对语言意义的生成起着重要的影响作用。各种语言符号与非语言符号模态之间既是相互独立又是相互影响的关系，它们共同生成语言意义。根据多模态语言理论，语言的输入、输出会受到多种符号模态的影响，因此在统计学课程教学中，可以将多种符号模态融合起来，结合音乐、图像、网络等形式，丰富统计学课堂，调动学生学习的积极性与主动性，从而让他们交互式地学习统计学语言，达到让学生对统计学语言的充分记忆以及恰当应用的目的。

在大数据驱动下，教师采用多模态交互教学，可以充分运用网络多媒体等手段，创设各种语言学习情境，让学生真正体会到语言学习的乐趣，多渠道地激发学生的听觉、视觉等感官，为学生创造全方位浸染式的环境，促使学生不断提升自身的语言技能。

多模态交互教学强调采用多种手段，具体来说是运用网络多媒体技术，用角色扮演、图片展示等多种互动方式，调动学生学习的积极性，将各项技能结合起来，激发他们学习的兴趣，让他们对旧知识进行巩固，对新知识进行拓展。

二、大学统计学课程多模态交互教学的基本原则

（一）客体适配原则

在大学统计学课程教学中，师生分别处于教授与学习的主体地位，对应的客体则是教授与学习中使用到的工具，如多媒体、教材等。所谓的客体适配，即根据多模态交互教学的需求，提前选择能够对教学工作加以支持的材料。

当然，日常的教材讲解，需要教师在备课时制作多模态PPT。从教材内容出发，将其中涉及的重难点知识，在PPT上配合动画、图片等加以展示，能够将教材这一客体的适配性发挥出来，并且能够激发学生的学习积极性，提高教师教学的质量和效率。

（二）主体适配原则

如前所述，教师与学生处于教授与学习的主体地位。

就教学层面而言，教师在对多模态符号进行收集与整理的过程中，应该转变自己的身份与角度，尽量从学生的视角出发对多模态符号内容进行选择。例如，选择的动画、图片等要与当代大学生的认知规律、兴趣爱好等相符合。这样才能使课堂更具有吸引力，进而便于教师展开教学工作。

就学习层面而言，学生需要在接收到PPT的模态符号之后，将自己的感官调动起来。当教师在PPT上展示图片等内容时，学生需要将自己的视觉感官调动起来。

一般情况下，坚持主体适配原则，对于构建多模态的交互教学模式，提高师生之间的默契度非常有益。

（三）阶段适配原则

统计学学习本身是一个循序渐进的过程，阶段不同，学生的水平与理解能力必然也不同。为了更好地将多模态交互教学的优势体现出来，教师在运用这一策略时，需要坚持阶段适配原则。也就是说，教师要从实际出发，对模态组合的形式与教学模式进行不断的调整。

三、大学统计学课程多模态交互教学的意义

在大学统计学课程教学中，网络技术与大数据技术的作用日益凸显，可以说这些技术改变了教育的理念与方式。在大数据的背景下，大学统计学课程教学应该充分利用网络与多媒体技术，将多种符号模式如图像、语言、网络等融入到教学之中，利用多种模态将学生的各种感官激发出来，调动学生的学习积极性。

大学统计学课程是高校多种学科中的一项重要的公共基础课，但是对于大部分学生来说，原有的统计学课堂是非常枯燥的，导致他们的学习效果也不理想。当前，网络与大数据的出现，在一定程度上突破了教学的界限，教师采用音频、视频、微信等资源开展大学

统计学课程教学，这为大学统计学课程教学注入了新的活力，也为学生增添了学习的自信心与动力。

在大学统计学课程教学中，合理运用网络资源可以刺激学生的各种感官，让学生参与到学习之中，更深层次地理解专业词汇知识。学生致力于成为大学统计学课程课堂的主人，主动、积极地探索知识，才能学会知识。

另外，在传统的大学统计学课程教学中，教师提供的信息是非常有限的，很难与学生的个性需求相符合。多模态化网络的融入，可以解决教师的这些问题。教师可以利用大数据资源，为学生创建真实的平台，让学生调动多方感官，自主、轻松地提升个人的语言能力。

互联网已成为教师教学的重要工具，充分利用互联网及多模态教学模式势必会对大学统计学课程教学产生巨大的影响和推动作用。

四、大学统计学课程多模态交互教学的构建策略

大数据时代的到来为多模态教学引入大学统计学课程教学提供了基本的条件。无论你身处何方，都可以摆脱时间与空间的限制，对网络资源进行合理的利用，还可以从自身的兴趣与爱好出发，浏览网页、观看视频等，也可以参与在线讨论，这与大学统计学课程多模态交互教学是相辅相成的关系。

大学统计学课程多模态交互教学作为一种新型模式，充满着活力，在大数据的背景下必将日益完善。那么下面就来具体分析大学统计学课程多模态交互教学的构建策略。

（一）充分利用多媒体资源

多媒体技术被引入到大学统计学课程教学中，是大学统计学课程教学的一项重要变革。多模态教学强调将学生的各个感官调动起来，以实现统计学学习的目标。多媒体课件正是能够将文本、图片、音频、视频等相结合的资源，教师如果制作一个多媒体课件，需要精心的准备，需要从不同的教学内容与任务出发，收集各种资料，进而进行整理与设计，制作出符合学生兴趣的、真实的多媒体课件。

学生的阅读对象不仅包含文字与图片，还包含大量的音频、视频、动画等资料。多媒体课件以鲜明的特点、丰富的资源、生动的情境等，将学生的主体性调动起来，让学生在学习中真正成为信息加工的主体。教师在设计教学内容时，可以将电脑、音响等设备利用起来，对学生的多种感官进行刺激，加深他们对知识的理解。

对多媒体课件进行合理的利用，有助于调动学生的多种感官，促进大学统计学课程多模态交互教学，激发学生的学习兴趣与积极性，为他们营造良好的学习氛围。

（二）建设多模态化统计学网络空间

随着网络技术与大数据技术的不断发展，当前我们的"信息高速公路""论坛""校园

网"等日益丰富，也被人们所熟知。显然，网络时代与大数据时代已经到来。当前，各高校开始对自己的网络空间进行构建。网络空间教学指的就是师生运用网络平台，展开师生交互活动。可以在网络平台上创建实名认证的空间页面，让师生在空间平台上进行学习和互动交流。2015年，河南牧业经济学院创建了网络教学平台系统，这一系统是在Sakai教学平台的基础上研发的远程教学系统，该系统采用了"引领式再现学习"的理念，通过课程空间、课程大纲与资源、论坛等形式，在师生与学习内容之间建构了多元化的交互渠道，将学生的多个感官激发出来，为学生创造了一个真实的虚拟课堂体验环境，从而有效地实施了多模态交互教学（丁明明，2018）。

实施统计学网络空间教学之后，师生之间可以摆脱时空的限制与障碍，在即时问答、论坛等多个项目下展开有效的互动，这样不仅加深了教师对学生的了解，还能够使彼此的关系更为融洽。通过网络空间，教师可以批改学生的作业，学生也能够在规定时间内随时将自己的作业提交上去，实现作业的先交先改、及时反馈。这不仅节省了纸张，还为师生提供了一个互动的平台。

当然，网络空间平台发挥作用的关键在于学生能够积极参与。学生需要登录到网络空间中完成作业、书写心得，也可以向其他伙伴分享自己的学习音频、视频等资料，这就让学生真正地成为了学习的主体。在网络空间平台上，学生将自己的感官调动起来，激发自己学习统计学的兴趣，提升自己的学习效果，实现自己的有效学习，这也是多模态交互教学有效实施的体现。

此外，网络空间还可以实现资源的共享，最大限度地将统计学教育资源呈现出来，实现在线网络授课，所有的教学过程也可以在网络空间中公开，这能够激发教师的创新意识，真正地实现大学统计学课程教学的全方位改革，促进每一位教师努力建设好自己的教学空间，加强教师与教师之间的竞争，实现师生之间、教师与教师之间的互动。在大学统计学课程教学中，应该创造多模态网络空间，将多模态网络空间教学的效果发挥出来，对多模态网络空间教学活动进行优化，遵循其教学特点，顺利实现大数据驱动下大学统计学课程多模态交互教学。

第二节　大数据背景下统计学课程慕课与微课教学实践

一、慕课教学

（一）慕课教学的内涵

慕课英文简称为"MOOC"，全称是"大规模在线开放课程（Massive Open Online

Courses）"。慕课教学源于美国，在短短数年间，被全世界广泛运用。慕课这一模式是由具有分享与协作精神的个人组织而成的，他们将优异课程予以上传，让世界各地的人们可以下载与学习。

从形式上来说，慕课教学就是将教学制成数字化的资源，并通过互联网来教与学的一种开放环境。从本质上来看，慕课教学是一种与传统课堂相对的课堂形式，因为其基于互联网环境而发送数字化资源，实施的是线上教学。学生完成了网上课程学习之后，通过在线测试，可以获得证书或证明。

一般情况下，慕课教学的要素包含以下四点：具有完整的教学视频，并且一般时间设置为6~10分钟；具有完善的在线考试体系，往往可以实现过程考核与个性考核；具有一定量的开放性话题，可以调动学生的学习兴趣与积极性；具有PPT、电子参考教材、模拟试题与解析等其他辅助资源。

基于这些要素，慕课教学需要教师与学生之间的互动，如教师对信息的发布、回答学生问题等。慕课教学本身为学生提供了学习的数据，教师和学生都可以通过书，对学习状态进行分析，从而改善自身的学习情况。

（二）大学统计学课程慕课教学的意义

统计学慕课教学在统计学课程教学中的运用必然会导致教学方式与理念的变革。这就是说，慕课教学对当前的统计学课程教学具有重大的作用，具体表现如下：

1.真正实现了教学针对性

基于传统的统计学课程教学模式，大学统计学课程教学常采用大班授课的方式，由于教师面临的学生众多，很难详细地了解学生的个体情况，更难以开展有针对性的教学，对此教师不得不以单一的标准进行统一授课，从而限制了学生的个体发展。而慕课教学模式有效地解决了这一问题，由于慕课关注学生个人诉求，通过慕课教学，学生可以根据自己的爱好、学习水平等来选择适合自己的学习内容，真正实现了教学针对性。

2.凸显学生的主体地位

慕课要求学生在上课之前就完成相应的预习任务，在上课过程中由教师来答疑解惑，课后要求学生完成相应的巩固练习，无论是课前还是课后的作业都进行了量化，计入总分。慕课课中教学模式改变了传统课堂教学中的师生角色，教师不再霸占整个课堂，而是成为学生学习的引导者和帮助者；学生不再是被动的接受者，而成为了教学的主体。在各种作业的推动下，学生积极探索，变为主动的学习者，学习的参与度也显著提高。

3.让学生能够充分利用碎片化时间

慕课教学的视频一般时间不会太长，大多在10~15分钟，短时间的学习能够使学生集中注意力，高效率地进行学习。慕课教学模式不存在时空的限制，学生可以自主地安排学习进度，充分利用碎片化时间，对于不理解的知识内容可以反复观看视频学习，最大限度地利用教学视频。

4. 为学生创造良好的学习环境

良好的统计学学习环境能显著地提高学生的统计学学习效率，但是目前的大学统计学课程教学中仍缺乏有利于学生学习的统计学环境，这对学生学习效率的提高起到了阻碍作用。而统计学慕课教学模式可有效地弥补大学统计学课程教学的不足之处。慕课的应用依赖于互联网技术，具有很强的交互性，在慕课学习中，学生和教师能够随时随地沟通，双方的交流不受时间和空间的限制，而学生与学生之间也可以彼此交流和分享学习经验，进行合作学习。此外，通过慕课学习，学生可以与世界任何地方的学生聚集在一起学习统计学，相互之间进行交流和讨论，不仅能营造良好的统计学学习氛围，还能接触到地道的统计学，提高学生的跨文化交际和综合统计学素质。

（三）大学统计学课程慕课教学的构建策略

一般来说，在大学统计学课程教学中，慕课教学往往会通过以下几个步骤来展开：

1. 重构课程模式

基于慕课的大学统计学课程教学属于在线教学模式，有着传统统计学课程教学没有的优势，但慕课也存在一些无法避免的缺陷，如师生之间无法面对面交流，这使得教师无法分辨学生的情况，也不可能彻底地做到因材施教，只能根据大部分学生的学习情况来讲解内容。这就使得慕课教学要与传统教学有机结合，采取优势互补的方式重构统计学课程教学模式，实现二者的资源整合，提高大学统计学课程的教学效果。

两种教学模式有效结合的方式是教师以传统的课堂教学为主、慕课统计学课程教学为辅的形式开展教学，以课本的知识为主要内容，同时辅以慕课教学模式，充分利用慕课所拥有的海量教学资源进一步丰富教学内容，对课本知识进行延展，使学生根据自身的实际情况进行自主学习，扩宽知识面。在教学中，要将学生置于课堂教学的主体位置，进行师生之间的活动，教师对学生的具体问题进行解答，帮助学生理解和学习知识。在课下，教师可以通过慕课平台对学生进行知识的拓展和补充，满足学生不同层次的需求。此外，教师还可以通过慕课模式布置课后作业，并通过网络实时监控学生的完成情况。

2. 科学制作教学视频

慕课是通过视频来传达内容的，所以教学视频是慕课教学的基础与核心，教学视频的质量直接关系着慕课教学的最终效果。对此，教师在运用慕课进行大学统计学课程教学时，应针对学科的特点，精心地制作视频，不仅要控制好视频的长度，还要科学、精致地安排视频内容。视频的长度，通常维持在 10 分钟左右，视频时间太短将无法充分展现教学内容，视频时间过长则会使学生产生倦怠心理。教学视频贯穿于慕课教学的始终，课前通过慕课视频使学生提出疑问，提高课堂教学的针对性；课中可用慕课视频加强学生对教学内容的理解和记忆；课后让学生通过慕课视频加以复习和巩固。慕课视频的内容要具有针对性，能突出教学的重点和难点，使学生进行针对性的学习。

3. 教师积极发挥作用

慕课在大学统计学课程教学中的作用不言而喻，但是慕课教学模式尚有待完善，需要教师参加相关的培训，而且学生水平各有差异，需要教师实施有针对性的教学。因此，在慕课教学模式中，教师依然扮演着很重要的角色。首先，教师应该积极地探索能够激发学生主动性和积极性的慕课课件。其次，教师需要对学生的基本情况有一个清晰的了解，保证慕课课件能够被大多数学生理解和把握。最后，教师还需要了解不同学生的自主学习能力，锻炼学生的心理素质，使他们尽快适应新兴的教学模式。

二、微课教学

（一）微课教学的内涵

关于"微课"，目前还未形成一个统一的概念，下面介绍一些有代表性的关于微课的观点。

最早提出"微课"这一概念的学者是胡铁生，他通过借鉴慕课的定义，认为微课为微课程的简称，即以微型视频为载体，对某一学科的重难点等教学知识点与教学环节创设情境，且支持多种学习方式的网络课程。

之后，胡铁生又对这一观点进行了改进，他认为微课是根据新课程标准及课堂教学的实际情况，以教学视频为载体，教师在课堂中针对某一知识点或教学环节而展开的精彩教学活动的有机结合体。

郑小军、张霞则认为，微课不等同于课堂上的实录，而是从某个重难点出发创作的视频，即微课聚焦了重难点问题，且将那些有干扰的信息排除掉。

上述众多学者的概念是非常具有针对性的，且在一定程度上将微课的特征反映出来。本书作者对于胡铁生的定义更为推崇，认为从本质上来说，微课是一种支持教与学的微型课程。

（二）大学统计学课程微课教学的意义

在大学统计学课程教学中运用微课开展教学，可以为学生创造直观且优良的教学环境，能让学生将全部精力放在统计学学习上，对于统计学课程教学而言意义重大。具体而言，微课在大学统计学课程教学中发挥的作用体现在以下几个方面：

1. 顺应了时代发展要求

互联网技术的发展，使得人们能更加方便地获取和接收信息。随着互联网进入微时代，微视频、微信、微博等逐渐兴起，并成为人们日常生活中的重要部分。就教学而言，学生对手机的关注多于对课本的关注，教师传统的对段落和知识点的讲解方式只会让学生觉得枯燥、乏味，有些学生甚至不带课本，而是随身携带手机等工具上课。在信息化时代，学生更能接受数字信息化的学习模式，偏向于既简单、通俗又富有趣味性的知识信息，而微课作为信息技术发展和教学改革的产物，能有效满足学生的这种学习心理，对于激发学生的学习兴趣发挥着重要作用。

2. 满足不同层次的学习需求

教师在使用微课教学时，会将微视频上传到微信或者微视频等平台上供学生分享，此时那些在课堂上没有记笔记或者存在理解障碍的学生就可以根据需求反复观看视频内容，温习所学内容，进而加深和巩固所学内容。

3. 推动了教学模式改革

教育改革的推进深受新型教育模式的影响，大学统计学课程教学改革也在这种模式的推动下不断深化。传统的大学统计学课程教学模式的形式陈旧、单一，无法满足学生的需求，也无法适应当代社会的需求。通常是一节课中课程讲授量大，往往会超出学生的接受限度，学生多感觉课堂教学无聊、乏味，如果使用微信或者 QQ 发布统计学课程知识点的讲解，则会更受欢迎，因此微课是当代创新性的教学方式，是知识的传递者，能够满足学生的具体需求。将微课教学运用于大学统计学课程教学，可以加速教学改革，更新教师的教学结构和教学理念，使教师顺应时代的发展和学生的需求，也能让统计学课程教学跟上时代发展的步伐。此外，微课推动着大学统计学课程课程内容和体系的改革，微课通过时代信息技术，整合教学资源，可以扩展教学途径，转换学习视角，丰富教学资源，改革课程体系。

4. 培养学生的自主探究能力

培养学生的自主探究能力是大学统计学课程教学的重要任务之一，因此在大学统计学课程教学中，教师应注重培养学生的这一能力。而有效地利用网络和微课教学的优势，可显著提高学生的自主探究意识和能力。具体而言，教师在向学生讲解统计学课文时，可结合教学中的重点内容和课文中出现的不同角色，先播放相关的视频让学生观看，然后将他们分组，让学生以小组为单位来讨论课文内容，并进行创意表演。通过这一过程，学生的积极性不仅被调动起来了，他们还能积极、自主、探究学习内容，加深和巩固对专业知识的理解。

5. 创新新型的师生关系

在大学统计学课程课堂教学中，教师普遍使用多媒体进行教学，就是以书本内容为核心，以 PPT 的形式讲解课文知识。受课堂时间的限制，教师在讲解过程中语速较快，模式单一，大多数学生未能完全掌握课堂知识，而且对课堂教学缺乏兴趣，因此教学效果往往不佳。而在微课教学中，教师的角色发生了变化，教师不仅是传授者，还是解惑者和引导者，除了向学生提供学习资源，还会指导学生进行有效学习，满足学生不同层次的个性需求，这有利于改善师生的紧张关系，拉近师生之间的距离。

（三）大学统计学课程微课教学的构建策略

从当前的文化教学实践分析，微课教学有着广阔的前景。虽然统计学课程知识教学中微课教学的设计是当前关注的问题，但是也不能忽视统计学课程知识教学中微课教学的实施。

1. 构建微课学习平台

统计学课程知识教学中的微课教学主要是基于视频建构起来的，同时也需要互动答疑、微练习等辅助的模块，这些在之前的统计学微课教学的构成中有详细提及。但是这些模块的构建对于学生文化学习兴趣的提升、教师信息化应用能力的提高等都是十分有帮助的。在这之中，微慕课平台是一个较为创新的平台，它运用微课教学来展现慕课教学的专业化与系统性。这一平台结构更为灵活、知识含量更高，是一个较好的平台。

2. 开发与共享微课资源

当前的统计学课程知识教学中教学资源设置不平衡现象凸显，而微课教学的出现，使得教学资源可以通过互联网被传送到各个地方，便于各个地方及时更新与推进，实现了真正的资源共享。

3. 提升微课的录制技术

统计学课程知识教学中微课教学要求的录制技术较高，且尽可能保证课程活动简单化，使教师便于执行，同时不断提升教师的录制技术。

另外，微课视频研发人员也应该不断对自身技术进行提升，追求卓越的技术，使得统计学课程知识教学中微课教学的实施得到更大范围的推广。

第三节　统计学课程翻转课堂教学模式实践

一、翻转课堂教学的内涵

关于翻转课堂，大家对它最朴素的解释就是，将传统的课堂学习和课后作业的顺序进行颠倒，即将知识的吸收从课堂上迁移到课外，知识的内化则从课后转移到课堂，学生课前在网络课程资源和线上互动支持下开展个性化自学，课堂上则在教师的引导下通过合作探究、练习巩固、反思总结、自主纠错等方式来实现知识内化。

教学过程的颠倒使教与学的流程、责任主体、师生角色、课内外任务安排、学习地点和备课方式等方面都发生了明显变化。与传统意义上的课堂教学结构相比，翻转课堂颠覆了人们对课堂模式的思维惯性，改变了学生学习流程，从新的角度揭示了课堂的新形式、新含义。有人认为，"翻转课堂"打破了持续几千年的教学结构，颠覆了人们头脑中对课堂的传统性理解，倡导先学后教、以学定教，赋予了学生学习更多的自主性和选择性，强化了师生之间的沟通与交流，实质是学生学习力解放的一次革命。这契合了国家教育信息化发展规划指导思想的核心——创新学习方式和教学模式，它也因此被称为是传统教学模式的"破坏式创新"，成为了信息技术与学习理论深度融合的典范。

二、大学统计学课程翻转课堂教学的意义

翻转课堂教学为大学统计学课程教学提供了新的平台，从本质上体现了统计学课程教学改革的深化，帮助统计学课程教学突破困境，为学生的统计学学习提供了便利。下面就来具体分析大学统计学课程翻转课堂教学的意义。

（一）使教学变得更加直观和简单

在传统的大学统计学课程教学中，教师的教学内容主要是以课本为主，呈现方式也是以板书为主，这种教学方式对于学生来说不仅不够直观，还不利于理解相关知识。如果仅限于传统的课堂教学模式，根本无法有效地培养学生的统计学知识运用能力。翻转课堂借助多媒体技术，将相关的图片、音乐、视频等融入到教学视频中，使得原本晦涩难懂的统计学课程知识变得直观和简单，也使得原本沉闷的课堂教学变得生动活泼。

（二）使教学变得更具多样性和趣味性

制作用于翻转课堂的教学视频对教师的专业能力有着很高的要求，要求教师制作的视频内容简洁、形式多样、幽默丰富等。基于这些要求和特点，翻转课堂有效地增添了大学统计学课程教学的趣味性，不仅能创造良好的学习环境，还能有效地激发学生的学习兴趣。此外，很多的翻转课堂教学视频涉及的内容十分广泛，这些内容与课程教学息息相关，使得教学形式生动形象，更加多样化。

（三）能够提升学生的主动意识

在翻转课堂教学中，师生之间互动频繁，学生的主观能动性被充分调动，学生掌握着学习的主动权。基于翻转课堂教学模式，学生可以根据教师提供的资源先进行自主学习，还可以在课堂上与教师展开学习方面的探讨，进一步深化与掌握知识内容，这有效地体现了学生的主体地位，而且淡化了他们对教师的依赖性。

（四）加深了学生之间的互动

翻转课堂改变了传统教学模式中师生之间的相处方式，翻转课堂中，教师与学生之间形成了一对一的交流。如果学生对某一知识点存在质疑，那么教师可以将这些学生集中起来，对他们进行特别指导。另外，在翻转课堂中，教师不再是学生知识的唯一来源，学生

与学生之间也可以进行互动学习。

（五）能够使学生反复学习

在传统的大学统计学课程教学中，教师不可能兼顾所有学生的需求和感受，只能按照教学大纲要求和按步骤统一进行授课，这就会使部分学生跟不上教师的节奏，无法有效地掌握课堂教学的内容。而翻转课堂教学可以有效地解决这一问题，在翻转课堂中，学生可以随时暂停、重放视频，直到自己看懂、理解为止。

三、大学统计学课程翻转课堂教学的构建策略

翻转课堂作为一种颠覆传统课堂的教学模式，其教学设计过程当然不同于传统教学设计过程。目前国内外出现了各种各样的翻转课堂教学，它们都建立在课程资源、教学活动、教学评价和支撑环境这些要素的基础之上，因而翻转课堂教学的设计亦以此为依据。

（一）设计统计学课程教学过程

美国创新学习研究所（Innovative Learning Institute，ILI）提出了翻转课堂设计流程。ILI认为，翻转课堂的设计过程主要包括确定学生课外学习目标、选择翻转内容、选择传递方式、准备教学资源、确定课内学习目标、选择评价方式、设计教学活动、辅导学生八个主要环节。

1. 确定学生课外学习目标

设计统计学课程知识教学中翻转课堂教学过程首先要确定学生的学习目标。翻转课堂使得课内教学和课外教学颠倒，学生总共需要完成两次知识内化过程，第一次知识内化是在课外自主学习新知识，第二次知识内化是在课内完成的。显然，课内和课外对学生的要求是不同的，学生需要在课内外实现不同的学习目标。

2. 选择翻转内容

当确定了翻转课堂的课外学习目标后，就要结合学生本身的认知规律和特点去选择课外自主学习的合适内容。课外学习目标主要是低阶思维的目标。

3. 选择内容传递方式

选择内容传递方式是指确定学生的自主学习内容通过什么媒体工具表现出来。教师要结合特有的接收设备情况、学习者的地理位置、学习内容的形式和资源大小等因素，选择能让学生开展个性化学习、传递内容形式丰富、传递速度快、获取方便的内容传递方式。

4. 准备教学资源

在确定了学习内容及其传递方式后，就可以收集相关的网络学习资源供学生学习，或者开始制作、开发新的相应的学习资源。在该环节中需注意，无论是利用已有的学习资源还是自己开发新的学习资源，均需与先前确定的学习内容保持一致，并且资源的形式、大

小等要求也需和传递工具相匹配。

5. 确定学生课内学习目标

第一环节确定的是课外学习目标，是针对低阶思维技能的学习目标；本环节确定的是课内学习目标，是针对分析、评估和创造等高阶思维技能的目标。因为在课外学生能参与的更多是培养其识记、理解和应用等能力的学习内容，而在课内学生是参与与同伴和教师面对面的交流、讨论和开展协作探究等活动。所以，这一环节的学习目标与第一环节的学习目标有所不同。

6. 选择评价方式

在教学正式进行前，教学中的主体者和主导者，即学生和教师都要对课堂教学活动提前做好充分的准备。对于教师而言，选择一种合适的评价方式非常重要。低风险的评价方式应该是教师的理想选择，它是指不对学生的评价结果进行分数、等级的评比，而仅作为发现学生学习问题的一种教学评测方式。通过低风险的评价方式，教师可以发现学生学习真正的难点，以便教师和学生调整教学计划和学习计划。低风险的评价方式有很多，其中一种就是常用的课前小测验，这些小测验的题目量并不多，一般只有 3~4 个问题，针对的是学生在课外自主学习的内容，其不仅仅是检测学生在课前学习掌握的事实性知识，更重要的是为学生提供一个综合应用所学知识的机会。通过课前小测验，教师能及时地把测验中出现的问题反馈给学生，学生也可以向教师提出自己遇到的问题，并通过与教师交流促进问题的解决。

7. 设计教学活动

如前所述，课外的学习内容和活动主要是帮助学生解决识记、理解类的知识，课内则是帮助学生解决学习难点，并使他们充分应用所学知识，学习更深层次的内容。通过课前评价了解到学生真正的学习难点后，教师需针对性地设计具有导向性的课堂教学活动，以便更好地培养其分析、评估和创造等高阶能力，可采用如基于项目的学习、基于问题的学习、协作探究学习等形式。

8. 辅导学生

教师作为教学的主导者，在各种形式的教学活动中都要充分发挥自身的主导作用，只有这样才能取得良好的教学效果。具体而言，在学生进行教学活动时，教师需提供相应的脚手架，为学生更好地开展活动提供必要的支持。另外，在必要的时候，教师还应该为某些理解学习内容和活动有困难的学生提供个性化的辅导。在整个学习活动中，教师需对提出疑问的学生给予及时的反馈，在学生汇报学习成果或结束学习后，教师要进行统一的总结、反馈，以促进学生知识的内化和升华。

（二）开发统计学课程教学资源

1.支持信息化教学资源

广义的教学资源是指用于教与学过程的设备和材料，以及人员、预算和设施，包括能帮助个人有效地学习和操作任何东西。而随着信息技术的发展，信息化教学资源的概念就出现了，它是指在以网络和计算机为主要特征的信息技术环境下，为教学目标而专门设计的或者能为教育目标服务的各种资源，包括教育环境资源、教育人力资源和教育信息资源。

随着信息化资源的发展与教育的应用，翻转课堂教学理念得以提出。从上述翻转课堂的完整过程可知，支持翻转课堂需要用到的信息化教学资源主要包括教学视频、进阶练习、学习任务单、知识地图和学习管理系统五大类。

翻转课堂教学的实施，不仅需要上述教学资源作为主要资源，还需要借助一定的教学辅助工具软件。该类教学资源几乎贯穿于翻转课堂的全过程，其作用主要是帮助教师进行教学视频的制作、师生间开展交流协作、学生学习成果的展示等。按照作用于翻转课堂教学开展过程中的不同方面，可以将教学辅助工具分为视频制作工具、交流讨论工具、成果展示工具和协作探究工具四类。

2.遵循资源选择的基本原则

翻转课堂的资源包括教学视频、进阶练习、学习任务单、知识地图、学习管理系统和各类教学辅助工具等。每一类资源都不是完美的，不存在"放之四海而皆准"的资源。每类资源都各具特点，并且每类资源可供选择的具体资源种类、载体类型众多，因此教师应根据教学实际需求选择合适的翻转课堂的教学资源。一般而言，翻转课堂教学资源的选择需遵循最优选择原则，具有较强的兼容性，由多种媒体组合而成。

最优选择原则是指教师根据教学内容和教学目标的要求，选择存储和传递相应的教学信息并能直接介入教学活动过程中的载体，就是选择教学资源。

具有较强兼容性是指当众多便携式的移动智能终端在大学统计学课程教学中被广泛应用以后，大学统计学课程教学不仅变得更加高效，还发生了一场变革。在这种情形下，翻转课堂理念变得普及起来，翻转课堂的应用也得以在大范围内开展。翻转课堂实施的普遍现象是，学生利用各类移动设备，如平板电脑、智能手机等进行课外自主学习，课内教师利用移动终端设备进行授课。因此，资源载体的改变，迫使资源的形式也做出了相应的改变，要求其必须兼容各类学习终端设备，在各类终端设备中都能流畅运行。

多种媒体组合是指翻转课堂教学真正做到了以学习者为中心，这对后期的教学资源的选择有一定的指导作用。在选择教学资源时，教师应该考虑学生的兴趣、生活现实，尽可能选择丰富的教学资源形式，即有机结合文字、图片、声音、视频、动画等多种媒体形式。

（三）设计统计学课程教学活动

根据前面所述的翻转课堂的完整过程，翻转课堂教学活动设计包括课外活动设计和课内活动设计两个部分。

1.设计课外学习活动

翻转课堂的课外学习活动一般属于线上活动，主要包括以下三类：

（1）在线学习。在课外，学生通过阅读相关的电子书籍、资料或观看教师提前准备好的讲授视频，掌握并理解课程中重要的信息。在线学习主要有阅读电子教材和观看教学视频两种形式。有时为了加深学生对信息的理解，在线学习的材料还附加一些引导性问题、反思性问题、注释、小测验等，用于辅助学生进行自主学习。

（2）交流讨论。通过在学习管理系统中开辟一个专门的讨论区，或借助专门的在线交流工具，教师和学生以课外学习内容为主题展开交流和讨论。讨论主题既可以是教师预设的，又可以由学生确定。这样，一种师生在线辅导和生生自组织学习的学习模式就形成了。借助这种学习模式，学生掌握学习内容的速度较快，并且掌握的层次较深，从而为课内的学习活动做好准备。

（3）在线测评。在学生完成了新知识学习的任务后，可以进行在线测评。在线测评一般采用低风险、形成性的评价方式，不仅能检验了学生的学习成果，还提供了一个学生反馈问题的机会。通过在线测评，教师和学生可以在课内教学活动开展前针对问题提前做好准备。

2.设计课内学习活动

根据翻转课堂的特点，影响翻转课堂教学效果的最大因素是通过课堂活动设计完成知识内化的过程。在设计课堂活动时，关键要看情境、协作、会话等要素是否有利于学生主体性的发挥，从而促使学生达到高阶思维能力的目标。课内学习活动一般可以分为个体学习活动和小组学习活动。

第四节　统计学课程线上线下混合式教学模式实践

一、线上线下混合式教学的内涵

大数据技术在教育领域广泛应用的大环境下，"教师主导＋学生主体"的教学模式在许多院校盛行。在如今智能手机、平板电脑、网络为时代印记的新技术的时代下，教学模式不仅要求灵活运用以教为主的教学策略和以学为主的学习方式，还需要整合各种教学资源，要求教师进行相应的角色转变。

以建构主义、情感过滤假设理论为基础，结合教学实际，从专业知识、专业技能、情感态度、文化意识、学习策略五个维度综合考虑，构建了适用于高校的移动平台翻转课堂授课、线上交互式数字课程学习、线下模拟场景实践、过程性与终结性评价结合的四位一体混合式教学模式，并制定了基于网络交互式教学平台的混合式大学统计学课程教学模式图（图6-1）。

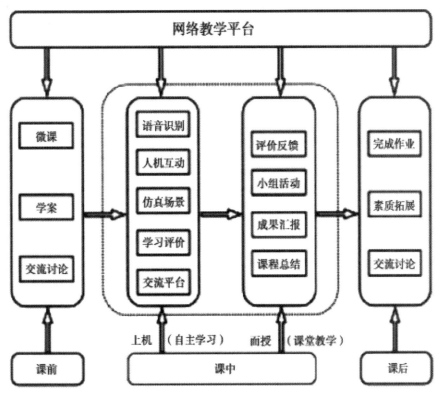

图6-1　混合式大学统计学课程教学模式

从图6-1中，我们可以看到，在这个教学的过程中，教师在教学环节中不再是过去的讲授者或灌输者，而转变为了一个帮助者和支持者，教师在课前和课后的准备工作及评价工作中的功能远大于过去，而学生在课前、课中、课后均为学习的主体，这与过去的"教师讲、学生听"教学模式有了很大的不同。

二、大学统计学课程线上线下混合式教学的要素

（一）教学环境

1. 创造媒体化课程教学环境

将媒体化教学环境应用于课程教学中具有重要的意义。在课程教学中，以传统教室为基础，有机组合诸多类型的教学媒体，通过屏幕投影将生动形象的多媒体教学信息如图片、视频、音频等直观呈现给学生，以优化教学过程，提高教学效果。

多媒体教室（多功能教室、多媒体综合教室、多媒体演示教室）是课程教学中运用最

多的一类媒体化教学环境，也是比较新型的课堂教学系统之一，它集中了很多现代化的教学设备，教师在课堂上运用这些教学设备资源将丰富的教学内容直观呈现出来，能使学生更加直观地掌握教学内容，并加深对教学内容的记忆。

多媒体教室的教学功能有很多，结合课程教学，下面主要列举其中几个主要功能：

（1）常规教学。不管是传统的常规教学，还是多媒体教学，都可以在多媒体教室完成，这是多媒体教室综合性特征的重要体现。

（2）课堂演示教学。教学内容可以通过多媒体教室的教学设备而被投影到清晰的大屏幕上，以便于学生直观地观察、学习，比赛场景或某个具体的项目动作等也可以通过多媒体系统来进行模拟、演示。

教师通过这种方法直观、明了地向学生传递教学信息，学生的感官受到刺激，学习兴趣自然就会提升，课堂教学效果与教学质量也会因此得到改善。

（3）对教学信息与资料进行搜索。学校的多媒体教室一般都是连接网络的，有的还与校园网相连，教师可以在课堂教学中根据教学需求直接搜索所需资料，这能够为教师的教学活动与学生的学习活动提供便利，节约课堂时间，提高课堂教学效率。

（4）各种教学课件和软件的播放。教师可利用多媒体教学设备播放提前已经准备好的多媒体教学软件（录音带、VCD、CD 光盘等），从而使课堂教学效果得到强化与优化。

2. 创造网络化课程教学环境

信息化教学的开展离不开网络化教学环境的支持。教师将网络通信技术、计算机技术充分利用起来，通过文本、信息交互技术、影像等丰富的信息媒体资源而向学生传递重要的教学信息与资源，以促进学生更好地进行自主学习与合作学习，提高课堂双向互动交流的效率和学生的学习效率。常见的网络化教学环境主要有多媒体网络教室、校园网、网络教学平台、远程教育网等。下面结合课程教学主要分析多媒体网络教室与校园网。

目前来看，多媒体网络教室（多媒体网络机房、计算机网络教室）作为一种新兴网络教学系统，在我国各类学校中的应用非常广泛，大、中、小学普遍都会用到多媒体网络教室。多媒体网络教室属于小型教学网络，由若干台多媒体计算机及相关网络设备互联而成，可以将其作为计算机机房使用，也可以作为多媒体演示室、视听室、语音室使用，这是多媒体网络教室的功能及应用形态的主要表现。要使用多媒体网络教室，必然离不开现代网络技术和多媒体技术的支持。多媒体网络教室在课程教学中的具体应用及功效主要表现在以下几个方面：

（1）优化教学结构，使学生有更多的实践机会。在课堂教学中，多媒体网络教室的软件可以作为辅助教学手段，如教师口头讲解时，用语音对话，示范动作时，可播放图片或视频，使学生看得更清楚一些。多媒体网络教室的设备还有监控功能，当学生在自主学习时，教师可以检查学生的学习情况，发现其中的问题，从而对教学过程进行更加合理的调控。学生如果在听讲或自主学习中有疑问，可利用电子举手功能向教师提问。教师可以利用辅导答疑功能来对学生进行个别指导,有针对性地解决学生在学习中的个别问题。另外,教师还可以组织学生交流经验,讨论问题,对普遍存在的共性问题,进行集体处理。这样可以在一个整体的系统中将诸多环节联系起来,使课堂教学结构更加优化,而且学生在交互式的环境下有更多的机会去实践,学习效果也会有所提高。

（2）丰富教学内容,提高课堂效率。教师制作多媒体课件,要以教学目标、教学内容及教学需求等为依据来进行,在课件制作中分类建库,分类储备各种教学资料,如教案、图片、实验用具等,以便在课堂教学中快速调用这些准备好的资源。多媒体网络教室集图书室、资料室、实验室于一体,与互联网连接,在课堂教学中教师可以获得教学所需的资源信息或校园网上的共享资源,借助丰富的教学资源来创设教学情境,使教学时空进一步拓宽,这也有助于良好课堂氛围的营造,既轻松、愉悦,又能保持适度的紧张。学生利用学习机也可以实现学习资源的共享,在获得这些资源的基础上充分发挥主体作用。这种教学方式具有高密度、高效率的优势,可促进课堂教学效率的提高。

（3）丰富教学内容的表现形式。多媒体信息符号的表现形式有很多,如文本、图形、图像、动画、音频、视频等形式都很常见,这些常见的信息形式经过计算机的集成处理构成了多媒体信息结合体。在网络教室环境中可以用很多种形式来呈现多媒体信息,教师要选择最适合、最有效的表现形式来传授教学内容,可以单独使用某种表现形式来传递信息,也可以将多种表现形式结合起来传递教学信息,从而达到抽象理论具象化、静态知识动态化的效果,这有助于将学生的学习兴趣激发出来,培养学生的学习能力及多元智能。

（4）可优化组合多种教学形式。在课程教学中,教师可将本校服务器中的多媒体教学软件结合起来进行全面教学,学生在自主学习中也可以自由访问学校服务器中的学习资源,提高自主学习能力。另外,教师、学生查询与运用网上资源都可以达到实时性的效果,这有助于师生之间以某个特定主题或教学任务为中心展开互动,通过讨论室进行讨论,从而快速完成教学任务,使学生能全面理解问题,这也为课堂中小组合作学习、自主探究学习以及讨论协商学习等多种学习形式的优化组合运用提供了便利。

（二）教学内容

1.创设情境,使学生在真实情境中掌握和运用专业知识

在传统统计学课程教学中,往往从具体情境中将统计学课程知识抽离出来,抽离出来的知识是抽象性、概括性的,虽然这样可以将具体情境中的"本质"内容（概念、规则、原理等）体现出来,但知识运用的具体性与情境性却被忽视了,这样学生虽然掌握了知识,但是在具体的任务情境中或遇到现实问题时无法运用所学知识,学习结果无法顺利迁移到现实中。要使学习者在建构层面掌握所学知识,不仅要掌握知识的表面,还要深刻理解知识表面隐含的性质、规律及相关关系,最好为学习者创设真实或接近真实的情境,使学习者在亲身参与中去感受、体会,获取直接经验,而不是从教师的口头讲解中去获取。

对此，在信息化统计学课程教学设计中，统计学课程教师要注重对真实问题情境的创设或对真实任务的设计，使学习者尽可能在真实的情境中完成所有学习任务。这里要注意一点，真实情境与现实情境不同，不一定要真实、客观存在，情境有很多种类型，如基于学校的情境、基于自然或社会生活的情境、想象虚拟的情境、真实现实的情境等。在统计学课堂教学中不管是创设哪种类型的情境，都要遵循一个原则，就是使学习者能够经历类似于真实世界的认知挑战。

2. 利用学习资源为学生的自主学习和协作学习提供支持

在信息化统计学课程教学设计中，要将丰富多彩的信息化学习资源提供给学生，并在学生获取学习资源、分析处理学习资源、编辑加工学习资源的过程中提供引导与帮助，从而为学生的探索学习、分析解决学习中的问题提供支持。有些学生对信息化学习资源不熟悉，也不习惯运用，对此，教师要加强对信息化资源的普及，不断鼓励学生运用信息化资源，使学生充分认识到这些学习资源给自主学习带来的便捷与好处，然后借助现代信息化学习资源来更好地进行自主学习、合作学习。

3. 为学生提供有效引导、支持

信息化统计学课程教学设计强调学习者充分发挥自身的主体作用，主动学习、主动探索，但因为学习者的知识结构还比较单一，认识水平还比较低，也缺乏实践经验，所以在学生自主学习的过程中，教师也要适当地进行指导，在关键时刻给予帮助，如为学生提供丰富的学习资源、反复示范正确的技术动作、为学生提供咨询服务、创设问题情境启发学生思考与探索等，对于那些自我调控能力差的学生，尤其要给予引导和帮助，以免学生因不熟悉新的内容或在学习中受挫而消极、被动地学习，影响学习效果。

4. 强调协作学习

信息化统计学课程教学设计强调统计学课程教师要重视设计协作学习方式，具体包括学生之间的协作、师生之间的协作、学生与他人之间的协作、各主体之间面对面的协作以及在计算机信息技术支持下的信息化协作等。协作学习不仅是学习者发展的需求，还是社会发展的需求，因此信息化教学设计特别强调协作学习。现在，社会分工的细化趋势越来越明显，知识增长也极为迅速，需要协作配合才能完成的工作越来越多，所以在现代人才的评价中，协作意识与合作能力是一个重要的判断标准。

从学习者方面来看，不同的学习者有不同的成长经历和知识经验，面对同一知识或问题，不同学习者的理解可能不同，学习者个人的理解可能是存在局限性的，或者说比较片面、肤浅、不充分、不完善，也有可能就是错误的，而通过协作学习，学习者之间能相互沟通交流，每个学习者都能充分表达自己的看法与见解，同时也能听取他人的不同看法，在这个过程中学会聆听、接纳、互助、共享，在不同观点的碰撞中更好地理解知识与问题，这时的理解比之前个人的理解更充分、全面、完善、深刻。

5. 在学习和研究活动中将"解决问题"和"任务驱动"作为主线

信息化统计学课程教学设计强调不要将学习孤立看待，而要将其与更多的问题、任务联系起来，以"解决问题"和"任务驱动"为主线进行学习，学习者主动投入到真实的问题情境或人物情境中，以完成学习任务，解决学习问题。统计学课程教师在信息化教学设计中要多鼓励学生结合现实生活探究学习的相关问题，将学习者的高水平思维激发出来，培养学生的高级思维能力。很多学习任务与学习问题背后都隐含着丰富的知识与技能，学生在自主学习或合作学习中探索这些知识与技能，并在探索中逐渐掌握并学会运用，这有助于提高学生的探索能力。

6. 强调面向学习过程的质量评价

传统统计学课程教学设计习惯上将简单的知识与技能作为评价学生学习成果的唯一标准，这在信息化统计学课程教学设计中是不被允许的。信息化统计学课程教学设计强调在统计学课程教学评价时应将师生在课程教学中的所有情况都考虑在内，强调在真实的评价情境下进行评价，主张凡是具有教育意义的过程与结果，都应该对其进行恰当的评价，不论其是否符合预定目标。此外，信息化统计学课程教学评价还强调对学生学习能力的评价，但不是通过学习结果来评价学生学习能力，而是通过其在整个学习过程中的学习行为来评价其学习能力的变化发展，最后做一个评估报告，将此作为改进教学与进一步培育学生学习能力的依据。

三、大学统计学课程线上线下混合式教学的步骤

线上线下混合式教学模式在统计学课程知识教学中的应用大致分为以下三个阶段：

（一）课前阶段

在基于线上线下混合式教学模式的统计学课程教学中，教师在授课之前要针对具体的教学内容和学生的学习情况选择切合的课程资源，并且结合实际情况设计培养学生自主学习能力的学习任务的能力，以充分利用教材和网络课程资源。

（二）课堂阶段

所谓线下，也就是课堂上的面授。在这一阶段，主要是通过课堂的教学平台和自主学习平台的相互融合，展开具有针对性的多媒体辅助教学。首先，教师对学生课前预习的完成情况进行检查和分析，重点指出相关问题。其次，运用多媒体设计富有情境化的教学内容，进一步提出问题，引发学生积极思考，进一步激发学生的探究意识。再次，教师结合教学实际情况和单元主题，设计相应的学习任务，鼓励学生积极讨论，也可以通过情景对话、角色扮演等方式，激发学生参与的积极性，促使学生主动参与课堂教学活动。最后，教师鼓励和引导学生进行总结和反思，可以让学生进行自评或让学生之间进行互评，进而

总结学习内容，激发学生的学习动机和自主探究精神，巩固学生的知识，同时提升学生协作互助意识和统计学应用能力。

（三）课后阶段

在课后阶段，教师可以通过线上线下混合教学模式进一步补充相应的学习材料，有效拓宽学生的视野，加深学生对所学知识的理解和掌握程度。在课后，学生也可以利用网络平台寻找相应的复习资料，进一步加深学习效果，增加练习的实践，扩大知识范围，更好地完成相应的学习任务。课后巩固延伸了课堂教学的空间，能够显著培养学生的自主学习能力，也能够为学生养成良好的终身学习习惯打好基础。

四、大学统计学课程线上线下混合式教学的意义

（一）方便灵活

信息科技与互联网的发展及其带来的便利，使得统计学课程教学视频可以在网上广泛传播，多样化的视频教学形式，如专题讲解、碎片化学习、视听说一体的视频教学等教学形式开始出现，使得统计学课程教学的灵活性大大提高。首先，学生可以通过网络方便、快捷地获取多元化的教学资源，不受时间和空间的限制，进行碎片化的学习。其次，教师可以借助网络资源来提高自身的专业素质和水平，从而开展形式灵活、多样化的优质教学，提高统计学课堂教学效果。

（二）贴合需求

在大学统计学课程教学中运用线上线下混合式教学模式，能有效地加强学生的学习体验，提高学生的学习效率，而且切合学生的实际需求。首先，网上含有大量的统计学课程教学视频，学生可以根据自身的水平和学习需求，自主选择优质课程，有针对性地利用教学资源。其次，通过线上线下混合式教学模式，学生可以获得丰富的学习体验，能养成自主探究的学习习惯，满足自己的个性化发展需求。

（三）切入精准

相较于传统的教学模式，线上线下混合式教学模式切入点精准，在整体上能够扩展学习空间。该教学模式引发了教师主导的课堂格局的改变，通过丰富的线上资源来充实课堂内容，同时也可以通过线下形式多样的个性化实践措施丰富学生的学习体验，进而精准地切入学生的爱好点，拓展学生的学习空间。将线上、线下两种模式混合应用，能够有效地改变教学的思路，切实优化教学质量。

五、大学统计学课程线上线下混合式教学的构建策略

（一）带疑探究—讲授示范—动手操作型

（1）教师要根据课程教学的目标找到一个或几个富有探索性的问题，然后将问题以适当的时机和方式向学生提出，并引导学生利用已有的信息技术找寻解决问题的方法。

（2）教师利用分解法，将问题由一分多，细致地讲解每一个小问题，并进行必要的问题解决示范。

（3）学生通过教师的讲解与示范开始尝试解决问题，在这一过程中如果遇到新的问题便开始思考并向教师提出问题，得到解答后再进行操作，直到问题得到解决，自己最终掌握了知识和技能。

（4）教师评价学生的学习表现，学生之间也要进行互评。

（二）任务驱动—协作学习型

（1）教师以教学内容中的重点和难点为依据，灵活设计信息技术的教学任务和目标。对于任务的设计要遵循由易到难、由简到繁、由外到内的顺序。

（2）教师给学生布置教学任务，然后让学生自由选择自己的合作伙伴来共同协作展开研究。学生在研究学习的过程中要注重和同伴分享获得的一切信息和资料，一起讨论，一起研究。

（3）教师对学生的学习活动进行总结性评价。考察的重点在于学生对信息技术的应用能力。

（三）自主—监控型模式

自主—监控型模式的教学地点是建立了网络的教室。具体学习模式为学生将教师提供的教学资源利用起来进行学习，教师则观察学生的学习过程。为了给学生营造良好的自由氛围，教师可在教室外通过监控观察学生。当教师发现学生在某环节中遇到问题时，应适当地提供帮助。在自主—监控型模式中，学生可根据自身需求使用网络资源。自主—监控型模式的实施程序如下：

（1）教师根据教学目标对教材予以分析，然后以教师认为的最理想的方式向学生呈现教学内容。

（2）学生在接受了学习任务后，需利用相关资料或信息进行独立学习或协作学习。在此过程中，教师的任务是观察、监督，并在必要的时候提供适当的指导。

（3）教师对学生的学习活动进行总结性评价，总结评价要具体到个人。

（四）群体—讲授型模式

群体—讲授型模式是面向多数人（通常为一个班）进行教学的模式。在这种模式下的

信息技术只是作为一种教学手段出现。该模式的特点主要如下：

（1）集文字、图片、声音、图像等多媒体展现教学内容于一体，让学生对课堂教学活动有更为直观的认识和理解，而不再是过往的那种过于抽象的感觉。

（2）使用便捷、简单、易操作，能够将教学内容快速、及时地呈现出来，这无疑可以大大提高教学的效率。

（3）过往教学中那种宏观、微观以及时间、空间等因素都不再成为限制，如此更加方便教师对教学重难点的把控与教学。

群体—讲授型模式的实施步骤如下：

（1）教师在备课阶段要全面掌握教学内容，并对教学中需要的图片、视频等资料进行细致选择，需要演示的课件要设计得当。

（2）教师努力创设教学情境，将教学信息展示给学生，引导学生思考。

（3）教师对教学活动做总结性评价。

（五）讨论型模式

讨论型模式是教师与学生通过网络进行的实时或非实时交流的一种教学模式。这种模式的应用，通常是由教师提出某一问题，然后由学生讨论问题。对于学生的讨论，教师要一一听取，这是了解学生学习思维和发现其中出现的问题的好机会。如果发现问题，教师要及时指导。这是一种对学生非常友好的教学模式，不过需要耗费一些时间，教学效率相对较低。该模式的基本步骤如下：

（1）教师根据教学目标对教材予以分析，然后以自己认为的最理想的方式向学生出示课件或网页类的教学内容。

（2）学生接受任务后，由教师指导查阅资料或信息进行独立学习或合作学习，要确保学生在完成学习任务的过程中使用信息技术。

（3）教师要对学生的讨论予以总结，学生间也可以互评，当然也可以评价教师的一些观点。

在讨论型模式中，教师要始终尊重学生的主体作用，要允许学生发散思维，不要打断学生的一些奇异思维，要做到先倾听，这是鼓励他们尝试创新的良好开始。

（六）研究型课程

研究型课程与当下常见的科学研究的方法已经非常接近了。学生在这种模式的课程中将信息技术作为工具来分析、归纳、整理各种资料，找寻对解决问题有帮助的信息。

研究型课程中的整合任务是课后的延伸，超越了传统的单一学科学习的框架，它会根据学生个体的认知水平以主题活动的形式呈现生活中的一些问题，以此激发学生的研究兴趣，并让他们完成相应的学习任务。

学生在研究型课程模式中的学习，在设计研究方案、实施方案以及完成任务等环节中都享有相当高的自由度，教师更多的只是在选题和资料收集环节中提供些许帮助，如此更能突出学生的主体性和参与性。不过，教师提供的帮助仍是不可或缺的，甚至这可能决定学生研究型学习最终的成败。

第七章　大数据背景下统计学课程自主学习实践

在大数据的背景下，学生要具有自主学习的能力。自主学习对于一个人能否树立终身学习的观念具有重要的作用，也是教育终身化、民主化、学习社会化的一种策略，更是教育发展的未来趋势。自主学习的研究，是建立终身学习型社会的必然要求，能够有力地促进科技的发展和社会的进步。

第一节　自主学习研究的历史背景及基本历程

一、国外自主学习研究的历史背景

对于自主学习理论的研究最早源于古希腊，至今已有 2000 多年的历史。古希腊的哲学大师，纷纷根据自己的哲学观念、处事经验、教学经验，提出了独特的自主学习理论。他们认为，自主学习观念的养成可以有效凸显自我教育的重要性。我们可以按照各个时期的发展特点，将其划分为三个阶段：

（一）自主学习理论的起源

这一时期，自主学习理论已经初步显露出来。古希腊哲学家苏格拉底（Socrates）在其提出的名为"产婆术"的教学方法中最早提出了自主学习的理论。他认为，教师的职责并不是创造和直接传播知识，而要成为"知识的助产婆，通过引导，培养学生的学习习惯，从而转变学生学习思维，使他们能够积极地、主动地去探求知识。在苏格拉底之后，柏拉图（Plato）和亚里士多德（Aristotle）将自主学习的思想继承并发扬光大。柏拉图指出，教育应该以培养学生学习技能为目的，使学生成为自我学习的主导者，建立属于自己的"理想国"理论；同时，他还强调学习中自我反思的重要性。而亚里士多德则更为关注自我实现的重要作用，他认为，持有这种思想的学生即使在没有老师引导的情况下，也能够继续向前发展，因此他提倡和谐教育（Harmony Education），进而发展为一种博雅教育（Liberal Education），即现代意义上的通识教育（General Education/Common Education）。他还强调学生在学习过程中要养成自我监控和自我调节的习惯。近代教育理论奠基者夸美纽斯（Comenius）的教育思想多承自拉特克"自然教学法"的理论，他在其著作《大教学论》中，倡导学生在学习过程中发挥主观能动性，摒弃单调的灌输与接受式的学习模式，同时要通过劝说、表扬的方式鼓励学生进行自主学习。他说："应该用一切可能的方式把孩子们的求学欲望激发起来。教师主要是学生学习兴趣的激发者和知识的引路人，但学习的主动性仍在于学生。之后，法国自然主义教育思想家卢梭（Rousseau）、德国教育家第斯多惠（Diesterweg）、英国教育家斯宾塞（Spenser）等纷纷提出了自主学习的观点，但也只是浅略地提到了这些观点、建议，并未建立起完整的系统。直到进入 20 世纪，在实用主义和实验主义浪潮的席卷下，对自主学习的研究才又有了明显的进展，自主学习开始进入初步试验的阶段。

（二）自主学习理论的发展

20 世纪初到中叶，自主学习研究被杜威（Dewey）和斯金纳（Skinner）的初步试验包揽。在杜威看来，教学的第一要义是培养学生的思维力，而思维力的开发需要学习者的主动探索，这就需要学习者在劳作中学习，杜威的思想方法突破了传统教育思想的限制，将学生摆在了教育的主体位置，并提出了众多进行自主学习的方法，如道尔顿制、文纳特卡制、设计教学法等。斯金纳是一位行为主义心理学家，他创造性地提出了及时强化和操作性条件的小步子教学等原则，并将其运用到教学过程中，最终创立了独特的程序教学法。这种方法采用了以学生自主学习为主、教师引导为辅的新型教学模式，对学生的自主学习与积极性和主动性的调动起了关键作用。这两种教学方法在很大程度上突出了学生的主体地位，使教学主体由教师向学生转移。但也正是这种忽视教学引导的方法，导致其最终并未实现预期的效果。之后随着认知心理学、人本主义教育思潮和建构主义学习理论的兴起和流行，越来越多的学者投身于自主学习的研究中，产生了众多的研究流派，同时也将这门研究推向了系统发展的阶段。

（三）自主学习理论的系统化

从 20 世纪 60 年代开始，经过国外自主学习研究浪潮的推动，逐渐形成了七个具有代表性的研究流派：①以苏联心理学家维果斯基、美国心理学家斯金纳为代表的操作主义学派；②以美国罗杰斯为代表的人本主义心理学派；③以加拿大心理学家温内为代表的信息加工学派；④以班杜拉和齐莫曼为代表的社会认知学派；⑤以德国心理学家科尔和美国心理学家考诺为代表的意志学派；⑥以麦臣鲍姆为代表的言语自我指导学派；⑦以瑞士教育家皮亚杰、美国心理学家布鲁纳、英国分析教育哲学家奥康纳等为代表的建构主义学派。

这些学派纷纷从不同角度，运用不同研究方法对学生的自主学习能力、目的、动机以及学习中自我调控、影响学习的因素等方面进行了细致、深入的探讨与研究。他们在研究中又提出了新的观点，极大地丰富了自主学习的理论探索与实践应用，对培养学生的自主学习能力具有重大的启示作用，同时为我国开展自主学习的研究奠定了基础。

二、国内自主学习研究的历史背景

纵观我国教育思想的发展历程，关于自主学习的思想早在先秦时期便初露端倪，历史源远流长，对于今天的学习研究来说依然具有深刻的借鉴意义。我国古代学者在很早的时候就提出了"为学贵在自求自得"，体现了自主学习的重要性。在孟子眼里，一个人想要有所成就，就应积极、主动地去学习，只有主动，才能将知识掌握得牢固，在积累大量的知识之后，运用起来才会得心应手。朱熹也认为，做学问应该是一个人的事，不能靠别人。清代王廷相也提出了关于自主学习理论的重要看法。中国古代哲学家孜孜不倦于自主学习理论的研究与扩展，提出了"启发式""少而精"的教学理念，对自主学习的目的、方法等问题进行了系统解释，还指出了应该如何培养自主学习能力。

虽然有关自主学习的理论研究进行了数千年，但直到近代，自主学习的实践应用才开始受到我国学者的普遍重视。著名教育家蔡元培提出了"自动""自学"和"自觉"的教育观念。他说："最好使学生自学，教者不宜硬以自己的意思压到学生身上，让学生被动地接受知识，成为接受知识的容器。"五四运动前后，杜威等一大批外国教育学者纷纷来中国讲学，宣传自己的教育理论，对我国自主学习理论的研究产生了重要的影响。

实际上，直到 20 世纪 70 到 80 年代，我国才开始开展对自主学习理论与应用的系统性研究。1978 年左右，我国有 11 项与自主学习有关的教学实验。1986 年后，一些学者总结了自己对自主学习理论的研究成果和经验，并发表了大量的研究论文和著作，丰富了我国的自主学习理论，并为研究指明了方向。

进入 20 世纪 90 年代，国外自主学习理论不断对国内研究产生影响，同时随着国际间的交流合作日益频繁，我国很多学者开始用大胆、创新的思维对自主学习进行研究。在研究过程中，逐渐将改革与自主学习相结合，不断扩大研究范围和深度。从此自主学习研究进入了争奇斗艳的时代，转向了大融合，即对各个派系的自主学习理论进行综合总结，并从中吸取有利成分与自己的研究相结合。这一时期的自主学习理论研究开始走向成熟，形成了理论与实践、研究与政策相结合的研究现状。

我国关于自主学习的研究，主要呈现出以下特点：

第一，理论研究取得了丰富的成果。1986 年后，一些自主学习理论研究学者纷纷用发表论文或著作的方式来阐述自己的研究实绩。主要有《青少年智力开发》（刘学浩，1986）、《自学辅导心理学》（卢仲衡，1987）、《中学生最优学习法》（黎世法，1987）、《尝试教学法》（邱学华，1988）、《目前国外关于自主学习的研究动态》（刘根平、刘道溶，1990）、《小学生自主学习能力培养策略初探》（黄国谋，1999）、《论自主学习》（程晓堂，1999）、《自主学习理论的新进展》（庞维国，1999）、《自主性学习的缘起和发展》（郑敏，2000）、《"学习者自主"探析》（华维芬，2002）、靳玉乐主编的新课程教学方式变革研究丛书《自主学习》（2005）、徐锦芬的《大学外语自主学习理论与实践》（2007）等论文和著作。

这些研究者根据自己的研究经验和理论积累，对自主学习的特点、内涵、方法、理论、目的与意义进行了深入的研究，促进了我国自主学习理论研究的发展。

第二，实现了理论与实践的结合。经过大量的教学实验与研究，我国的学者们不断对自主学习的应用进行修改与完善。并将实验成果用来指导具体的教学实践，将学生的自主学习培养融入到整个教育阶段中，使学生树立起了终身学习的观念，养成了自主学习的好习惯。

在 1979 年前后，我国学者进行了很多自主学习教学实验，这些实验以培养学生的自主学习能力为目标，分别是：上海育才中学段力佩等人总结的"读读、议议、练练、讲讲"八字教学法；青浦中学顾泠沅等人进行的"诱导、尝试、归纳、变式、回授、调节"教学法；湖北黎世法设计的"六型单元"教学法；华中师范学院姜乐进行的"小学数学启发式教学"实验研究；江苏邱学华在常州进行的"先学后教""先讲后练"的尝试教学法；南通启秀中学李庚进行的"自学、议议、引导"教学法；中科院卢仲衡主持的"自学辅导教学"实验研究；辽宁盘锦二中魏书生实施的"六步教学法"实验；黑龙江胥长辰在"自学式"教学基础上提出的"学导式"教学；内蒙古李敬尧在赤峰县倡导并实验的"导学式"教学法；上海嘉定中学钱梦龙进行的"导学教学法"研究等。这些教学实验都将学生作为教学的主体，培养学生自主学习能力，实现全面发展的教学目标。这标志着我国自主学习的研究正在朝着纵深发展。

第三，自主学习问题受到了整个社会的关注。从教育一线的教师和学生，到国家有关的教育部门，都十分重视学生自主学习能力的培养。而且自主学习问题也被列为国家教育科学"九五"重点规划课题。1993 年，中共中央、国务院颁布了《中国教育改革与发展纲要》，其中特别强调在教学中要拓宽学生的视野，培养学生的学习兴趣和自主学习的能力。2021 年，全国人大通过了《中华人民共和国教育法》，其中第四十二条规定："国家鼓励学校及其他教育机构、社会组织采取措施，为公民接受终身教育创造条件。"1999 年 1 月 13 日国务院批准的教育部《面向 21 世纪教育振兴行动计划》中指出："到 2010 年……基本建立起终身学习体系，为国家知识创新体系以及现代化建设提供充足的人才支持和知识贡献。"

2007 年，教育部颁布了《大学统计学课程课程教学要求》，其中强调大学统计学课程教学应该重点培养学生的自主学习能力，同时还强调"大学统计学课程教学模式改革的目的之一就是学生个性化学习方法的形成和学生自主学习能力的发展"。以上的一系列文献法规和讲话都体现了我国社会对自主学习能力的重视，并将其作为了我国教育发展和改革的目的。

三、有关自主学习的几种错误认识

近几年来，自主学习逐渐成为了学校的关注对象。大量的证据表明，"自主性"一词逐渐成为专业术语，成为行话，但这一观点也有一些人反对。他们反对或误解的原因，主要是因为他们没有完全了解自主学习的概念与内涵。

（一）把自主学习片面地认为就是学生自己学习，没有教师的参与

这种看法由来已久，因为我国自主学习的研究还处于初级阶段，虽然引起了社会的关注，但总的来说对自主学习的内涵的认识不够清晰，所以望文生义，片面地将自主学习看作是"学生自己学习"。在西方，有关自主学习的研究已经持续了半个世纪之久，显然，把自主学习理论向全国高校推进还有一段路要走。

虽然自主学习是"学习者承担所有与其学习相关的决定及实施这些决定的责任"，但这种能力显然不是天生的。我国长期采用以教师为中心的教学模式，将教师作为知识的主要传播者，而学生只能被动地接受知识，很少思考自己为什么要学、要学什么以及该怎么学，学生的自主性发挥不出来，学习效率也就无法有效提升。但如果把学习的任务突然全部交给学生，那也只能揠苗助长，导致事倍功半。学生应该在老师的指导下逐渐提高对学习的兴趣，充分发挥主观能动性，培养自主学习的能力，这样才有能力承担起学习的重任。

为了更好地指导学生学习，教师应该首先提升自己的知识水平，并认识到自主学习的重要性与必要性，在教学过程中能够有意识地、系统地逐步培养学生的自主学习能力，并充分利用多媒体和网络技术提高教学效率。

（二）自主学习意味着教师作用的减少

自主学习是对传统的以教师为中心的教学模式的突破。很多学生，甚至教师都认为自主学习意味着教师作用的弱化。这种错误的观念与第一种看法密切相关，主要是由于他们对自主学习的含义缺乏理解或没有完全理解，而产生了误解。

突然改变传统的教学模式，转变教师与学生在教学过程中的职责具有一定的难度。自主学习充分强调学生的重要作用，但并不意味着教师是可有可无的。事实上，"教师的知识和态度是促进自主学习成功的关键"（阿斯顿，1993）。因此，教师必须首先转变自己的教学思维与身份。中国很多统计学教师都是刚走出校园的大学生，他们很少有站在讲台上的直接经验；同样，也有部分统计学教师对统计学课程教学理论表现出漠不关心的冷漠态度。这就要求教师应该首先从学习理论基础开始，用理论指导教学实践，在教学实践中强化对理论的理解，提升自己的教学水平。其次，面对学生在学习能力、个人素质、学习动机以及学习方法等方面的巨大差异，教师应该尽量了解每位学生的特点，注重和学生之间的交流，建立起与学生的平等关系，为学生提供勉励与支持，更好地发挥教师在教学过程中的辅助和协调的作用。

此外，自主学习打破了传统教学中对时间和地域的限制，因此自主学习能力和自控性较差的学生，需要教师随时随地提供教学监督与辅导，而网络技术的应用能够很好地为其提供支持。同时，教师也要加强对学生学习成果的评估，这是促进学生自主学习、提高学

生学习效率的必要手段。有效的评估可以帮助学生挖掘学习潜力并培养学习信心。因此，自主学习教学对教师提出了更高的要求，教师需要花更多的时间和更多的精力来面对更大的挑战。

（三）推行自主学习就是取消课堂教学

因为自主学习是"学生负责所有与学习相关的决策并执行这些决策的责任"，而学习时间与场地是无限制的，因此很多人认为自主学习可以完全取代传统的课堂教学。这种观点显然是片面的，对于那些自主学习能力强、有较高自控力的学生来说确实如此。但正如前文所述：自主学习能力不是天生的，自主学习能力的培养是一个从行动意识、从课堂到外界的循序渐进的过程。因此，为了从无到有地培养学生的自主学习能力，应该首先在课堂教学中为学生提供必要的训练和活动，如统计学课程教学：

（1）组织学生针对某一章节的内容制订学习计划和设定目标，利用课外时间搜集学习资料。

（2）安排学生进行自主统计学测试，评估自己的统计学水平。

（3）邀请学生定期记录自己的学习情况，如每天的学习时间、学习内容、学习方法和遇到的问题。

（4）鼓励学习充分利用课外时间和课外方法进行统计学学习。

（5）鼓励学生用统计学和他人进行专业练习。

（6）鼓励学生通过向他人寻求帮助、上网查找资料或依靠自己解决学习困难。

学校也应该开展一些教学活动，让学生认识到自己在学习过程中的主体作用，树立信心，提高自主学习的意识。因此，在早期的自主学习过程中，课堂教学依然发挥了重要的作用，不仅不能取消，反而要更好地利用课堂时间，组织教学内容，为学生提供更多的指导和帮助，为学生之后的自主学习奠定基础。

（四）自主学习使部分学生达到一种稳定的学习状态

人们有时会把自主学习与简单的行为容易的描述混淆起来。然而，事实上，由于学生年龄的不同、学习进步的程度不同以及直接学习目标的学习过程，自主学习需要持续地投入精力和时间，花费很多努力，而且也无法保证这种状态能够永远保持下去，自主学习在某些方面可以非常自主，但在其他方面可能是非自主的。20世纪70年代，自主学习是教育模式发展的必然趋势，培养学生的自主学习能力刻不容缓。自主学习意识的推广，需要众多的教育专业者进行理论研究与教学实践，并在实践中不断摸索、总结和创新。对于自主学习的研究还在进行中，但总的来说，它已经成为一种具有较大优势且适合学生的学习方法，因此，我们必须先消除错误的观念，提高自己的理论水平，结合我国的实际情况，不断探索，避免不足，挖掘有中国特色的统计学课程教学方法。

四、自主学习概念的形成和发展

培养"自主的学习者"成为教育的理想目标，实际上源于欧洲成人教育的改革。自20世纪60年代以来，西方教育工作者一直承担着培养学生的责任，将其作为教育的最终目标。当时，教育部门迸发了"学习技能""关键技能"和"终身学习技能"的激情，促进自主学习成为了教育改革的主要目标之一。多年的自主学习研究中，主要有三个平行的转变：第一，从环境自主的角度向心理自主的角度转变。环境自主是指学生自主的环境或外部因素，而心理自主是指学生的心理、能力和责任感。第二，独立的社会观点向自主的个人观点的转变。自主社会化是指学生学习时的集体合作过程，而自主个性是指学生的学习风格和爱好。第三，这两个转变包括将意义取向转变为任务取向。意义取向是指学习目标与学习方法，而任务取向更加强调学习方法。从20世纪90年代中期开始，一些学者，如达姆（Dam）、利特尔和彭尼考，不再满足于研究学习技能与策略的发展，将研究重点转向了语言学习自主性方面，并从心理、文化和政治的角度强调了促进学生自主社会学习和合作学习方法的重要性。

五、自主学习的概念界定

在语言教学领域，自主学习的概念有几种疏忽的解释，尚未统一定义。第二语言的学习领域要更多地从语言学习过程中的自主的角度来讨论这个问题。这些解释归纳为四个论点：一些学者把这定义为一种技能，一些学者把这定义为一个学习过程，一些学者将其定义为教学实践，一些学者也将其定义为一个政治概念。

自主学习的第一个概念在20世纪80年代被亨利·泰勒所吸引，他在《自主性与外语学习》一书中提出。自主学习是学生在学习过程中能够对自己负责，主动进行学习的一种能力。自主学习能力的体现，主要包括以下几方面：①制定学习目标；②规划学习内容、安排学习进度；③选择恰当的学习方法；④监督学习进程；⑤评价学习成果。他认为这种自主学习能力不是自然的，而是需要通过自然渠道或专业系统的正式学习来实现的。

继霍尔克之后，利特尔（1991）、伊格特克和托马斯（1991）、鲍德（1988）、迪金森（1987）、利特伍德（1996）、本森（1991），以及辛克莱（1989）等学者对自主学习进行了额外的研究。

利特尔（1991）将自主学习定义为"一种独立的能力，批判性思考、决策和实施独立行为的能力"。他认为自主学习"本质上是学习与学习过程和学习内容之间的心理联系""能够单独或集体计划、监控和评估自己学习的学生在学习过程中是完全自主的学生"。具体来说，学生可以单独完成确定学习目标、选择学习方法以及评估学习成果等一系列过程，并确定自己的评价体系。

伊格特克和托马斯（1991）认为，学生的自主性是学生对自己学习过程负责任的能力，以及学生在完全负责的情况下对自己的学习问题做出决定和执行决定的能力。

而鲍德（1988）认为自主学习是教育实践的一种方法或手段，作为一种方式，自主性的主要特征是学生除了对教学做出反应之外，还对自己的学习负有一些重要的责任。鲍德还指出，自主不能在真空环境中获得，也不能与他人的想法和经验分离，因此相互依赖是自主学习的基本组成部分。

迪金森（1987）认为自主学习是学生做出与学习相关的所有决定的能力（包括学习什么、如何学习、选择何时学习、在哪里学习、材料、进步等），并负责执行这些决定。自主学习中学生的学习责任包括：①决定学习什么（当然也应有权利选择不学某种语言）；②采用自己学习的方法；③合理安排学习进度；④决定学习时间；⑤自主选择学习资料；⑥自我监督学习进程；⑦自我评估学习成果（主要指实际运用的能力而不是语言测验的成绩）。为了准确反映语言学习的真实情况，迪金森还认为学习不应该简单地分为自主语言学习和语言导向学习。自主学习程度应该与学生投入的精力和承担的责任相关，以此分为完全自主和半自主学习。

利特伍德（1996）认为自主学习是学习者独立做出选择的愿望和能力，所谓愿望指的是学生对于自主学习的信心与动力；而能力指为了做出选择而应该具备的知识和掌握的技能。而他将学生定义为"学生在不依赖老师的情况下使用所学知识的能力"。

本森（1996）认为学生不可能根据自己的喜好独自学习，并且很好地控制这些方面。控制是集体决策的问题，而不是个人选择。本森从历史和政治的视角出发，认为自主应该包括技术自主、政治自主和心理自主，并将它们与经验法则、建构方法和批判理论三种知识学习方法对应联系起来。本森认为前两种方法没有很好地与学生学习的思想环境相结合，认为学生应该思考他们在学习中的愿景和行为与这些愿景发生的社会环境之间的关系。自主学习是一种与教育机构分离、不受教师影响的学习方式，如何培养学生的自主学习能力是自主学习问题的核心。从心理学角度来讲，自主学习是让学生尽可能多地管理自己学习的能力。从政治角度来看，自主学习是对内容、过程和学习的外部环境的控制。换句话说，自主学习是一种多维能力。

此外，一些学者对学生有自己独特的理解。例如，利特伍德将自治分为正面自治和背面自治。第一个是指学生是否能够管理自己的学习，确定自己的学习目标，选择学习方法和技巧，并评估自己的学习成果；后者指的是学生是否能独立收集学习材料和信息并完成学习任务，但内容和学习过程、学习方法和学习评估是由教师选择和控制的。利特伍德指出，我们不但要注意摄入前的自主性，摄入后的自主性也很重要，这是摄入前自主性的前一步。一些学者认为，自主能力只能通过社会合作的方法培养，而不能通过教师的干预。一些学者甚至认为自主是学生的个人权利，应该完全不受限制。

辛克莱（1997）认为自主性可以分为两部分，即教师指导下的自主性和完全的自主性。

针对不同的教学环境，应该采取不同的方法来促进学生自主性的发展。

齐莫曼（Zimmerman），一位在美国独立学习的权威心理学家，自 20 世纪 80 年代中期以来，一直与一些心理学家合作研究独立学习。他认为，由于研究方法和角度的不同，大部分研究者都只能片面地对某些方面进行重点研究。对于职能指令手册，齐莫曼（1994）提出了系统的自主学习研究结构（表 7-1）。

表 7-1　自主学习的研究框架

科学的问题	心理维度	任务条件	自主实质	自主过程
为什么学	动机	选择参与	内在的或自我激发的	自我目标、自我效能、价值观、归因等
如何学	方法	选择方法	有计划的或自动化的	策略的使用等
何时学	时间	控制时限	定时而有效	时间计划和管理
学什么	学习结果	控制学习结果	对学习结果的自我意识	自我监控、自我判断、行为控制、意志等
在哪里学	环境	控制物质条件	对物质环境的敏感和随机应变	选择、组织学习环境
与谁一起学	社会性	控制社会环境	对社会环境的敏感和随机应变	选择榜样、寻求帮助

通过系统的研究与总结，齐莫曼归纳出了三个共同特征：①强调元认知、动机和行为等方面的自我调节策略的运用；②强调自主学习是一种自我定向的反馈循环过程，通过对自身学习过程的监控及时做出反馈，并根据反馈不断完善学习进程；③强调自主学习者应该清楚如何选择合适的时间，采用合适的策略以及做出合适的反应。

程晓堂教授认为自主学习有三个内涵：①自主学习是由学生学习态度、技能和策略相结合而形成的内在学习机制。也就是说，学习的自主性完全依靠学生的控制。例如制订学习计划、设置学习目标、选择学习方法以及进行学习评估等。②自主学习是指学生完全控制自己的学习过程。③自主学习是一种学习模式，学生依靠自身的学习能力和需求，在教师的引导下完成相应的学习任务。这种学习模式的实现需要两个必备条件：一是学生有独立学习的能力，二是教育体系能够为学生的自主学习创造空间。

有的学者将自主学习分为狭义和广义两个范围。例如，韩清林教授认为，在自主学习的过程中，教师是前提和基础，学生是学习的主体。自主学习就是在教师的指导下，通过创造性的方法和活动来帮助学生完成自主学习任务。自主学习的进行需要学生的创造性做支撑，而实现学生的自主发展是教育教学活动的目标。在广义上，自主学习指人们利用各种方式进行学习，从而实现自主发展。

陈水清认为自主学习是在目标、学习过程和效果上主动建构自我设计、自我管理、自我调节、自我发现、自我评价和自我转化的过程。要让学生学习概念和社会文化或群体方法，以及理解和应用观点、原则、定理或理论和方法，使学生从被动获取转向主动搜索，培养自主学习能力与学生的自身条件有着紧密的内在关联。

彭金定教授认为学生的自主学习应该涵盖五个方面：①有强烈的学习责任意识；②有

确定的学习目标；③制订完善的学习计划；④定期评价学习成果；⑤制定合适的学习策略。

简而言之，我们发现研究者要么强调自主性是一种技能，要么强调自主性是一种学习行为，但不难认识到所有研究者都有一个共同的基本原则：强调教师对学生学习责任的转移，并认为学习者的自主性意味着学生负责自己的学习管理。

六、自主学习的特征

基于学习的内在质量。国内外教育学者对自主学习进行了大量的研究，其中美国学者齐莫曼在 20 世纪 90 年代整合了几个学派的观点，将自主学习理论提升到了一个新的水平。他认为自主学习的学生有三个特点：在元认知、动机和行为方面能够进行自我调节；能够对自己的学习过程进行监控并提出意见，并据此完善学习活动；知道应该在何时、何地以及如何运用学习策略进行学习。同时，齐莫曼从学习动机、学习方法、学习时间、行为学习表现、学习物质环境和学习社会性六个方面对自主学习的本质进行了深刻的说明。他认为自主学习应该依靠学生的内在动力，学习方法应该是有计划的，具有自主学习能力的学生会制定定期和有效的时间表，能够检测学习成果，同时保持对社会环境的高度敏感性和适应性。

自主学习的学生应该具备七种特点：①能够正视学习的成就与失败，有强烈的自主学习责任意识；②有强烈的学术自信心；③相信通过自主学习可以取得成功；④能够制定完整的学习目标；⑤对未来有充分的规划；⑥有足够的学习策略来监控、控制和调整整个学习过程；⑦能够合理地规划自己的学习时间和资源。

自主学习的学生特点可归纳为四点：①对信息的获取更为敏感，在自主学习中有完善的学习策略与目标；②在个人差异、生理和学习环境的限制下，能够及时地根据变化调整学习过程；③能够根据学习进度对学习成果进行评估，并在必要时调整学习目标和方法；④根据外部环境的变化进行自我调节。

自主学习应具有以下四个特征：

（1）能动性。自主学习不同于其他形式的他主学习，在自主学习中，学生主动、有意识地积极参与和管理自己的学习活动，而不是在他人的要求下被动学习。在自主学习中，自我意识是基本的前提和基础。

（2）独立性。在自主学习中，学生应该尽量摆脱对教师和他人的依赖，养成独立思考与学习的习惯。

（3）有效性。由于自主学习的出发点和目标是试图协调学习系统中各种因素的作用，使他们发挥更好的效果，因此在自主学习中，应该尽可能地利用各种策略、措施来强化学习效果。学生的自主意识越强，自主学习效果就越好。

（4）相对性。自主学习不是绝对的。在学习中，可能某些方面是自主的，但在某些方面是非自主的。这是因为，对于在校学生来说，他们学习的许多方面，如学习时间、地点、内容以及进度等都不是由自己决定的，还无法完全脱离对教师的依赖。因此，我们不能简单地把学生的学习分成自主或非自主的部分，但是我们必须以一种实际的方式来区分学习在哪里是自主的，在哪里是非自主的，或者学习在多大程度上是自主的。我们的研究基于这些自主学习的概念。

结合这些愿景可以认为，自主学习主要是培养学生的自主学习意识和学习兴趣，使学生自发地进行学习，而不是在他人与外界环境的干涉下被动地进行学习。自主是学习的本质，学习的具体自主性表现在三个特征上：自立、自为和自律。

首先，自主学习具有自立性。

①每位学生都是相对独立的个体，学习是每个个体自发的独立行为，不能被其他人代替。②每位学生都有独立的认知思维，学习是智能系统对外部刺激进行独立分析和反思的结果，有其独特的方式和特殊的意义。③每位学生都渴求获得独立，这是支持自主学习的内在动力和基础。④每位学生都有学习的潜力和潜在的独立能力，能够独立克服困难。

以上四种含义是互相联系的统一体。学生是进行自主学习的主体，独立的认知思维是自主学习的思想基础，渴求独立是支持自主学习的动力和基础，学习潜力是提升自主学习能力的基础。

其次，自主学习具有自为性。

学生将学习融入生活，成为日常活动的一部分。自主学习是独立性的表现和发展，它包括自我探索、自我选择、自我建构和自我创造四个层次，因此从本质上可以认为，自主学习是实现自我探索、自我选择、自我建构和自我创造这四个层次的过程。

（1）自我探索源于人们对世界的好奇。这是人的天性，也是人们进行学习的动力。自我探索是自我认识和了解事物、环境、事件等的过程，是由学习主体的好奇心引起的。它不仅表现在对学习内容和事物的直接理解上，还表现在对"文本"知识的学习上。文本知识是作者对客观事物的认识，这无法形成对研究主题的直接理解。自主学习是自我探索的过程，通过这个过程，人们可以获得知识与对事物的认知，这是学习主体学习知识的主要途径。

（2）自我选择是指学生在探索过程中对信息的自我关注。外部信息只能通过学习对象的选择在认知领域中被接受；人们往往更关注容易被注意到的信息，因此，学习源于学生对知识的关注。关注由内在需求引起的信息选择以及长期记忆的信息在头脑中的提取和应用是选择性学习的重要表现。

（3）自我建构是指学生在学习过程中逐步构建自己的认知体系，进而展开对新知识的认识和学习。在这个过程中，学生的学习主要是以选择性注意获取信息，这些信息是进行学习的前提。在学习过程中，学习是建立在学生原有的认知经验和基础上的，学生通过自己的思维过程将这些信息进行整合和吸收，从而形成丰富、统一的新的知识体系。因此，学习的过程不仅是对新信息和新知识的建构，还是原始经验和知识的转化和重组，以及原始知识的保存和原始知识的超越。

（4）自我创造是更重要的表现和更高水平的自我提高。它是指在知识建构的基础上，创建一个指导实践并满足其需求的实践概念模型。这种观念和实践模式是以实物发展的客观规律、对事物真理的高级理解和自身强烈且明确的内在需求为基础的。学习的过程是对真理理解的过程，但又超越了原始知识；实践的概念模型是对现有知识的理解和超越，即对事物真理的高级理解。这种高级理解是一种创造性的思维活动，由确定的目标所引领实现。在这个过程中，学生在记忆中存储的知识库会被重新调整，信息被充分激活，知识体系被充分组织，从而使学生的自主学习价值得以体现出来。

总的来说，自主学习具有探索性学习、选择性学习、建设性学习和创造性学习的鲜明特点，这同时也是学生进行自主学习的主要方法。从探索过程到选择、建构和创造，这既是学生进行自主学习的主要过程，又是体现学生成长与发展的主要过程。因此可以认为，自主学习在本质上是学生自我生成、实现和发展的过程。

最后，自主学习具有自律性。

学习的主体是自我控制或标准化的，并且表现为在理解领域中有意识的学习。

（1）自我意识是学生对自身学习目的、要求、意义与行为的认识与觉醒。调节和限制学生的学习行为，促进学生的学习行为。自律的外在表现是热情和主动性，这来源于学生较强的自我意识。自律学习意味着要以一种积极的心态和方法进行学习，只有真正明白学习的重要意义，才有充足的动力进行积极的学习；只有积极地学习，才能在学习中挖掘出学生的学习潜力，为实现学习目标奠定基础。

（2）自律学习同样也是学生强烈的学习责任感的重要体现，对促进学生的积极探索、信息选择和知识获取有重要的作用。

总之，自主学习是学生自律和自信的体现。自立性、自为性和自律性是学习自主性的三个重要特征。这表明，学生始终是自主学习的主体，整个学习过程都是由学生独立完成的。对于这一思想的清醒认识，有利于改正传统学习模式中的不合理和错误之处，积极地探索新的教育模式和方法。

七、自主学习的必要性

（一）信息化社会发展的需求

随着科技的快速发展，我们面临着巨大的挑战和严峻的形势。为了尽早地适应科技带来的新变化与角色转变和信息传播频率加快的要求，我们必须认识到，如果仅靠在学校教育阶段获取的知识和技能，是无法适应环境变化的，也无法满足社会对教育提出的更高要求。今后的社会必定是一个不断学习的社会，一旦停下学习的脚步，将会被时代所抛弃，因此每个人都要树立终身学习的意识。终身学习能力应该成为评估一个人自身素质的重要标准，同时也是形成终身教育社会的前提。在未来，一个人的核心竞争力在于他是否具有终身学习的能力，能否将巨大的学习潜力转化为实际行动，能否熟练地运用自己掌握的知识和技能。正如联合国教科文组织 1972 年出版的《学会生存——教育世界的今天和明天》一书中所讲的："未来的文盲不是不识字的人，而是没有学会怎样学习的人。"另一方面，终身学习并不是靠学校教育与教师的监督就能轻易实现的，这要求学生必须具有自主学习的能力与意识。因此可以认为，自主学习能力已成为 21 世纪人类生存的基本能力。

身为教育工作者，我们应该清楚地认识到，在当今的信息时代，任何一个优秀的教师都无法将所有知识传授给学生，因此学习的任务最终要落在学生身上。学生应该充分利用如今先进的技术，在信息的海洋中选择满足自身需求的资源，通过自主学习将其转化成有用的知识和技能。

（二）现代统计学教育目标的需求

现代统计学教育的目标越来越倾向于提高学生的交际能力和综合素质。

传统的教学方法基于学生的客观性、流动性和依赖性，导致学生的主动性、积极性和独立性不断受到严重的侵蚀。进行教育教学方式改革，培养学生的自主学习能力显得尤为重要。

如今，课程改革正在不断深入，逐渐适应学生的学习需求，有利于培养学生的自主学习能力。在新教材中，加入了更多要求学生进行独立思考、实践与解决问题的内容，为提高学生自主学习能力创造了空间。如何将专业知识与技能教学和自主学习能力相结合，使学生既能掌握专业知识，又能自主学习，并提高学生的自主学习能力成为教学中需要解决的问题。

（三）学生个体发展的需求

首先，自主学习是补偿个体差异的有效方法。个体差异一直是教育关注的重要问题。长期以来，人们一直在调查学生之间存在个体差异的原因，并尝试通过某些合理的措施来改善这种状况。在 19 世纪，智力的差异和努力的程度被人们当作存在差异的根本原因，因此希望学生学习更多的开放性课程来弥补他们的智力上的差距。20 世纪初，当心理学成为一门科学时，学生之间的个体差异引起了教育家的极大的兴趣。杜威、桑德克和蒙特梭利等教育学家认为，人与人之间的差异是自然现象且无法被改变，因此建议学校改变课程以适应这种差异性，并根据学生的年龄和学习能力等因素实行差异性教学，同时应开设更多不同领域的课程以满足所有学生的学习需求。

20 世纪 80 年代初，随着元认知和社会研究的兴起，人们对学生个体差异问题又有了新的认识。经过研究，很多人认为这种差异性主要是由先天和后天因素造成的。先天因素更多来源于客观环境，是无法改变的，因此只能平等地看待；相比之下，导致个体差异产生的后天因素更有可能影响教育。因此，我们应该关注后天的因素。在后天的许多因素中，自主学习是最有影响力的。分析结果表明，在造成学生成绩差异的原因中，近80%是由不同的学习方式引起的。因此，提高学生的自主学习能力是改变这种差异、提高学习水平的有效方法。

多年的研究结果还表明，学生自主学习的有效取向实际上可以提高这些先天条件较差的学生的学业成绩，弥补他们与其他学生之间的差距。首先，个人价值的实现也需要具备自主学习能力。在学习中，要想做到"少花钱多办事"就必须提高学习的有效性。学习者只能有效地吸收、内化和应用其中包含的一系列知识、观点、原则、定理或理论和方法，提高自己的心智能力，使自己的学习状态从被动吸收转变为主动搜索，从而建立心理和能力基础。

其次，自主学习能力是成才的前提。采用创新学习方式的学生具有高度的独立性、自主性和自律性。他们对未来有着清晰的规划，同样也能明确自己的短期目标，并通过改变环境来适应自己的学习需求；与普通学生相比，他们擅长使用各种独立的学习策略，并且能够更有效地使用和迁移这些策略；他们还显示了自主学生的认知风格特征，其体现为一种高水平的自我效能。显然，创造力与自主学习密切相关。正如著名数学家华罗庚所说："所有的发明和创造都不依赖于别人的教授，而是依靠自己想、自己做，不断取得进步。"

最后，自主学习有利于学生树立终身学习的观念。自主学习的能力伴随着个人的生活能力，也伴随着个人生活中更多的学习方法，无论是在技术进步还是在专业发展方面，个人都应该通过自主学习不断掌握、更新知识和技能，以适应社会发展，改善自己的生活；没有自主学习的能力，也就无法适应当今快速发展变化的环境。

总的来说，自主学习已成为新时代中大学生发展成长的基本素质，有利于学生加强对自身的管理，调控自身的学习与生活，而且能把被动转化为主动，让大学生真正感受到学习的快乐，还能最大化大学生的主观效率，使他们在不断变革的时代洪流中继续前进，树立终身学习的观念，适应社会发展的需求。

第二节　大数据时代的自主学习

随着信息技术的不断发展，我们无时无刻都被浩如烟海的信息包围着，信息的无限扩张也逐渐渗透到了教育领域中，外部环境的变化为学生个性化的自主学习创造了广阔的空间。

一、大数据与信息技术环境

联合国教科文组织（UNESCO）对信息技术的定义是：应用在信息加工和处理中的科学；科学与工程的训练方法与管理技巧；上述方法的技巧与应用；计算机及其与人、机的相互应用；与之相应的社会、经济和文化等诸种事物。人们利用信息技术对数据、语言、文字、声音、图画和影像等各种信息进行采集、处理、存储、传输和检索，这一系列的经验知识及其手段、工具的总和被称为信息技术。如今，信息技术已被应用于各个领域，在教育中的信息技术主要是指以数字化、网络化、多媒体化和智能化为特征的信息技术。

我国学者陈琦、刘儒德在《信息技术教育应用》[b]一书中对信息技术进行了定义：所谓信息技术是指涉及信息的获取、传输、存储和使用的技术；具体来说，它是基于微电子、通信技术和计算机技术的集成电路技术、光学技术、机器人技术和高清电视技术的结合。南国农先生认为，目前在教育技术领域对"信息技术"有三种普遍的理解：一是信息技术和计算技术；二是计算机技术和网络技术的结合；三是视听技术、测量设备技术和集成技术。

现代信息技术与教学的结合，可以极大地简化教学过程，提高教学效率。利用信息技术，可以创造智能化的教学环境，如建立多媒体教室、语音教室、计算机网络教室以及基于校园网的学生智能学习平台等。多媒体技术和网络技术将抽象的知识具象化，便于学生理解，同时也开拓了学生的思维，激发了学生的学习兴趣与想象力。目前，大数据背景下的学校教育发展主要体现在教学设备与资源的更新上，例如先进的数字设备、计算机网络和软硬件技术，以及各种文本资料或网络教学资源。有两种支持教学的大数据视图：课堂系统下的大数据视图，如多媒体教室和计算机网络教室；非学校系统中的个性化远程学习环境，如网络图书馆等。大数据的应用使教育发展逐渐呈现出智能化、网络化和数字化的趋势。

二、大数据视野下的自主学习

（一）传统课堂教学与大数据视野下的课堂教学

大数据视角下的统计学课程教学坚持以学生为中心、以教师为主导的教学理念，充分利用网络和多媒体技术，共同完成扫描电镜教学任务，将教学留在课堂上进行。在这种模式下，教师和学生可以面对面交流，这意味着计算机网络技术可以被用于深度、多向的交流。大数据视角下的统计学课程教学充分利用了信息技术的优势，使知识的传播变得更加便捷、迅速与高效，有利于培养学生的自主学习能力。同时，大数据视角下的教学也带来了教学设备与教学方式的改变，这要求教师要紧跟时代发展，掌握运用现代信息技术进行教学的能力，提高自身素养。

我们有必要分析一下大数据的应用对传统教学方式的改变，以及在大数据视野下的课堂教学与传统课堂教学的区别。这有利于我们清晰地认识到如今教育模式存在的优势与不足，从而更好地对症下药，不断完善教学方法。我们主要从教师地位、学生地位、教学模式以及教学资源等多方面对比二者的区别（表7-2）。

---

b 陈琦，刘儒德. 信息技术教育应用 [M]. 北京：人民邮电出版社，1997.

表 7-2　传统课堂教学与大数据视野下的课堂教学的对比

	传统课堂教学	大数据视野下的课堂教学
教师地位	教师是教学过程中的灌输者	教师是学生学习的帮助者、促进者、指导者
学生地位	学生是被灌输的对象	学生是信息加工的主体，是知识的构建者
教学模式	课本、粉笔、黑板+"教师讲、学生听"的模式	计算机、教学软件、课堂综合运用的个性化、主动式的学习模式
教学资源	书本文字资源	文字资源＋超文本＋多媒体资源
	传统课堂教学	大数据视野下的课堂教学
教学媒体	黑板、粉笔、教材、幻灯片、投影	网络技术、多媒体技术
学习方法	传统的学习方法（死记硬背、重复等）	审查学习策略，确认适合学生个人的方法
学习过程	教师选择并介绍学习材料	师生协商选择教材，学生决定自己的学习进度
教学环境	课堂	课堂、网络
教学中心	教师	教师主导、学生主体
交互方式	教师和学生	教师、媒体和学生交互
获取知识的方式	被动接受式	主动、自主地获取知识
感觉刺激	视觉、听觉、口耳、肢体语言交流	视觉、听觉、口耳等多项感官刺激，以及多媒体等的刺激，相互交叉进行情感交流

（二）信息技术为自主学习能力的形成与发展提供了有利条件

信息技术为学生创建了更自由与便捷的学习空间，对学生自主学习能力的培养发挥了积极的作用。

1. 提供学习工具的支撑，促使学习者"能学"

所谓的学习工具是对学生定位、获取和处理信息、交流和协作、创造知识、组织和表达理解以及以特定方式评估学习结果的有用的中介。学习工具为学生提供了学习环境与方法，学生通过自主思考，形成了自己真实体验。

信息技术提高了学生获取与搜集信息的能力，利用网络浏览器、邮箱或者学习软件，学生可以获得大量的有用的学习资源，这种方式打破了传统课堂教学中被动式的信息接收方式。例如，可利用制图软件，如 CAD 等进行设计与构思，培养学生的创造力与想象力；利用信息集成工具，培养学生的信息处理能力与自主判断力。

2. 提供学习资源的支撑，促使学习者"想学"

学习资源是学生在学习中获取知识的主要途径。信息技术丰富了学习资源的形式与内容，可以向学生提供包括课程资源本身、音像教材、多媒体教学软件、互联网网络资源及现实社会的真实资源等多样的数字化教学资源。

信息技术同时也开放了原先封闭的学习环境，数字化的学习资源具有内容科学、实用性强、冗余度低、资源共享度高的特点，在学生的自主学习中扮演着重要的角色。同时，这些资源主要靠网络传播，因此突破了时间和地域的限制，所有学生都可以在网络中随时随地使用这些资源，并通过互联网进行自由的学习和创造。每位学生都可以在每个学科最好的老师的指导下进行学习，咨询世界上最著名的专家，从最著名的图书馆借书，在网上搜索世界各地的最新信息。数字化学习资源还为学生提供了丰富多彩的交互式人机界面，为学生提供了广泛的知识库和信息库，促进了学生对物质学习环境的利用，极大地提高了他们学习的效率。

利用校园网络，学生可以在学校资源库中找到或搜索必要的学习资源。这提高了学生学习的兴趣，为他们的探索性自主学习创造了有利条件，使学生通过自我探索与实践的过程，不断获取新的知识，进而实现教学目标。

3. 提供交流平台的支撑，促使学习者"会学"

自主学习的过程并非一帆风顺的，当遇到困难时，首先要学会自主思考，分析问题。自己无法解决时，应该积极地寻求他人的帮助并与他人展开合作。因此，自主学习不仅能提升个人的学习效果，还能够加强学生之间的沟通、交流与合作，使他们通过相互协作与配合，共同克服困难，从而提升学习小组整体的学习能力。换句话说，主动交流在自主学习中至关重要。自主学习虽然强调学习中学生的自主性，但自主并不意味着与外部环境隔离，在学习中要培养独立精神，但学习方法要注重合作与交流。交流实际上是个体学生对社会环境的一种利用。而且信息技术也为学生间的交流创造了很多平台，使学生能够克服时间和空间的限制，随时随地进行交流，参与各种类型的对话、协商、讨论活动，并利用网络工具（如 Net Meeting、Internet Phone、ICQ、E-mail、Chat Room、MSN）培养自己的交际能力、思维方式与合作精神。

此外，在线交流给了每个人平等的发言机会，因为不用"面对面"，所以也缓解了紧张和害羞的尴尬，使所有人都能够更真实地表达想法，提出问题，从而挖掘学生的潜力，培养他们的交际能力。资源共享充分发挥了集体思考的优势，将个人的问题转化为公共问题，通过集体之间的讨论与思考解决难题，这个过程也建立了沟通的桥梁，使学生更容易找到与自己想法相同的同学。这些都是信息技术带来的巨大优势，是培养学生与他人协作解决问题的能力的有效动力。

信息技术的应用建立了更为复杂的交互方式，由以往的"人—人"式的交流模式，逐渐转化为"人—机"或"人—机—人"的新型综合交流方式。信息交换平台促进了学习中各种信息与资源的传播与互动，网络技术大大拓宽了通信的范围和空间，即使位于地球两端的人们也可以在瞬间进行信息的交换与沟通。人们利用网络互联和交互式信息服务，在互联网上建立起了一个可以进行信息交流与资源共享的学习平台，极大地提高了学生的学习效率，促进了学生的自主学习行为的形成。

4. 提供评价体系的支撑，促使学习者"坚持学"

基于自主学习的学习评价体系注重学生的全面发展，以全面、多样化和发展为评价原则。相较于学习成果，该体系更侧重对自主学习过程的评价。"全面"能够让学生认识到通过自主学习获取知识与技能的重要性，"多样化"让学生感受到他们技能的多样性，认清自己的优势和不足，通过继续学习实现多样化发展；"发展"让学生认识到不断学习、进步的重要性，树立终身学习的观念。

信息技术为学生构建了一个更加准确、完善与全面的综合评价体系。学生首先要完成一些不同等级且随机出现的测试题目，之后利用 spss 统计分析软件，在统计图表或 S—P 表的帮助下进行自我评价，主要有案例评估、定量评估和文件夹评估（folder evaluation）等形式。例如，评价依据的因素，可以是学生的创作作品、成绩单、学习记录、获奖证书、学习资料甚至是讨论内容等，之后通过系统评估，学生可以对自己在学习过程中的表现与结果有深入和完整的了解，从而针对自己的不足对症下药，促进自身全面发展。在自主学习过程中，学生难免会遇到困难，有些困难可以克服，但有些是学生自己无法解决的。这种有时会打击学生的自信心和自尊，对学习产生负面影响。但通过综合评价体系，学生可以公正、全面、人性化地认识到自身的不足，也可以帮助学生以积极的心态面对困难，提高学生的心理素质和意志控制。

在信息时代的背景下，学生应该具备自主学习的能力，信息技术全面支持创造独立的学习环境，如促进学生"能学"的学习工具，作为自主学习的学习资源促进学生"想学"，作为促进学生"会学"的互动平台，作为自主学习的评价体系，促进学生"坚持学"，为学生的自主学习提供保障和外部条件。

三、基于大数据与信息技术的自主学习环境

（一）基于多媒体教室的自主学习环境

在多媒体课堂中，教师不再是教学的主体，转而成为教学的辅助者，引导学生进行自主学习，充分发挥学生的主体作用。同时，教学工具也从黑板加粉笔转化为基于互联网的多媒体教学工具。教学软件是根据教学任务和学生需求设计的，通过投影的方式呈现出来。在教学软件的制作和应用中，学生可以积极参与，畅所欲言，充分表达自己的想法与意见。教师可以对学习活动进行指导，组织生动、有趣的教学活动，让学生从填鸭式的被动学习环境中退出，使课堂变得更加生动、活泼。

（二）基于网络教室的自主学习环境

该环境可以实现问答、交流、监督、个别辅导与分组讨论的功能。每位学生人手一部，并通过网络连接起来。教师上课的课件不再需要通过投影的方式展示出来，而是存储在校园网中，学生可以自主下载学习，实现了人人共享。在这个过程中，教师起到了督促和引导的作用。教师控制着整个教学环境，既可以监督个别学生，进行针对性指导与讲解，又可以从整体上调节各种学术技能的发展，包括操作技能、认知技能、言语交际技能和协作

学习，而学生可以通过"电子举手"和"小组讨论"等功能进行师生间的小组讨论和自主学习。

（三）基于 School net/Internet 资源的自主学习环境

基于 School net/Internet 资源的自主学习环境为学生提供了多样的学习资源，有利于提高学生的自主学习能力和学习效果。教师将教材数字化处理后，可以通过网络分享给学生，同时也可以结合网上的其他学习资源，如图书、网络资料、电子练习题等。学生利用网络技术可以进行自主学习，其学习方式和方向完全由学生自己决定，充分发挥了学生的自主能力，而教师则成为这些学习环境的创造者。

上述三种学习环境都将学生作为学习的主体，从而使学生主导整个学习过程。教师在其中充当辅助者的角色，根据课程需要构建教学环境，满足不同学生的学习需求，帮助学生进行自主学习，完成学习目标。通过多种环境的支持，可以有效促进学生的自主学习，提高学生的学习成果与效率，培养学生的自主意识。

四、如何利用大数据与信息技术促进学生的自主学习

（一）大数据与信息技术运用于统计学课程教学的几个误区

1. 变"人灌"为"电灌"，无法真正实现有意义的主动构建

很多教师天真地以为，将传统的黑板和粉笔变成"电脑加屏幕"，便实现了多媒体教学。但在教学实践过程中，技术的革新并未给教学方法和模式带来创新，只是将课本上的内容转移到了电脑屏幕上，或者制作教学课件，在课堂上逐页播放，因此可以说仍然沿用了旧的教学模式，教师也因此成为知识的"解说员"，不断重复课件上的内容。这种做法极度忽视学生的自主性需求和主体作用，虽然教学工具变化了，但本质上还是传统的灌输式学习。面对大量的课件和繁杂的内容，学生也因此感到无从下手，甚至会逐渐丧失对学习的兴趣。这种教学方法还没完全摆脱传统教学思维的限制，无法真正发挥出多媒体技术的巨大优势，不仅没能促进学生的自主学习能力，还会对教学效果造成负面影响，不利于学生的学习发展。

2. 变"师生关系"为"人机关系"，缺乏人文关怀

在多媒体统计学课程教学过程中，教师过分依赖多媒体技术，忽视了自身的作用。有的教师将多媒体技术当作进行一切教学活动的手段而大量使用，整节课都要求学生盯着电脑屏幕，教师只需拿着遥控器进行简单的重复、翻页或是暂停操作，有时离开多媒体技术，甚至都忘了要如何讲课。从表面上来看，学生似乎都盯着屏幕认真学习，但实际上课堂气氛死气沉沉，学生没有丝毫的学习兴趣，学习效率也普遍低下。通过调查显示，有 66%的学生认为，这种教学方式甚至远不如传统的教学形式，因为较之前缺少了生动的交流，学生与教师之间的距离因技术的运用反而拉大了。长此以往，教师从知识的传播者变成了

多媒体课件的"放映员"。这种局面出现的主要原因是教师对课堂主角的认识本末倒置，在课堂中更多地让位于课件，弱化了教师的作用。

多媒体只是将课本中的知识，如单词、语句等重复显示，或有声地朗读出来，无法取代教师为学生创造沉浸式的真实交际环境，也无法锻炼学生的思维创造与交际能力。因此，教师必须向学生强调语言学习中"听"和"看"的重要作用，利用生动的教学形式使学生集中注意力，否则课堂教学过程很可能会变成多媒体课件展示课，学生也无法从多媒体课件的不断重复中学会任何知识。多媒体教学把师生之间在特定的情境中富有情感的交流转变为了网络中冰冷的信息交换；把学生和老师、学生和学生之间富有亲和力、最灵活的口头交流变成了人机对话，忽视了教师和学生在教学过程中的各自的作用，是对基于人本主义学习理论的多媒体统计学课程教学的一种扭曲。

3. 学生自我管理能力滞后，自律性亟待提高

建构主义学习理论和人本主义学习理论都认为，学生应该根据自己的学习兴趣与需求，随心所欲地进行无约束的学习活动。但计算机网络是把"双刃剑"，在提供了巨大的学习便利的同时，也不可避免地产生了一些负面影响，使学生在学习中面临着严峻的考验。现代教学方式不仅重视课堂中的互动、交流与合作，更要求学生在课外进行自主学习。网络与多媒体技术，都是学生实现自主学习的重要方式。为了构建基于建构主义和人本主义理论的多媒体教学体系，学生需要具备较强的自主意识和自我管理与监督的能力。

但事与愿违的是，很多学生正是缺乏这种能力。有些学生计算机操作水平有限，无法有效地利用计算机进行自主学习，因此产生自卑心理，对学习失去信心；有的学生虽然可以很好地利用计算机技术，但缺少明确的学习目标，以至于学习时随心所欲，学习效率极低；有的学生十分明确自己的学习需求与任务，但面对浩如烟海的学习资源时却不知道从何处入手，无法从中精准地挑选出自己需要的信息，想要全部精通却又力不从心，最终只能一事无成；还有的学生自主意识和自我管理能力差，面对网络中鱼龙混杂、质量参差不齐的信息，极易受到影响，使自己的价值观和主观判断力都产生负面的影响。因此，如何增强学生的自律性，是急需解决的问题。

（二）对使用信息技术进行统计学课程教学的几点建议

统计学课程教学目前在认识和实践中存在的问题，必须加以重视，并采取合适的方式解决问题，科学、合理地运用多媒体信息技术，充分发挥其巨大的优势。

1. 根据教学的需求决定是否使用多媒体

有些教师为了体现教学的现代化，或是为了遵循学校的教学要求，在课堂中尽可能多地使用多媒体技术，甚至认为越是多媒体化的教学方式，就越能激发学生的学习兴趣，也会降低知识的学习难度，从而提高学习效果。因此，教师用多媒体技术代替了几乎所有的教学环节，课程中忙于课件的切换，使得教学变成了电脑操作的过程。学生的学习方式也

只不过是从看书变成了看课件，而且书本和课件的内容也都完全一样。这种被动式的学习方式极易使学生产生抵触心理，更无法激发学生的学习兴趣。教师必须要正视多媒体工具在教学中的位置，它只能作为教师的辅助手段而不应该喧宾夺主。多媒体技术不适用于每节课堂，也不适用于每种教学方法，是否要用这种技术，还要根据教师的需求与教学内容来决定。到底是为了遵循死板的教学模式、体现教学现代化，还是为了真正培养学生学习兴趣、促进学生自主学习，这应该值得教师深思，否则这种做法将会带来适得其反的效果。

2. 适度取舍多媒体教学素材，注重多媒体课堂的"人文关怀"

多媒体只是一种工具，是绝对客观且不带有任何情感色彩的。真正让它发挥作用的，是多媒体的操控者，即教师。在繁杂信息的包围下，教师要指导学生学会利用多媒体技术，通过多媒体技术帮助学生快速、有针对性地挑选出合适的学习资源，从而提高他们的学习效率，在学习中真正体现现代化媒体技术的巨大优势。此外，教师要注重与学生之间的沟通与交流，及时关注学生的学习情况，这会使学生感到人文关怀，产生学习信心，从而有更大的动力进行自主学习。只有从情感上对学习产生认同，学生才愿意主动接受新知识，从而得到事半功倍的效果。

3. 多媒体统计学课程教学模式和传统教学模式充分交融

以多媒体技术辅助统计学课程教学是进行教学改革的重要内容，有利于形成以学生为主体的教学模式。对于地位与教学职能的改变，教师要有清晰的认识，及时转变传统教学思维，担当教学设计者、组织者、辅助者的新型角色，不但要设计主题教学模式和教学任务，还要结合学生的认知心理特点，倡导、组织协作学习，监控学生的学习过程。在多媒体教学的环境下，教师应该利用多媒体的优势，为学生创建真实的统计学交际场景，通过生动的讲解与交流，锻炼学生的听力、交际与表达能力，培养学生善于用专业思维思考问题的能力。但是，现代技术的运用还无法完全取代传统教学模式，教师应该继承传统教学的优势，如通过富有感情的眼神、面部表情、语音语调和肢体语言等与学生进行互动，这是多媒体教学环境无法实现的。因此，只有将二者结合起来，取长补短，才能使教学活动张弛有度，以多媒体技术辅助统计学课程教学才能发挥出多媒体最大的作用，实现最终的教学目的。

五、自主学习中心与自主学习

（一）自主学习中心

自主学习中心是多元化、包容化和灵活化的，它包括了各种学习策略、目的与方法，是学生进行自主学习、提高学习能力的优秀学习平台和物质条件。它也能够满足不同学生的不同学习需求，使他们按照自己的方式与风格进行学习，充分考虑到了学生的个性化。同时，自主学习中心还为学生之间的沟通与互动搭建了桥梁，学生可以与其他学习者互相讨论，通过合作实现共同的进步。

自主学习中心必须满足下列三个条件：①拥有完善、合适的学习资料与资源；②拥有接受过相应指导培训的教师；③向学生提供有关该中心信息的有效渠道。

自主学习中心大致可以分为五类：①在语音室基础上建立的自主学习中心；②在计算机房基础上建立的自主学习中心；③在教学单位基础上建立的自主学习中心；④全新创建的自主学习中心；⑤虚拟自主学习中心。

（二）自主学习中心在统计学课程教学中的作用

现代计算机多媒体技术具有强大的生产力，在文本、图像、音视频编辑方面给人类生活带来了极大的便利，各种关于语言学习的电子出版物层出不穷，网络技术的发展也使信息的传播打破了时间和空间的限制，这些都成为自主学习中心建立的必要基础。

1. 提供真实的专业学习情境

建立自主学习中心的目的，在于为学生创造一个真实的情景化的学习环境，通过模拟出真实的社会行为和人类交际网络，使学生的知识、思维与技能在和真实环境的碰撞中得到发展。

自主学习中心正好为学生提供了虚拟现实的学习环境，学生可以在其中搜索自己需要的学习资源，锻炼自己的自学能力；还可以通过邮件或相应的聊天软件与其他学生进行统计学交流，锻炼自己的读、写能力。真实的学习情境要求学生在学习中尽可能少地依赖老师，从而锻炼自己的专业思维能力，提高自身的统计学表现力与创造力，增强统计学综合素质。

2. 培养学生的自主学习能力

20 世纪 80 年代，很多语言学家都对统计学课程教学提出了自己的见解。Holec 认为，统计学课程教学应该以提高学生的实际交际能力、培养学生的自主学习能力为目标。另一位语言学者（Bonson 本森）也认为应将"自主"作为大学统计学课程教育的目标：所谓自主学习，就是指学生自由地确定学习方法、目标与过程，自己对自己的学习负责。自主学习能力的高低决定了学生的学习成果与学习效率，自主学习中心为学生的自主学习提供了极大的便利。Gardner(加德纳)&Miller(米勒)认为自主学习中心应具备鼓励学习者发展个人学习策略、反思学习过程及承担责任等方法，以及提高学生自主学习能力的功能。"传统的学习环境中，学习者经常被剥夺了发展决策、自我监控、注意力调整等技能的机会，而这些技能对优化学习经验是十分有必要的"；相反，在自主学习中心，学生可以完全掌握自己的学习过程，随心所欲地调整学习速度、内容与方法，只有这样才能更好地实现个性化学习，满足不同学生的学习需求。

3. 有效克服心理障碍

长期以来，心理障碍也是学生在统计学学习中面临的主要困难。而在自主学习中，学生可以自由地选择学习内容与方法，有效避免了当面对不擅长的内容时产生负面情绪，而且自主学习是一个独立的学习过程，没有教师和其他同学的干扰，学生可以大胆地锻炼自已的课程能力，而不用担心可能得到他人的嘲笑，这有利于提高学生的自信心和学习动力。同时，由于自主学习是学生和机器进行交流，因此这种方式是平等、友好的，在交流中学生丝毫不用考虑机器的感受与想法，可以从容不迫地、完全地将自己所有的想法表达出来，这比和教师进行交流更加轻松，有利于提高学生的参与性和学习热情。

（三）中心应用中存在的问题

目前，国内自主学习中心的建设已经有了长足的发展，但其中暴露出来的一些问题也必须引起我们的注意。

1. 网络信息海洋使学生"迷航"

网络技术为学生提供了极大的便利，但面对花样繁多、质量参差不齐的各种信息，学生可能无从下手，无法有效地搜索适合自己的学习资源，或者沉迷于其他网络资源，耽误学业。这要求学生有强大的自控能力和信息的甄别与分辨能力，在最短的时间内高效地找到需要的学习资源，提升自己的学习效率，提高自己的学习效果。

2. 师生教学管理理念滞后

在教学模式的改革中，除了学生地位的变化，还要求教师及时转变教学思维，改变扮演的角色。教师不再是传统教学中知识的传播者，而成为教学中的引导者、辅助者和监督者。角色的转变意味着教师职责的增加，这不仅不会降低对教师的要求，反而要求教师在管理、组织和教学思维上承担起更大的责任，因为新的教学模式要求教师舍弃过去单一的教学方法，按照不同学生的个性特点、身体素质、学习能力或方式等进行有针对性的个性化教学。教师要细致地关注每位学生的学习状况，引导他们制定合适的学习目标，选择学习方法。同时，学生自主学习也对现代化多媒体技术和网络技术有较高的要求，因此教师的信息技术掌握程度也要随之提高，不仅要熟悉网络系统、管理平台本身，甚至还要会制作部分网络资源，这也是教师角色转变过程中的一个重要难题。

学生的自主学习能力不是短时间内就能提高的，这涉及学生学习方法、技能、观念和动力等方面的培养，同时也要有一段时间的适应过程，这对刚结束高中应试教育阶段的学生来说，可能难以适应。麦克德维特（1999）对长时间且熟练使用自主学习中心的学生进行了调查，结果显示，这些学生的学习动力与接受传统教学方式的学生并无不同，决定学生学习成果的最大因素其实是教师本身的行为与态度，这个结果显然出乎很多人的意料。迪金森（1992）也指出，自主学习不仅是引导学生使用各种网络工具这样简单，而是要引导学生学会合理地寻找以及利用资源。因此，学校在对待自主学习的问题上难免就有这样的担心——自主学习会不会因为部分学生自控能力差而变成自主娱乐？

3. 评估体系不完善

为了确保自主学习的顺利进行，以及保障学生的自主学习成果，必须要建立相应的学习评估体系。比较常见的做法是在自主学习系统中设置相应的评价功能，比如自动记录学生每天的学习时间、每次的测验成绩和总体上的成绩波动幅度等。但系统毕竟是死的，即使这些记录数据十分完美，但在没有外界有效的监督下，学生一样可以从事与学习无关的事，因此也就无法全面评估学生真实的学习水平。针对这种情况，有些学校开始实行更完善的评估模式，比如"形成性评估＋终结性评估＞形成性评估"，通常由三个模块构成：学生档案记录袋（记录学生的学习过程、发展目标、信息反馈和作品）、教师观察记录和学习效果评价。然而自主学习真正开展起来，就不能局限于一个教师、一门课程、一个班的小规模。事实上院系的课程和学生数量很大，而且可能存在辅修第二语言的情况，也就意味着会有部分学生跨系、学院学习，因此，业务流程势必非常复杂，原有的系统，诸如教务、以课程展示为主的辅助教学平台、计费等无法满足学生要求。开发单独的自主学习平台软件，以覆盖部分教学业务、资源管理、资源展示、学生、教师管理已成为一种选择。然而即使设计出该软件，依然存在部门和院系之间的协调问题、不同系统数据的转换问题、部门业务流程的修改问题等，最终学校管理者能有多大的接受度也是个问题。

（四）自主学习中心更好地服务于多媒体统计学课程教学的途径

1. 提高学生的计算机网络信息辨别能力

网络技术对学生提出了人文和技术两方面的素养。人文素养是指学生对信息价值的认识和对信息的心理状态，而技术素养是指人们利用信息的各种能力和技巧。

在人文层面，教师要端正学生的正确认识，培养学生的甄别和鉴赏能力，使学生既要认识到现代网络技术给生活学习带来的积极作用，又要有强烈的自主意识和自控能力，在面对参差不齐的网络信息的时候，能学会寻找适合自身的优秀学习资源，不被各种无关的信息诱惑而沉迷其中，耽误学业。

在技术层面，教师要对学生进行简单的培训，使学生能够初步掌握基本运用某些技术，以便学生在大数据视野下的各种学习资源中开展自主学习。培训的重点是锻炼学生在网络中有效、快速地搜集学习资源的能力，包括各种以传统媒体形式呈现的资源，特别是要训练学生充分利用互联网进行网络检索、查询、获取信息的能力。

2. 建立资源库

教师将搜集到的学习资源整理后，可以制作成文本、图片、音频、视频等形式上传到资源库中，供学生下载学习。目前，网络中就有很多的统计学课程资料库，还有很多统计学课程教学平台。为了便于学生浏览这些资源，教师可以将每个网址以超链接的形式保存在文档中，或制作成 Flash 按钮，学生通过点击按钮或链接，可以直接转到网页中，方便查看。除了丰富的网络学习资源，教师还可以给学生提供与教材配套的辅导资料，将课堂知识与辅导资料结合起来，使学生通过额外的练习强化学到的知识，提升学习效果。

3. 教师发挥指导、监督作用

多数学生缺乏学习的主动性和正确的学习方式与策略，因此教师应该通过课堂教学向学生灌输自主学习的重要性和必要性，同时开展相应的培训，锻炼学生的自我管理与控制的能力。自我管理能力的培养，包括制定不同学习阶段的学习目标，通过分析各个阶段的学习需求，选择合适的学习资源，并且能够按照自己的学习目标制订使用资源的计划。同时教师要鼓励学生找到最适合自己的学习策略，在学习过程中善于总结与反思，培养学生的责任意识，从而提升学生独立学习的能力。

自主学习中心为学生提供了极其丰富的统计学学习资源，如果学生有相应的知识基础便可以有效率地挑选学习材料。但更多的学生缺乏这种能力，因此在选择学习资源时感到无从下手，后续的学习过程也就无法有序进行。教师应该及时引导学生，让学生们更加了解自己，养成独立思考的能力，这样才能避免他们在选择学习资源时感到无所适从，提高他们的学习效率。同时，对于那些习惯传统教育模式的学生来说，他们更愿意接受课堂教学方式，反而对自主学习不适应，久而久之会产生抵触心理，降低学习欲望，影响到他们最终的学习成果。教师应该及时与这些学生进行沟通交流，帮助他们更快地适应学习模式的转变，在新的学习环境下重新激发出对学习的兴趣，提升他们的自主学习能力。

4. 建立评估体系

在传统教学中，考试成绩是评估学生学习成果的唯一手段，通常被认为是教师的职责。但近年来随着自主学习理论的发展，越来越多的观念认为，应该提高学生在教学评估中的地位，以学生为中心的内在评估形式——自我评估有较高的信度和效度。文秋芳教授在调查自主学习与传统教学方式时就发现，无论采用何种教学方式，学生的自我管理能力都对他们的学习成绩产生了重要的影响。自我管理能力的核心是自我评价与反思能力。

然而，很多学生往往"不知道如何评价学习过程的有效性和结果的显著性，出现预料之外的情况和遇到挫折时往往不会自我调整"，因此，学生还远远没有认识到自我评估的作用，掌握正确的自我评估的方法。要想改善这种情况，转变学生的思维认识，就需要发挥教师的作用。教师应该合理地引导学生反思自己在学习中的得失。具体来说，可以组织学生在每次自主学习之后进行自我测验，并将测验成绩纳入学生的最终成绩中，这样不仅能提高学生的能力和养成学生自主学习的习惯，端正学生对自我检测的认识，还能使学生通过不断的自我检测与自我完善，提升学习成果。

近年来，我国自主学习中心研究正在不断深入，也取得了一些成绩。

但由于中国地大物博，不同地区之间的社会环境、教学水平与理念、教学方法等都存在着差异，因此自主学习中心的研究同样也面临着各式各样的困难。但教学模式的发展与改革以及师生的普遍期待都表明，自主学习中心的建设是完全有必要的，而且是紧迫的。

目前，自主学习中心仍定位于中间产物，过渡性、实验性和阶段性是其重要特征，其发展还需克服理念、技术等方面的一些实际困难，但是加强结合实际情况的理论研究，建立一个切合中国内地发展需求的中心模式，是我国研究者努力的方向。

参考文献

[1] 张娟娟，朱芳芳．人工智能背景下统计学课程教学改革探讨 [J]．对外经贸，2022(10):150-153.

[2] 汪国海．大数据背景下 R 语言在生物统计学图形可视化中的应用 [J]．数字技术与应用，2023, 41(1):3.

[3] 林珊屹，刘发辉，郑印．数据时代"统计学"课程线上教学与传统教学的比较分析 [J]．教育教学论坛，2022(25):4.

[4] 赵凯．应用统计学在大数据背景下的应用与创新发展 [J]．数字技术与应用，2023, 41(1):3.

[5] 李巧萍，穆广杰．"大数据＋四新建设"背景下的统计学专业人才培养体系改革探索 [J]．中文科技期刊数据库（全文版）教育科学，2022(4):4.

[6] 郑媛媛，贺云．"双高计划"背景下统计学课程改革探索 [J]．现代商贸工业，2022, 43(13):3.

[7] 王洪，程学伟．大数据和互联网背景下生物统计课程教学改革的探索 [J]．知识窗（教师版），2022(10):3.

[8] 何少芳，周丽，李绪孟，杨玉蟾，吴自然．统计学专业"大数据分析综合实践"教学探究 [J]．科技与创新，2022(17):30-33.

[9] 周银香．大数据时代统计学教学满意度评价及提升研究——以浙江财经大学经管类专业为例 [J]．教育教学论坛，2022(3):4.

[10] 何帮强．大数据背景下统计人才培养模式与课程体系优化研究 [J]．牡丹江大学学报，2022, 31(9):66-71.

[11] 王恩慈．大数据背景下"海关统计"课程建设探究 [J]．计算机应用文摘，2023, 39(5):3.

[12] 荆依梦．大数据背景下统计学学科学习与应用 [J]．市场调查信息：综合版，2022(5):00119-00121.

[13] 黄祎．应用统计学在大数据背景下的应用研究 [J]．商情，2022(7):3.

[14] 魏孙媛．大数据背景下的企业审计数据统计分析研究 [J]．商场现代化，2022(16):132-134.

[15] 周正聪．大数据背景下审计数据统计分析研究 [J]．信息记录材料，2022(1):023.

[16] 王红梅. 大数据背景下统计分析在财务管理中的应用研究 [J]. 中文科技期刊数据库 (全文版) 经济管理 , 2022(9):3.

[17] 王健. 大数据背景下统计学学科发展方向与建设路径探究 [J]. 河北企业 , 2023(4):3.

[18] 邵明振 , 杨帅通. 大数据背景下线上线下混合式教学改革探索——基于"统计学"的教学实践 [J]. 长江师范学院学报 , 2022, 38(1):7.

[19] 王博茹. 大数据时代下经济类统计学课程教学改革研究 [J]. 中文科技期刊数据库 (全文版) 教育科学 , 2022(7):4.

[20] 唐慧. 大数据背景下《统计学》教学改革研究 [J]. 中国科技期刊数据库 科研 , 2022(6):3.

[21] 姚丽 , 梁馨娜. 大数据背景下经管类统计学课程改革与创新研究 [J]. 科技经济市场 , 2022(7):127-129.

[22] 刘金培 , 陈丽娟 , 金飞飞 , 等. 大数据背景下国家级一流课程建设的探索与实践——以安徽大学"统计学"课程为例 [J]. 教育教学论坛 , 2022(52):4.

[23] 林军 , 王肖鹏 , 王炳璇 , 等. 经管类"应用统计学"课程的教学模式改革与创新——以大数据时代为背景 [J]. 教育教学论坛 , 2022(22):4.

[24] 黄臻. 大数据时代下经济类统计学课程教学改革研究 [J]. 时代人物 , 2022(23):192-194.

[25] 何涛 , 孙喆. 大数据背景下高校应用统计学专业教学改革研究 [J]. 赤峰学院学报 : 自然科学版 , 2022, 38(7):81-83.

[26] 程敏. 大数据背景下高校应用统计学专业教学改革研究 [J]. 中国科技期刊数据库 科研 , 2023(4):4.